公共项目管理

翟　磊　编著

南开大学出版社
天　津

图书在版编目(CIP)数据

公共项目管理 / 翟磊编著. —天津：南开大学出
版社，2020.12(2023.8 重印)
　ISBN 978-7-310-06047-4

　Ⅰ.①公… Ⅱ.①翟… Ⅲ.①公共管理－项目管理
Ⅳ.①F062.4

　中国版本图书馆 CIP 数据核字(2020)第 272970 号

公共项目管理
GONGGONG XIANGMU GUANLI

南开大学出版社出版发行
出版人：陈　敬
地址：天津市南开区卫津路 94 号　　邮政编码：300071
营销部电话：(022)23508339　营销部传真：(022)23508542
https://nkup.nankai.edu.cn

河北文曲印刷有限公司印刷　全国各地新华书店经销
2020 年 12 月第 1 版　　2023 年 8 月第 3 次印刷
230×170 毫米　16 开本　18.75 印张　346 千字
定价：59.00 元

如遇图书印装质量问题,请与本社营销部联系调换,电话：(022)23508339

　　国家自然科学基金项目"地方政府 PPP 项目管理能力评价体系及提升路径——基于项目异质性、过程性和能力界面的三维框架"（编号：71704086）、中央高校基本科研业务费专项资金资助项目"中国政府履责方式及其优化研究"（2122019275）资助

序　言

当前我国正处于全面深化改革和加快转型发展的时代，公共项目可谓无处不在。既包括传统的基础设施建设项目，例如地铁、高铁、博物馆等；也包括各种其他类型的项目，例如机构改革等变革与创新类公共项目、突发事件应对类公共项目、大型活动赛事类公共项目等。"项目"一词也越来越多地进入公共部门管理者的视野。

为什么要开展各类公共项目活动呢？应当说这是时代发展的必然。社会经济形态简单的时代，公共部门的活动内容也相对简单。随着社会的不断发展进步，当前社会经济形态日趋复杂，新技术不断涌现，人民对美好生活的向往使得其对公共部门产生新的需求，这些新技术的运用和新需求的满足就要求公共部门不断打破常规。而公共项目就是打破现有的"常态"，实现变革与创新的桥梁，在公共项目结束后，新的规则和方法建立起来，就进入了"新的常态"。还有一些公共项目是具有"倒逼"性质的，例如各类突发事件的发生。2020 年初，新冠肺炎疫情打破了社会经济生活的常规，疫情应对的各项工作均具有典型的独特性、一次性等"项目"特征。可以预见，未来各类技术更新换代速度将不断加快，社会复杂程度仍将不断提高，各类公共项目在各类公共部门工作中的占比仍将进一步提高。

如何对各类公共项目进行有效的管理呢？项目与常规性工作的最大差异在于其任务的独特性，公共项目与一般项目的最大差异在于其社会影响的广泛性。因此应当借鉴一般项目管理的工具方法，结合公共项目管理主体和内容的独特性，充分考虑公共项目影响的广泛性，从而形成一套行之有效的管理体系，并辅之以相应的工具方法，使各类公共项目能够以更少的资源投入实现公共项目的目标，提升全社会的满意度和获得感。

本书尝试对公共项目管理的边界进行划定，在此基础上，对公共项目管理体系中的内容进行梳理与分析，构建起公共项目管理的立体化知识体系。本书的主要特点有以下五个方面：第一，从战略层面阐述公共项目管理产生和发展的必要性，公共项目是区域发展战略实现的工具，因此对公共项目的分析、评估和管理应当满足区域发展战略的需要；第二，从三个层次构建立体的公共项目管理体系，即公共项目组合管理、公共项目集管理和公共项目管理；第三，从全生命周期角度分析公共项目管理的全过程，将全生命周期管理理念运用于公共项目管理之中；第四，将协同治理理论引入公共项目管理之中，分析了在项目决策、实施和运营等不同阶段中多元主体协同的方法与路径；第五，运用项目导向型组织理论分析公共项目管理的组织模式及其运行机制，为公共项目和公共部门常规任务的同步开展提供组织层面的支撑。

从本书的酝酿到成稿过程中，得到了很多研究人员的支持与帮助。南开大学周恩来政府管理学院 2015 级行政管理专业硕士研究生在选修《公共项目管理》课程时，参与了书稿的相关资料收集和部分章节资料初步整理工作。在书稿撰写过程中，杨佳谡、张伟、郑宗鹏、陆聪颖、张思一、曹天喆、华珩辉、袁慧赟、郭宇欣、赵萍参与了案例资料收集和部分章节的写作与审校工作。在此特别感谢他们为本书所做出的贡献。本书的写作与内容的形成和完善在很大程度上得益于本人所承担的国家自然科学基金项目"地方政府 PPP 项目管理能力评价体系及提升路径——基于项目异质性、过程性和能力界面的三维框架"（编号：71704086）的资助，本书也是该项目的阶段性研究成果之一。

公共项目管理作为一个相对年轻的实践和研究方向，尚未形成公认的知识体系框架，并且项目类型多样，管理的复杂程度极高。本书虽尝试对该方向的知识体系进行梳理，但由于水平和能力有限，并且本书的容量有限，因此必然存在很多不足之处，恳请学界同人和实务界的朋友们多多给予指导和批评。也希望借此书的出版，结交更多致力于公共项目管理研究的朋友，共同开展更为深入的研究工作，为其知识体系的完善和工具方法的丰富贡献力量。

翟磊

2020 年 7 月

目录

第一章　公共项目管理的概念与体系构成

关于项目管理的起源，很多人认为是从第二次世界大战开始的，例如曼哈顿计划。之后美国国防部在项目管理实践领域和工具方法开发领域的努力为项目管理的发展做出了突出的贡献。由此可见，项目管理的最初应用就是从公共项目开始的，随着相关工具方法的不断成熟，其应用范围也从国防领域拓展到建筑工程，直至现在被各行各业广泛应用。

本章将在界定核心概念的基础上，分析公共项目管理的特征，并对公共项目的全生命周期管理和公共项目管理的层次划分及其作用等进行介绍，从而使读者对公共项目管理的概念和范围形成清晰的认识。

第一节　公共项目管理的概念与特征

什么是项目？什么是公共项目？公共项目与其他项目有什么不同？什么是公共项目管理？公共项目管理与一般项目管理的共性与差异是什么？回答这些问题是深入探讨公共项目管理的基础。

一　项目的概念及分类

随着"项目"一词的应用范围日益广泛，人们已经不再将项目等同于各种建筑工程，而是从更为广义的角度来理解项目的含义。

（一）项目的定义

关于"什么是项目"，站在不同的角度，国内外对项目概念的理解不尽相同。其中具有较强代表性和认可度的概念主要包括以下四种。一是美国项目管理协会（Project Management Institute，PMI）在其出版的《项目管理知识体系指南》（*Project Management Body of Knowledge*，*PMBOK*）中提出项目是为创造独特的产品、服务或成果而进行的临时性工作。[①] 二是世界银行则根据其经营贷款业务的需要把项目解释为：所谓项目，一般系指同一性质的投资（如设有发电厂和输电线路的水坝），或同一部门内一系列有关或相同的投资，或不同部门内的一系列投资（如城市项目市区内的住房、交通和供水等）。项目通常既包括有形的，如土木工程的建设和设备的提供；也包括无形的，如社会制度的改进、政策的调整和管理人员的培训等。[②] 三是德国标准化学会 DIN69901认为项目是符合以下三个条件的唯一性任务，这三个条件是：具有特定的目标；具有时间、财务、人力和其他限制条件；具有专门的组织。[③] 四是国际项目管理协会（IPMA）ICB3.0 中对项目的定义为：项目是受时间和成本约束的、用以实现一系列的既定可交付物（达到项目目标的范围），同时满足质量标准和需求的一次性活动。

尽管对于项目概念的理解各有不同，但这些概念中依然存在共性，这些共性主要可以从其特征中体现。一般来说，项目具有如下特征。[④]

（1）目标的明确性。任何一个项目都是为了实现特定的目标而存在的，即项目都有一个期望的产出或结果。项目的开展始终会围绕着这一目标，这一目标涵盖两个方面：其一是对项目成果的规定；其二是对项目工作的规定。例如：唐僧师徒四人西天取经就是一个项目，那么取得真经带回东土大唐便是这个项目的成果目标，而历经八十一难则是这个项目的工作规定。项目目标的明确性是项目最重要的基本特征，同时也是项目开展过程必须充分关注的特性。

（2）资源的有限性。任何一个项目都需要运用各种资源来执行和实施。这些资源是多方面的，主要包括：人力、物力、财力、时间、技术、组织等，但各种资源是有限的。项目如何在有限资源的制约条件下实现既定目标，是其成功的关键。

（3）实施的一次性。项目都有明确的时间节点，即项目都有明确的起点

---

① ［美］PMI 著，许江林等译：《项目管理知识体系指南》，北京：电子工业出版社，2013 年，第3 页。

② 齐中英、朱彬：《公共项目管理与评估》，湖北：武汉出版社，2004 年。

③ 郭俊华：《公共项目管理》，上海：上海交通大学出版社，2014 年，第4 页。

④ 戚安邦等：《项目管理学》第2 版，北京：科学出版社，2012 年。

和终点。任何一个项目都有始有终，无论项目的目标是否达成，当项目需求不复存在的时候，项目就结束了。需要注意的是，项目的一次性与项目的持续时长无关，有些项目持续时间较短，而有些项目持续时间非常长。

（4）项目的独特性。每个项目都有自己独特的特点，这种独特性不仅体现在项目的最终成果上，也体现在项目任务本身。项目本身的独特性体现在项目的时间期限、耗费成本、质量标准等上面。正如世界上找不出完全相同的两片树叶一样，每个项目也都有自己的独特之处。

综上所述，项目是指为实现特定的目标，在一定资源的约束下而进行的一次性和独特性的工作。

（二）项目的分类

实际生活中我们会面对各种各样的项目，为了更好地揭示项目的特征和内涵，加深对项目的理解，我们可以对项目进行分类。根据划分标准的不同，项目可划分为不同类别：

（1）按照项目的不确定性和风险性，可以将项目分为封闭性项目和开放性项目；

（2）按照项目的服务对象不同，可以将项目分为业务项目和自我开发项目；

（3）按照项目的业主性质不同，可以将项目分为企业项目、政府项目和非营利机构项目；

（4）按照项目是否具有社会属性，可以将项目分为公共项目和非公共项目；

（5）按照项目是否具有营利性，可以将项目分为营利性项目和非营利性项目。

以上是常用的项目分类方法，除此之外，还有很多。例如根据项目的规模可以将项目分为大型项目、中型项目和小型项目；根据项目的复杂程度可以把项目分为复杂项目和简单项目；根据项目的时间长短可以将项目分为长期项目、中期项目和短期项目；根据项目所属的行业可以分为农业项目、工业项目、投资项目和建设项目等。

二　公共项目的概念及类型

在谈到公共项目时，人们的脑海中通常会浮现出一系列的具体项目，例如鸟巢、高速公路、跨海大桥、希望工程、奥运会等，这些项目中有的是具有实体形态产出物的，有的以产生某些社会效果为目标。那么究竟如何对公共项目加以界定呢？

(一) 公共项目的含义

何谓公共项目? 2006 年, 国家发改委和建设部对公共项目做出的定义是: "公共项目是指为满足社会公众需要, 生产或提供公共物品 (或服务) 的项目, 公共项目不以追求利益为目标, 其中包括本身就没有经营活动、没有收益的项目, 如城市道路、路灯、公共绿化、航道疏浚、水利灌溉渠道、植树造林等项目, 这类项目的投资一般由政府安排, 营运资金也由政府支出。"

这里必须明确公共项目与政府投资项目不同, 政府投资项目与非政府投资项目是按照项目资金来源对工程项目进行划分的, 而公共项目和私人项目是根据项目向社会提供社会物品 (或服务) 的类别进行划分的。公共项目与政府投资项目之间在很大程度上存在交集, 其原因在于政府投资的主要目的是为全社会谋福利。党的十八届三中全会审议并通过的《中共中央关于全面深化改革若干重大问题的决定》指出, "经济体制改革是全面深化改革的重点, 核心问题是处理好政府和市场的关系, 使市场在资源配置中起决定性作用和更好发挥政府作用"。政府与市场关系的进一步明确决定了政府投资项目将不断向公共领域倾斜。但政府投资项目中也有部分参与市场竞争的非公共项目, 例如国有企业的经营性项目等。

从另外一个角度看, 公共项目虽然大部分都是政府投资项目, 但随着我国投融资体制改革的深化, 越来越多的私人投资主体也介入了公共产品和公共服务的提供, 近年来 PPP 项目的迅速发展就是典型的例证。私人投资主体投资公共项目的目的是投资主体的个人利益, 有些情况下, 可能会损害公共利益, 需要政府对其监督。

(二) 公共项目的类型

公共项目的类型很多, 分类方法也很多。对公共项目进行分类有助于我们更好地了解和掌握公共项目的特点。常用的分类如下。

第一, 按公共项目的投资资金来源可分为政府投资的公共项目、非政府投资的公共项目和混合投资的公共项目。政府投资的公共项目是指由政府投入财政性资金建设及运营管理的项目。非政府投资的公共项目是指由非政府组织、企业、个人等多种渠道投资建设和运营管理的项目。混合投资的公共项目是指公共项目既包含政府投资, 又包含其他主体的投资。随着公共项目投资主体多元化的趋势越来越明显, 且随着全球化的发展, 外资进入公共项目的领域与范围也越来越多。

第二, 按公共项目的收费机制可分为经营性公共项目和非经营性公共项目。经营性公共项目又可分为纯经营性公共项目和准经营性公共项目。经营性公共项目主要以经济效益为主, 具有商业化项目的特征。其表现为产品和服务的最终消费者需要缴纳一定的使用费，经营者可以从中获得商业利润。非经营性公共项目是指社会公众可以免费或只需支付必要的成本就能享受该项目提供的产品和服务，关于三者的不同如表 1-1 所示。

表 1-1　纯经营性、准经营性和非经营性公共项目的区别

项目类型	项目功能	投资主体	权益归属
纯经营性公共项目	以经济效益为主的项目，如收费高速公路、桥梁	全社会投资	谁投资谁受益
准经营性公共项目	既有社会效益又有经济效益的项目，如煤气、地铁、高铁等	政府适当补贴，吸纳各方投资	谁投资谁受益，政府一般不考虑回报
非经营性公共项目	发挥社会效益，基本没有经济效益的项目，如免费开放的博物馆、图书馆	政府投资	政府

第三，按公共项目提供物品的内容不同可划分为城市基础设施项目、公共卫生项目、教育项目、文化项目和体育项目等。城市基础设施项目是指为物质生产和人民生活提供一般条件的公共设施，主要包括交通、自来水、电信等方面，是城市经济发展和居民生活的基础。公共卫生项目是指以提高人民群众健康水平、改善医疗条件、提高居民身体素质为目的的项目，如医院、防疫站等。教育项目是指以培养和提高受教育者认知能力、文化和道德水平等为目的的项目活动。文化项目是指以提高人们文化修养和文化水平等为目的的活动，包括图书馆、博物馆、文化宫、科技馆等。体育项目是指以提高人们身体素质、促进身体健康为目的的活动，比如体育馆、游泳馆、体育场等。

除以上分类方法之外，还可以按项目来源和管理渠道分，可分为国家重点建设项目、国际金融组织贷款项目、国家银行贷款项目、行业部门和地方项目；按产业分有农业项目、工业项目和技改项目；按行业分有交通建设项目、水利建设项目、电力项目等。

（三）公共项目的特征

公共项目除了具有一般项目的特征之外，还有其独有的特征，具体包括项目的公共性、效益的外部性和项目的整体性。

1. 项目的公共性

公共项目和其他项目区分最主要的特征是其公共性，总体目标是为社会公众谋福利。从经济学的角度来看，公共项目提供的产品或服务都是公共物品或准公共物品。相对于私人物品而言，公共物品具有两个重要特征：一是非竞争

性，一个人对某一公共物品的消费并不妨碍或影响他人对该物品的同时消费；二是非排他性，一旦某公共物品被生产出来，就无法阻止他人对其消费，即排斥任何潜在消费者从这些物品上获益通常是不可能的。一般来说，私人项目是为了私人或少数人的利益，而公共项目是为了公众的利益，但也有些私人项目是为了公共利益。同时，公共项目的建设资金主要来源于财政投资，而非决策者个人的资金。财政收入来源于社会，就应该服务于社会。因此，针对公共项目应该建立这样一个准则，即实现公共利益最大化。

2. 效益的外部性

所谓外部性，又称为溢出效应，这也是一个经济学概念，指的是一个人或一群人的行动和决策使另一个人或一群人受损或受益的情况。外部性可分为正外部性和负外部性。正外部性是某个经济行为个体的活动使他人或社会受益，而受益者无须花费代价；负外部性是某个经济行为个体的活动使他人或社会受损，而造成外部不经济的人却没有为此承担成本。由于公共项目的产出是公共产品（包括准公共产品）或公共服务，因此公共项目都具有正外部性。例如：城市图书馆、博物馆项目满足了全市居民的文化需求。这也就意味着公共项目为全社会带来的收益往往无法全部通过项目收入来弥补，甚至很多公共项目是没有收入的，因此在吸引私人投资时必须要对收益问题做出合理的安排。

3. 项目的整体性

公共项目是为实现公共目标而开展的任务的集合。它不是一项项孤立的活动，而是一系列活动的有机组合，从而形成一个完整的过程，强调公共项目的过程性和系统性。这一特征首先体现在区域规划过程中，地方政府作为公共项目的核心提供主体，需要对本地区的公共项目进行总体规划，并使这些公共项目相互配合，通过其互补关系实现地区社会效益的最大化。在合理规划地区公共项目的基础上，地方政府应当进一步考虑公共项目的提供与生产主体的问题，通过多元主体间的合作使这些公共项目真正落地。

除了具有上述典型特征外，公共项目还有公众关注度高的特征。由于公共项目涉及的相关利益主体众多，在全社会往往具有较高的关注度，因此在项目计划、设计及实施等阶段，应当更多地考虑如何收集社会公众的意见建议，使公共项目能更好地满足社会需求。

三　公共项目管理

基于对公共项目特征的分析可以得到一个基本的判断，即公共项目管理的复杂程度总体上高于一般项目，在管理过程中需要考虑的因素更多，并且在管理工具方法上也与一般项目有所不同。例如一般项目注重项目的经济性评价，而公共项目则更重视社会影响评价。

（一）公共项目管理的含义

公共项目管理是项目管理中的一种特殊类别。关于项目管理的定义，不同学者给出了不同的定义。汪玉凯认为，项目管理是项目管理者依据项目发展的客观规律，在既定的环境条件下，运用相关的管理理论和方法，对项目的全过程进行的管理活动。[①] 现代项目管理理论认为，项目管理是运用各类相关的知识、技能、方法和工具，为满足或超越项目有关各方对项目的要求与期望，所开展的各种计划、组织、领导和控制等方面的活动。[②] 美国项目管理协会认为项目管理就是将知识、技能、工具与技术应用于项目活动，以满足项目的要求。项目管理是通过应用和综合诸如启动、规划、实施、监控和收尾等项目管理过程来进行的。[③] 美国著名的项目管理专家 James Lewis 博士认为，项目管理就是组织实施对实现项目目标所必需的一切活动的计划、安排与控制。

基于上述定义，可以将公共项目管理定义为：通过政府部门、建设单位等各相关利益主体的共同努力，运用系统理论和方法对公共项目及其资源进行计划、组织、协调、控制，实现公共项目组织实施和运营维护等目标的管理方法体系。

（二）公共项目管理的特征

在对公共项目进行管理时，应时刻关注其"公共性"的特征，也就是说，项目团队及项目的各个相关利益主体必须充分关注"公共性"对项目的要求，不能简单地以管理一般项目的方法来管理公共项目。公共项目管理的特征具体体现在以下三个方面。

1. 管理目标的多重性

与一般项目管理相同，公共项目管理必须在一定的时间、费用、质量等要素的制约下，实现既定的项目目标，满足各相关利益主体的要求。但是，不同于私人项目的是，公共性是公共项目最为核心的目标。因此，在公共项目管理中必须体现这种核心价值取向，而不能仅仅关注成本及经济效益。例如：在西藏修建公路及铁路时，对该项目的管理不能单单从经济成本来考虑，必须充分考虑到西藏地区的生态效益，保护藏羚羊等野生动物也是该项目管理的目标之一。

① 汪玉凯：《基层领导者公共管理教程》，北京：中共中央党校出版社，2010 年，第 263 页。
② 戚安邦等：《项目管理学》第 2 版，北京：科学出版社，2012 年，第 10 页。
③ ［美］PMI 著，许江林等译：《项目管理知识体系指南》，北京：电子工业出版社，2013 年，第 3 页。

2. 管理主体的多元化

一般而言，公共项目的管理是以政府为主导的。但随着社会的进步，现在很多公共项目通过国际招标、采购、咨询等方式运作，一些私人企业和非政府组织也参与到公共项目的管理之中，管理主体多元化的趋势逐步显现。在以往，以政府为主导的公共部门往往直接在公共项目领域进行投资和管理，受政府失灵的影响，很容易造成公共项目的经济效益和社会效益并不显著的结果。随着新公共管理与新公共服务运动的展开，公共项目管理越来越强调政府与市场、社会的伙伴关系。近年来公共项目领域流行的 PPP 模式就是管理主体多元化的一个具体体现。管理主体的多元化意味着政府和市场、社会等利益相关方共同对项目的立项、组织、建设、运行等环节进行管理，改变以往政府单一主体管理的模式，有利于公共项目管理的科学化。但需要注意的是，管理主体的多元化并不意味着政府责任或职能的减弱；反之，政府在公共项目管理领域的职能应进一步强化，尤其是在协调、监督和协商沟通平台的搭建等方面。

3. 管理的复杂程度高、约束性强

首先，公共项目涉及领域广泛，涵盖了经济、文化、科教、国防等所有重要领域，如银行贷款项目、农业发展项目、公共服务、科研教育项目等。这些项目对国民经济与社会发展有着重要的影响，无论是项目的数量、投资额度，还是资金来源的多元化以及管理的复杂性都大大超过了以往。其次，公共项目涉及的部门和人员众多，关系复杂。公共项目的管理往往会涉及政府、市场与社会的关系，这使得管理的难度加大，必须平衡三者的需求和期望。最后，由于公共项目往往都具有规模大、投资额高的特点，要在一定的财力、物力和人力条件下完成，就必须注重项目内部结构的优化与紧密度，这对公共项目的开展与运营提出了更高的要求，必须比一般项目遵循更为严格、约束性更强的项目管理程序。

第二节　公共项目管理体系的构成

公共项目管理究竟应该包括哪些具体管理工作呢？这就需要我们首先从公共项目管理体系的构成分析开始，对公共项目管理的范围加以界定，从而明确公共项目管理工作的内容及其关系。

一　公共项目管理体系的三个维度

基于管理的不同面向，可以从三个维度具体分析公共项目管理体系的构成，即层次维度、时间维度和要素维度，如图 1－1 所示。

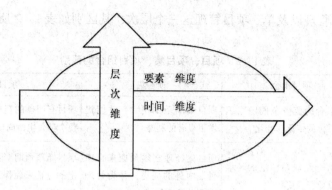

图 1 - 1 公共项目管理体系构成

层次维度是从管理的层级出发对公共项目管理进行的划分，具体可以分为三个层次，即公共项目组合管理、公共项目集管理和公共项目管理。三个层次之间的差别主要体现在两个方面。第一，管理的目标不同。公共项目组合管理的目标是基于地区或部门发展战略，对公共项目进行选择；公共项目集管理的目标是对于确定实施的项目进行整合与协调，包括项目开展时间的协调、资源的配置等；公共项目管理的目标是确保单一项目的顺利实施。第二，管理主体的层级不同。公共项目组合管理通常由高层负责，要求管理者具有战略眼光和全局观；公共项目集管理通常由项目管理办公室负责，需要开展大量的横向与纵向协调工作；公共项目管理则由组织任命的项目经理负责，项目经理往往在该项目领域拥有专长权，具备管理该具体项目的能力，而不需要具有较高的级别。

时间维度是以公共项目管理的时间顺序为依据，对其进行阶段划分，从而明确各个阶段的管理重点和管理目标，确保项目按计划进行。基于时间维度对公共项目管理活动进行划分的方法常用于单一项目管理领域。典型的项目管理过程可以分为四个阶段，即项目的定义与决策阶段、计划与设计阶段、实施与控制阶段以及完工与交付阶段。

要素维度是以具体从哪些专业领域开展公共项目管理工作为依据进行的划分。根据 PMBOK 所提出的项目管理知识体系，项目管理工作包括九大要素，即项目范围管理、时间管理、成本管理、质量管理、采购管理、人力资源管理、沟通管理、风险管理和集成管理。

二 公共项目管理的三个层次

在公共项目管理中，我们可以按照公共项目的层级将其划分为项目组合管理、项目集管理以及单一项目管理这三个层次，其区别如表 1 – 2 所示。

表 1 – 2　项目、项目集、项目组合的区别

对比	项目组合	项目集	项目
范围	项目组合的业务范围随组织战略目标的变化而变化	项目集的范围更大，并能提供更显著的利益	项目有明确的目标。其范围在整个项目生命周期中渐进明细
变更	项目组合经理在广泛的环境中持续监督变更	项目集经理必须预期来自项目集内外的变更，并为管理变更做好准备	项目经理预期变更，并执行一定的过程来确保变更处于管理和控制中
规划	项目组合经理针对整个项目组合，建立与维护必要的过程和沟通	项目集经理制订项目集整体计划，并制订项目宏观计划来指导下一层次的详细规划	项目经理在整个项目生命周期中，逐步将宏观信息细化成详细的计划
管理	项目组合经理管理或协调项目组合管理人员	项目集经理管理项目集人员和项目经理，建立愿景并统领全局	项目经理管理项目团队来实现项目目标
成功	以项目组合所有组成部分的综合绩效来测量成功	以项目集满足预定需求和利益的程度来测量成功	以产品与项目的质量、进度和预算达成度以及客户满意度来测量成功
监督	项目组合经理监督综合绩效和价值指标	项目集经理监督项目集所有组成部分的进展，确保实现项目集的整体目标、进度、预算和利益	项目经理对创造预定产品、服务或成果的工作进行监控

（一）公共项目组合管理

　　项目组合管理是公共项目管理中的最高层次，其核心是根据组织战略对所有备选项目进行评价与筛选的过程，包括识别、排序、授权和控制项目、项目集等其他有关工作。[①]

　　1. 项目组合的概念

　　美国项目管理协会对项目组合的定义为：项目组合是一系列项目或项目集

---

　　① 毛义华：“技术创新管理新范式：项目组合管理”，《数量经济技术经济研究》，No. 9，2001（55～57）。

以及其他工作，聚合在一起，通过有效管理以满足业务战略目标。来自 APM 的定义如下：项目组合是一组为了方便管理而聚合到一起的项目。这组项目可能具有相同的目标，也可能不具有相同的目标，它们经常只是因为共同的资源而相关。而 Roland 在 2002 年的柏林国际项目管理会议上表示了他对项目组合的理解。他认为，项目组合不但包括由组织所拥有的所有项目和项目集组成的集合，还包含了它们之间的关系。

项目组合里包含的项目或者项目集不一定是相互联系的。比如某公司承担的银行的业务系统、人事管理系统、OA 系统开发，从项目的业务特征来看属于不同的项目，但是三个项目面对同一个客户，而且可能在实际的项目实施中，人员资源会共享。例如，以投资回报最大化为战略目标的某基础设施公司，可能将油和气、电力、供水、公路、铁路和机场等项目混合成一个项目组合。在这些项目中，该公司可能选择相关项目，把它们作为一个项目集来管理，所有电力项目可以组成一个电力项目集。同样地，所有供水项目可以组成一个供水项目集。

2. 公共项目组合管理的概念

美国项目协会对项目组合管理的定义为：项目组合管理是指在可利用的资源和战略计划的指导下，进行多个项目或项目集投资的选择和支持。项目组合管理是通过项目评价选择、多项目优化组合，确保项目符合企业的战略目标，从而实现利益最大化。[①] 因此公共项目组合管理不是简单地对多个项目进行管理，而是超越了传统项目管理的边界，它作为公共项目和地区或部门战略之间的桥梁，使公共项目实施和地区或部门战略结合起来。公共项目组合管理强调"做什么项目"，它能够确保执行的项目与其战略相一致，并且使项目之间保持恰当的平衡。项目组合管理是组织以及战略层面的管理活动，是进行组织决策的过程，是多个项目的管理。公共项目组合管理是利用同一个项目管理系统，按照设定的统一标准选择符合地区或部门战略发展需要的公共项目，并在公共项目执行过程中对所有的项目成本、进度、风险、收益等要素进行严格的动态监控的一系列管理活动。

（二）**公共项目集管理**

项目集是公共项目管理的第二个层次，通常一个项目集是由一系列具有某种共性特征的项目构成的，例如奥运场馆建设项目集、希望工程等。

1. 项目集的概念

项目管理协会对项目集有明确的定义，把其定义为"经过协调管理以便

---

① The PMI Standards Committee. A Guide to the Project Management Body of Knowledge, 2004：45 –46.

获取单独管理这些项目时无法取得的利益和控制的一组相关联的项目"。也就是说，项目集是由多种单一项目构成的，它可以为多个战略目标服务，并且项目集中相互关联的项目均属于同类项目。

从项目集的定义中我们可以提炼出项目集的两个特点：第一，项目集当中的项目都属于同类项目，多个项目间会产生共同的结果或整体能力能够相互联系。第二，项目集是由多个项目共同组成的，它所涉及的范围更大，并且提供比单一项目更显著的利益，因此没有经过协调管理的不能称为项目集。在国内，项目集的其他名字包括：项目群、大型项目、计划。南水北调工程、载人航天计划、奥运会与世博会、北斗导航系统计划等都是项目集的典型例子。

2. 公共项目集管理的概念

项目集管理是通过项目集管理者进行协调和统一，从而获得单一项目管理所无法获得的利益，并对其实现有效的控制。[①] 公共项目集管理就是在公共项目管理领域所开展的项目集管理工作。公共项目集中的单一项目通过项目集的管理者进行组织资源的共享，公共项目的管理者也通过这种资源的共享和分配，快速提升了项目团队的项目管理能力。单一项目的管理能力提高了，整个项目集的管理能力也就随之提升，最终可实现各个项目均可达成优质的项目管理目标。

项目集管理以项目管理为组成部分，单个项目是进行常规性的项目管理，而项目集管理是对其中各种单一项目进行总体的协调和控制。[②] 因此公共项目集的管理者不是直接参与每个公共项目的日常管理，而是侧重在整体的规划、控制和协调上，对每个单一项目的具体管理工作进行相应的指导和协调。具体包括合理安排每个公共项目的开始和结束时间，对公共项目所需的各种资源进行协调配置，包括资金、人员、物资等，以实现项目集目标，并使得成本、进度与工作可以被优化或整合。同时公共项目管理还必须同时关注到公共项目外部性的特点，使公共项目集与公众需求相匹配，并且充分重视项目集实施过程中的公众参与。

案例：北京奥运会的项目集管理

奥运会是一个超大规模、涉及子项目种类繁多、各子项目间关联密切、项目利益相关者众多的项目组合。以 2008 年北京奥运会为例，从规

①　[英] 米歇尔·西里著，尹璐译：《项目集管理》，北京：电子工业出版社，2011 年，第 35 ~ 36 页。
②　[美] 项目管理协会著，王勇、张斌译：《项目管理知识体系指南》，北京：电子工业出版社，2009 年，第 88 ~ 90 页。

模上看，奥运会涉及运动员、技术官员、国际与国内贵宾、媒体记者、奥运会志愿者和奥运会观众等数百万以上参与人员；从涉及的子项目看，奥运会覆盖体育竞赛、国际联络、场馆建设及管理、市场开发、技术系统、餐饮住宿、观众服务、后勤保障及媒体广告宣传等数十个领域的若干子项目。并且，从各个子项目之间的相关度来看，几乎每一个子项目都与其他子项目有密切的关联关系；从项目利益相关者看，国际方面包括奥组委、国际奥委会、国际单项体育组织、各国和地区奥委会、国际媒体、国际合作伙伴和赞助商、国际观众等。国内方面包括主办城市政府、中央和国务院相关部委、协办城市、国内合作伙伴和赞助商、国内观众等。

国际奥委会根据前几届奥运会的成功经验，建议北京奥组委采用项目管理科学方法统筹奥运会筹办工作。将项目管理的理论和方法应用于大型的公共活动，这在我国还是第一次；而如此完整地、系统地把项目管理方法应用到奥运会的筹备工作当中，这在历届奥运会中也是第一次。

奥运会涉及的每个项目集下又包含着若干项目，以奥运场馆建设为例，其具有以下特点：超大规模；超大投资额；资金来源复杂；涉及子项目种类繁多；各子项目之间关联密切；项目干系人众多。在这一项目集的进行过程中，需要根据各项目的特点及自身要求选择与其相适应的管理模式。首先，要建立完善的组织架构和沟通协调机制，以明确项目目标和分工；其次，要建立项目管理标准及流程，进行项目法人招标，开展项目融资策划和后奥运运营策划，提高场馆的利用率；最后，还要进行项目风险评估，加强对单体项目的监控。

（三）公共项目管理

项目管理是公共项目管理的第三个层次，也是相对微观的层次。有关公共项目和公共项目管理的概念在本章第一节中已给出详细定义，此处不再赘述。

以上三个层次从理论分析的角度来看其差异性是相对显著的，其中项目组合重点关注通过审查项目和项目集，来确定资源分配的优先顺序，并确保对项目组合的管理与组织战略协调一致。但在实践中它们之间的差异有时可能是模糊的。例如，奥运会可能被认为是一个有很多子项目的大项目，也可以看作一组被协调管理的项目，即项目集，① 还可以被看作由若干项目集所构成的项目组合。因此，定义公共组织项目、项目集和项目组合的很多方式都是主观的，

---

① 郭致星：“项目与创新系列课程”，http://blog.sina.com.cn/s/blog_ 6a656bb40102vagy.html，2015－12－3。

应当根据具体情况进行具体分析。

三 公共项目管理的四个阶段

从时间维度出发可以对公共项目的实施过程进行阶段划分，从而明确各个阶段的任务和目标，实现对公共项目的过程管理。由于公共项目过程管理总体上属于偏技术性的操作层面的概念，因此主要应用于单一项目管理之中。

根据一般项目管理的阶段划分，可以相应地将公共项目的实施过程划分为四个阶段，如图 1 – 2 所示。

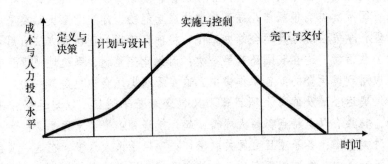

图 1 – 2　公共项目实施过程的阶段划分

（一）定义与决策阶段

公共项目定义与决策阶段的主要工作是根据公共项目评估的结果，对公共项目的具体内容、实施方案、项目目标等进行确定。这个阶段的输入主要是公共项目评估报告和可行性研究报告等相关内容。与一般项目不同，公共项目的评估更加关注项目的社会影响、国民经济性和风险等内容，而项目本身的经济性则属于参考性指标。也就是说，公共项目以有利于社会发展和社会效益实现为主要评价标准，在这个大前提下兼顾项目的经济性指标。

公共项目决策的内容主要包括：第一，项目目标与产出物的决策，包括项目的目标构成和产出物的具体要求等；第二，项目实施方案的决策，一个项目可能有多种实施方案，需要项目管理者根据项目的要求和方案的具体内容进行选择；第三，项目管理目标的决策，包括项目成本、质量、工期等的决策。

（二）计划与设计阶段

公共项目的计划与设计阶段需要完成的具体工作是对公共项目具体实施过程所涉及的各项工作进行安排，其中计划工作偏重于从管理的视角出发，而设计的内容偏重于从技术的视角出发。

　　公共项目计划主要包括：第一，项目实施过程计划，对项目实施过程进行阶段性划分，并明确各个阶段的主要工作安排；第二，公共项目组织安排，应当充分考虑到公共项目的多元主体参与特征，调动各类主体的力量为项目服务；第三，公共项目管理工具方法的选择，包括项目管理软件的选择、管理信息平台的建设以及范围、成本、工期、质量等具体管理方法的选择。

　　公共项目的设计工作主要包括两个方面：一是项目产出物的设计方案，例如立交桥的具体设计及建设方案；二是项目工艺流程的设计方案，即采用何种工艺，具体如何操作等。

（三）实施与控制阶段

　　公共项目实施与控制阶段的主要任务就是根据公共项目的计划开展各项工作，在实施过程中及时收集项目进展的相关信息，从而发现项目实施过程中存在的偏差情况。一旦发现偏差，应及时分析偏差产生的原因，并采取相应的纠偏措施。

　　公共项目与一般项目相比，其实施过程中的信息收集范围更广，除了项目自身进展的信息之外，还应当对项目实施过程中社会公众对项目的意见、建议以及网络舆情等信息进行及时收集。也就是说，公共项目的偏差可能来源于项目自身，也可能来源于外部环境，例如具有"邻避效应"特征的项目，在项目实施过程中可能由于附近居民的意见而导致项目出现偏差。因此，公共项目应当在更为广泛的范围内收集与项目进展相关的信息，从而确保项目最终实现其社会效益目标。

（四）完工与交付阶段

　　公共项目完工与交付阶段的主要任务是生成项目产出物并交付使用。公共项目的产出物可以是具有实物形态的具体产品，例如道路、桥梁，也可以是某种社会效果，例如通过扶贫助困项目的开展，提高了部分贫困人群的生活水平等。

　　完工与交付阶段结束后，公共项目将正式宣告终结，项目团队将随之解散。部分公共项目在项目期终结后将进入运营阶段，例如地铁等。对于这类项目，项目团队应当与运营团队做好交接工作。

四　公共项目管理的九大要素

　　根据 PMBOK 对项目管理知识体系的描述，项目管理具体可以划分为九个要素，或者九个模块。公共项目管理同样需要开展这九大要素的管理工作，具体如图 1 - 3 所示。

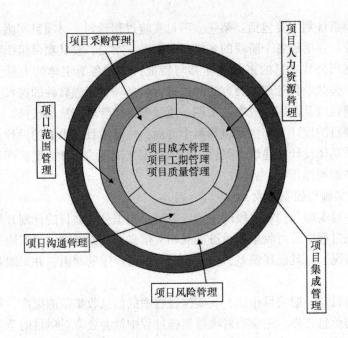

图1-3 公共项目管理的要素构成

（一）公共项目的范围管理

公共项目范围管理就是对公共项目所涉及的工作内容的确定过程，也就是明确哪些工作属于项目范畴，哪些工作不属于项目范畴。公共项目范围管理也是公共项目其他要素管理的前提，只有划定了项目范围，才能进一步确定项目的成本、工期等管理目标。

在公共项目范围管理确定过程中，应当充分征求社会公众和项目相关利益主体的意见，了解社会公众对项目的真实需求，从而避免"高质量地完成无用工程"的现象产生。

（二）公共项目的时间、成本与质量管理

时间、成本与质量管理是项目管理的核心内容，也被称为"项目管理的铁三角"。对于不同的公共项目，这三个要素的重要程度往往也是存在差异的。对于有明确时间要求的项目，例如奥运会等，应当以时间管理为主，为了确保项目工期，可能需要投入更多的成本或者在某种程度上降低项目的质量要求。对于各类基础设施建设项目，则往往以确保质量要求为第一要务。在项目投资额有明确限制或资金不足时，则可能需要以成本为中心展开管理工作。

由于公共项目的时间、成本与质量管理之间具有较强的关联关系，因此当其中之一发生变更时，往往另外两个也必须随之变更。例如当公共项目需要缩

短工期时，若要保证质量不受影响，往往就需要投入更多的成本以使用更加先进的工艺或增加更多的人员。

（三）公共项目采购、人力资源与沟通管理

这三个要素都与公共项目所需的资源获得有关，其中公共项目采购主要指的是物质资源的获得与管理，人力资源是人员的获得与管理，而沟通管理则是信息资源的获得与管理。

需要说明的是，公共项目采购管理必须做广义的理解，而非狭义地将其与"物资购买"画等号。公共项目采购管理应理解为公共项目所需物资的获得及管理，而获得的途径不仅是"购买"，还可以通过捐赠、合作等方式获得，且物资提供的主体是多元的，可能是政府、企业、社会组织或个人之一又或者它们的组合。

（四）公共项目的风险管理

公共项目的风险来源、种类总体比一般项目更多，复杂程度更高，影响范围也更为广泛。以地铁建设工程为例，其风险除了来自项目本身以外，还可能来源于周边居民，甚至表面看似不相关的人群，例如环保组织或者其他对地铁规划线路设置不满的距离较远的居民。因此，公共项目的风险管理需要项目管理者具有更强的系统分析能力和对多元主体诉求的协调与平衡能力，以及对各种信息的敏锐捕捉能力。

（五）公共项目的集成管理

公共项目集成管理就是对公共项目的其他要素进行系统性的管理，使其能够相互配合，相互支撑，共同为项目目标的实现服务。除了前文已经分析过的公共项目成本、质量、时间三个要素的集成管理以外，其他各要素间也具有密切的关联关系，例如当某种项目风险发生时，将会对其他各个要素产生连带的影响。因此，需要从整体的角度系统地对公共项目展开管理工作，即开展公共项目的集成管理。

第三节　公共项目的全生命周期管理理念

任何一个公共项目都有自己的生命周期。公共项目的生命周期包含了一系列不同的项目阶段。公共项目的全生命周期是"跳出项目管项目"，也就是说要有全局观，在开展项目阶段管理工作时应当同时考虑到后期的运营以及报废拆除阶段的要求。

一　公共项目全生命周期的定义

"生命周期"是一个起源于生物学的概念，原意是指生物在功能或形态方面所历经的一连串阶段或改变这一自然的生命过程属性。① 生命周期在实质上映射了生物的出生、成长、衰老到死亡的过程。后来，社会科学研究者将生命周期的概念引入了社会科学研究中，以隐喻或类比的方式对复杂的社会现象进行简化和研究，逐渐成为广泛使用的概念。

20 世纪 70 年代出现了生命周期法（life cycle method），该管理方法认为任何事物都有自己的生命周期。所谓生命周期方法论，即是贯彻生物生命周期的要旨。首先，承认运动对象的整体性，将其从形成到最后消亡视为一个完整的生命过程；其次，考虑到生命周期运动过程的阶段性，将对象在整个生命过程中，依据不同的价值形态表现，划分出不同的运动阶段；最后，在不同的生命周期阶段中，应按照对象的不同特点和内在联系，针对性地匹配适应性的管理方式和应对措施，旨在创造实现整体价值最优化的阶段性策略，这正表现了生命周期方法论的内涵，也体现了生命周期方法论的价值。② 根据此方法论可知，公共项目也有自己的生命周期，也需要运用其生命周期进行公共项目的管理。一般项目的生命周期具有狭义和广义之分，体现了不同层次上对项目生命周期的理解。

（一）狭义的项目生命周期定义

美国项目管理协会对项目生命周期的定义属于狭义的项目生命周期，它认为："项目生命周期就是由项目各个阶段按照一定顺序所构成的整体，项目生命周期有多少个阶段和各阶段的名称取决于组织开展项目管理的需要。"③ 这种项目生命周期定义从项目管理和控制角度出发，强调按照项目的阶段性开展管理工作，所以它是一种开展项目管理的方法。

狭义的项目生命周期可以分为四个阶段，即定义与决策阶段、计划与设计阶段、实施与控制阶段、完工与交付阶段。各个阶段在项目的不确定性程度、项目可改变程度、项目资源投入水平等方面都有很大的差异性。因此，狭义的项目生命周期具有如下特征：（1）不确定性因素会随着项目生命周期每个阶段的展开而逐渐减少，成功率随之增加；（2）随着项目的进行，项目变更与纠错所需时间将随周期的推进而激增；（3）开始时费用和人力投入都比较低，

---

① 朱晓峰："生命周期方法论"，《科学学研究》，No. 12，2004（566～571）。
② 朱晓峰："生命周期方法论"，《科学学研究》，No. 12，2004（566–571）。
③ PMI Standard Committee. A Guide to the Project Management Body of Knowledge, 2008.

在向后发展过程中需要的越来越多，当项目要结束时又会剧烈地减少。

（二）广义的项目生命周期定义

英国皇家特许测量师协会对项目生命周期的定义属于广义的项目生命周期，它认为："项目生命周期包括整个项目的建造、使用和最终清理全过程。项目生命周期一般可划分为项目建造阶段、运营阶段和拆除阶段。项目建造、运营和拆除阶段还可以进一步划分为更为详细的阶段，这些阶段构成了一个项目的全生命周期。"[①]

广义的项目生命周期即项目的全生命周期，一般分为三个项目阶段，即项目建设阶段、运营阶段和拆除阶段，项目生命周期和全生命周期之间的关系如图 1-4 所示。

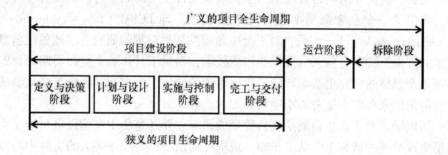

图 1-4　广义与狭义生命周期项目阶段示意图

1. 项目建设阶段

在项目建设阶段人们投入各种资源，根据公共项目的全生命周期目标，完成整个项目的定义与决策、计划与设计、实施与控制和完工与交付方面的工作，最终完成项目的产出物。

2. 运营阶段

在运营阶段人们利用项目建设所生产的项目产出物开展周而复始、不断重复的运营工作，以便获得收益和收回项目建设阶段的投资，并最终实现项目的既定目标。

3. 拆除阶段

在拆除阶段人们将已经实现（或部分实现）了项目既定目标的项目产出物进行必要的拆除，从而恢复项目起始时的生态或环境，这也是项目全生命周

① RICS. Life Cycle Costing: A Work Example. London: Surveyors Publication, 1987.

期的最后阶段。

二　全生命周期项目管理理论及其重要性

(一) 全生命周期项目管理理论

20 世纪 50 年代开始，国外学者就对全生命周期项目管理的问题开始进行研究，并主要从全生命周期项目的组织管理、过程管理、信息管理、成本管理等方面进行研究。随着时代的发展和研究的深入，全生命周期项目管理的概念与理论也不断得到发展。最先提出全生命周期项目管理（LCPM）思想的是澳大利亚悉尼大学的 Jaafar Ali 教授，他将全生命周期管理思想引入工程项目管理领域，并从传统的费用、时间和质量目标转变为全生命周期的目标，通过对并行建设、智能化的项目管理信息系统以及项目全生命周期过程集成管理的研究，提出了一个全生命周期项目管理的模型，即 LCPM（Life – cycle project management model）[1]。此后，对于全生命周期项目管理的研究更多地关注信息技术的开发，特别是信息的提供和传输技术，而对于具体的全生命周期项目管理理论及思想的研究也基本转向了集成管理的领域，大多数学者也都是从集成管理的角度来考虑全生命周期项目管理的内容。

国内学者对于全生命周期项目管理的研究主要还是集中在建设项目全生命周期集成管理的研究上。从丁士昭、成虎、何清华、马士华等人的文献中可以看出，他们都对建设项目全生命周期集成管理做出了相应的研究。

全生命周期集成化项目管理思想希望将项目管理的全过程形成一个完整的工程体系，将项目工程化、结构化。在项目的决策阶段，集成化、系统化的思想可以将项目管理中的各个阶段的信息全面整合，根据项目各阶段的利益相关者的合理需求明确项目的总体目标和价值；在项目的设计阶段，根据集成化、系统化的思想，项目设计者可以从项目的总体目标和价值的角度出发，提出最优的设计方案；在项目实施阶段，根据设计的项目方案完成项目，并实时关注项目全过程是否严格坚持项目的总体目标及价值；在项目的运营和拆除报废阶段，根据集成化、系统化的思想，对项目整体的建设和运行情况进行评价，并突出设施管理在全生命周期项目管理中的重要性。

(二) 公共项目全生命周期管理的重要性

公共项目一般是为社会经济发展提供基础服务的项目，是关系到社会福利的项目，该类项目的决策、设计、运营等各环节都要充分考虑到未来社会经济

---

① A. Jaafari. Life – cycle Project Management a Proposed Theoretical Model for Development and Implementation of Capital Projects. Project Management Journal, 2000, (3): 44 – 51.

发展的需要。因此，就公共项目管理而言，项目全生命周期管理模式更能符合其特点和实际需要。结合国内外文献的研究情况，全生命周期项目管理的思想主要是致力于建立一个系统化的管理体系。在这个管理体系中，项目管理的核心内容是在项目的决策阶段整合项目上游及下游的信息进行全面的分析，并根据项目利益相关者的需求合理确定项目的总体目标及其价值。

如果只对公共项目狭义的生命周期进行管理，而忽视其运营阶段和拆除报废阶段可能发生的问题，将会导致公共项目失去其整体经济性和合理性，从而影响公共项目的社会效益发挥。这方面的失败案例比比皆是，导致最终"费力不讨好"。因此，公共项目管理在项目期就必须对运营期的需求进行分析，充分听取公众和未来的运营主体对项目的要求，并将这些要求充分体现在项目的计划与设计之中，真正把"好事做好"。

　　案例：体育场馆荒废 vs. 百姓无处健身①
　　在南京市东郊，有一座投资超 5 亿元、占地 1270 亩，可同时举办 4 个马术比赛项目的国际赛马场。从 2003 年建成后，近 10 年的时间里，这座赛马场除举办过一次南京十运会外，其余基本处于闲置状态。因为南京赛马场没有国际认可的"无疫区"，没法举办国际性的赛马比赛和进行赛马交易。虽然国际马联曾拨出 300 万美元专款，但由于后续资金难以跟上等问题，最终使得"无疫区"建设搁浅，国际马场沦为停车场。
　　安徽巢湖市体育中心被开垦成菜园子的新闻曝光。在街头公园和广场上还有不少健身的人们，但在距离市区七八公里的巢湖市体育中心田径场上，却是一片荒凉景象。步入田径场时会发现，一万多平方米的田径场由于长期未启用，被周边居民开垦成各家的菜园子。
　　除了被荒废、闲置外，体育场"短命"的现象也频繁发生，在这方面沈阳可以说是"拔得头筹"。2012 年 6 月 3 日，建设投入约 8 亿元，使用寿命仅 9 年的沈阳绿岛体育中心被爆破拆除。这座曾被冠以"豪华、地标、最大"等字样的亚洲最大室内足球场，由于体育场地处郊区、场地畸形等原因，导致利用率较低，到被爆破拆除前，绿岛体育中心已经沦为一座仓库。而这已经是沈阳拆除的第三座大型体育场馆。
　　一边是不少体育设施或荒废或拆除，一边则是老百姓苦于找不到合适的健身场所。到底是谁在败家，而怎样才能避免类似悲剧重演呢？

---

　　①　根据相关报道整理。资料来源："国际赛马场成为停车场"，http：//cpc. people. com. cn/n/ 2012/0905/c87228 - 18921810 - 1. html。

三　公共项目全生命周期管理的主要内容

公共项目全生命周期项目管理的内容着重体现在组织管理、质量管理和成本管理三个部分。其中，组织管理是全生命周期项目管理的基础，质量管理是全生命周期项目管理目标实现的关键，而成本管理则是在全生命周期项目组织管理和质量管理基础上提供了一个分析管理工具。这三部分的工作内容互相影响、互相作用，共同构成了公共项目全生命周期管理的主要内容。

（一）公共项目全生命周期组织管理

传统的项目组织管理主要指的是项目期的项目团队或相关利益主体管理，组织的职责只集中于项目建设阶段。基于全生命周期项目管理思想的新型组织管理，即项目组织集成化管理，则是构建一个由项目建设阶段的相关利益主体和项目产出物运营管理主体以及拆除主体在内的公共项目组织联合体。其中建设阶段的项目团队构成包括项目业主、设计单位、施工单位、管理单位等。

在全生命周期项目组织管理方面，国外学术界对于集成理论的研究比较深入，集成理论为现代项目全生命周期管理的研究奠定了重要基础。Jaafari 在全生命周期项目管理组织结构的设计上要求项目业主方、设计方、施工承包方、运营方、项目管理方等各方面在决策阶段就组成全生命周期项目管理联合实体，实现项目管理的组织集成功能。[①] 国内学者主要从全生命周期集成化管理以及动态联盟模式两个方面进行深入研究。在全生命周期集成化管理方面，丁士昭在国外理论研究的基础上，将全生命周期集成化管理及全生命周期经理的概念引入南京市地铁建设项目中，提出全生命周期经理担当建设项目全生命周期集成化管理联合实体的核心，负责决策阶段和实施阶段的规划和控制。何清华等则提出了全生命周期集成化管理模式的组织——全生命周期集成化管理联合班子（动态联盟）的组建及其任务。[②]

公共项目全生命周期组织管理的主要作用体现在如下三个方面。

一是优化项目决策。虽然运营和报废拆除阶段的主体在项目建设阶段尚未开展实质性的工作，但应当在项目建设阶段充分听取它们对项目的需求，共同参与项目决策，从而使项目产出物更符合运营阶段和报废拆除阶段的要求。

二是使各阶段组织衔接更为顺畅。在项目全生命周期中涉及两次移交过程，一次是由项目建设主体将项目产出物移交给运营主体，另一次是运营主体

---

① Jaafari A. &. Kitsanam M. Synthesis of a Model for Life – cycle Project Management. Computer Aided Civil and Infrastructure Engineering, 2000, (7): 26 – 38.

② 何清华、陈发标、卢勇："全寿命周期集成化管理模式的思想和组织"，《基建优化》，No. 22, 2001。

将完成使命的项目产出物移交给报废拆除主体。其中第一次移交过程尤为重要，关系到项目产出物能否顺利投入运营以及能否充分满足运营需要的问题。公共项目的全生命周期组织管理则从项目建设的初始阶段就为这些主体搭建了良好的沟通与了解平台，增进了相互信任，有利于各阶段移交工作的顺利展开。

三是通过信息共享解决各阶段出现的问题。公共项目全生命周期组织管理使各阶段主体之间实现了信息共享，运营主体能更好地掌握项目建设阶段的信息，从而运用这些信息解决运营阶段产生的各类问题，包括项目产出物的维护、修理和改造提升等。

（二）公共项目全生命周期质量管理

著名的美国质量管理专家朱兰（Joseph M. Juran, 1982）曾经这样定义质量管理："质量管理是用一切稳定可靠的手段来达到质量规范的目的。"[①] ISO对质量管理的定义为"质量管理是确定质量方针、目标和职责并在质量体系中通过诸如质量策划、质量控制和质量改进使质量得以实现的全部管理活动"。项目质量管理是指为确保项目质量要求而开展的独特项目管理活动，其根本目的是保障最终交付的项目产出物能够符合项目的质量要求。项目质量管理是以项目质量为管理对象，通过采用一套完整的质量管理系统，运用计划、组织、管理、控制等管理职能组织成一个临时的柔性的组织进行操作，达到提高工程质量的目的，其实质是一个管理过程。

公共项目的质量管理是一种特殊的产品，除了满足一般项目的质量特征，如使用性能、使用期限、安全性、可靠性、经济性和美观性等一般标准外，还应满足公共项目的全生命周期的可持续性要求，其质量管理还需从以下几个方面考虑。

第一，公共安全性。公共项目建成后在使用过程中应保障结构安全、人身安全和环境保护等要求。公共项目一般投资较大，规定使用年限较长，且密切关系着公共安全利益。因此，公共项目达到特定的安全程度是公共项目质量的关键性要求。如长江三峡工程，投资千亿元，建设长达十几年，该工程建成后具有发电、防洪防涝、灌溉、航运和水产养殖及游览等多种社会功能。该公共项目的公共安全性必须达标，否则一旦出现问题，将对广大地区的人民生活、经济发展和环境造成难以估量的损失。

第二，长期耐用性。在规定的条件下，公共项目应满足规定功能要求使用

---

① ［美］朱兰著，燕清联合、侯捷心、胡赛芳译：《管理突破》，北京：企业管理出版社，2005年，第16～17页。

的年限，也就是公共项目竣工后应具备合理的使用年限。公共项目大多不以营利为目的，所以其建设、保修及维护大多都是由政府或者其他公共机构来完成，只有使项目达到耐久性标准，才能节约公共财政，并更好地为广大的人民群众服务。如湖南堤溪沱江大桥于2007年突然坍塌，该桥从开工到坍塌经过近4年时间，因其缺失安全性和耐用性，造成大量人员伤亡和经济损失。

案例：广州越华路"拉链马路"①

"拉链马路"是指道路挖了填、填了挖的现象，道路建设项目缺乏统一的规划、管理，导致马路不断"开肠破肚"。表面上看，这是规划建设时没有考虑日后新的需要，导致后来增加新功能或发现新问题时不得不重新挖开，实际上却潜伏着在城市开发建设中更为严重的危机。"拉链马路"在影响城市面貌和市民生活的同时，更重要的是造成了资源的巨大浪费。据粗略估算，每挖一平方米城市道路平均花费至少上万元。

新建、改扩建道路工程反复开挖、长期施工的现象，在不少城市存在。例如，广州市越华路曾经半年内被开挖6次，先是供水单位挖，接着供气单位挖、供电单位挖，挖完之后通信单位还要挖……奇怪的是，每个施工部门都有挖路的齐备手续，也就是说，这些施工单位都是在合法地挖路。特别是一些地方挖路还时常挖断水管、挖漏煤气，不仅造成交通拥堵，而且给市民生活带来不便。人们无奈地用"拉链马路"来形容这种道路被反复开挖的现象。

城市道路变成"拉链路"，不仅造成财政支出的浪费，市民也不堪其扰，成为不少地方城市建设的通病。政出多门、各行其是是造成这种现象的主要原因。首先，煤气公司、自来水公司为各自管辖的管道铺设等工作"你方唱罢我登场"，道路常常是刚铺好又挖开。其次，城市管线规建缺乏系统性。一些城市地下管线铺设本身缺乏系统规划和前瞻性，以至于城市发展加快与规划严重滞后的矛盾日益突出。据了解，广州早年曾实施过统管城市道路、园林绿化、煤气、供水、截污排污等大市政模式，对城市地上地下基础设施实行统一管理，道路开挖由市政园林局进行统一审批。实施大部制改革以后，开挖审批权下放到区，由于各区建设局人手有限，管理乏力，个别区甚至直接把审批权再次下放到街道，导致道路开挖审批各自为政，非法开挖、乱开挖现象愈演愈烈。由于电信、电力、自来水、

———————

① 根据相关报道整理。资料来源："广州越华路半年开挖6次　政协委员称应问责"，https：//news. qq. com/a/20100515/001202. htm。

污水和燃气等大量地下管线需要建设，广州每年的道路挖掘工程远超千宗。

　　城市管理者迫切需要解决的一道政治难题是：如何对城市进行科学规划、精细化管理，提高公共项目的长期耐用性，尽可能减少资源浪费和给群众生活造成的不便？

　　第三，实际适用性。公共项目须满足使用目的的各种性能，包括物理性能、化学性能，结构稳定性、牢固程度、刚度等结构性能，以及方便、快捷等其他性能。公共项目由于自身的特性，维修较一般项目来说有一定的难度，并且公共项目的停用会给人们的生活带来诸多不便，所以项目在设计或者施工过程中就要充分考虑适用性的问题。公共项目投资巨大，一旦适用性满足不了要求，被搁置或者停用，将造成巨大的投资浪费。如合肥公共自行车项目的停滞，该项目于2015年3月初建成首批试点的4个公共自行车租赁站，但政府以公共自行车的投放条件不成熟为由，迟迟不投入使用，目前该公共项目已被叫停。

　　第四，社会协调性。公共项目应与周围环境、地区经济和已有工程相协调，不能因为新建立的公共项目而破坏原环境的和谐。如近年来各地频频出现因垃圾焚烧厂建设而导致的群体性事件，因其项目的引入破坏当地居民的居住环境遭到强烈反对。

　　综合考虑以上几点，全生命周期公共项目质量管理强调对质量管理的全生命周期考量，在公共项目建设过程中，统筹规划，建立系统的全生命周期的质量管理与监督体系，围绕公共项目的全生命周期的建设目标，多层次、全方位地保障公共项目质量，维护国家和公众的利益。

（三）全生命周期公共项目成本管理

　　20世纪60年代，美国国防部首先关注了项目全生命周期成本管理，其主要原因是典型武器系统的运行和支持成本占了产品购买成本的75%。当时国外的有关资料表明，在项目的生命周期内，研究和研制费用约占10%，生产费用约占30%，使用保障费用约占60%。鉴于使用费用、采购费用远大于研制费用的现象，美国国防部提出项目全生命周期成本管理概念，力求通过研制阶段多花一点钱来节省后来的使用保障费用。全生命周期成本管理（Life Cycle Cost，LCC）最初是由英国的A. Gordon在1974年提出的，[①] 进入20世纪80年代以后，英国成本管理界的学者做了大量的研究。Norman把一件物品的

---

　　① 戚安邦：《工程项目全面造价管理》，天津：南开大学出版社，2002年。

生命周期成本定义为该物品在其使用年限内的总成本，包括初始成本和其后的经营成本。[①] Ivor H. Seeley 认为全生命周期成本是指一处不动产在其运营寿命里的总成本，包括土地的取得成本和后来的运营成本。[②] 对于全生命周期成本构成的研究，美国国家标准和技术局的定义是，全生命周期成本包括初始化成本和未来成本。建筑项目的初始成本是指建造成本，未来成本是指建筑项目竣工交付使用后到拆除期间的成本，包括能源成本、运行成本、维护和修理成本、替换成本和剩余价值。ISO14000 环境管理标准中指出，从生命周期的角度探讨成本的组成，一般包括设计成本、制造成本、销售成本、维修成本、使用成本和回收报废成本。

在公共项目方面，Ockwell（1990）研究了道路项目的全生命周期成本管理的思想和方法，认为道路的全生命周期造价不仅应该包括项目初始的建造成本、维修保养和更换成本，而且还应该充分考虑道路使用者的使用成本，从而使整个社会获得最大的社会福利。美国国家研究委员会（National Research Council）研究（2004）指出，在政府项目决策结构中，不同的政府部门有着重叠但不同的目标，决策者根据不同的部门目标制定决策。在全生命周期内，设计和施工费用亦即所谓的第一费用占全生命周期成本的 5% ~ 10%，但是设计和建设过程中，在材料和结构方面的投入决策会对整个项目全生命周期运营和维护成本产生重要影响。NRC 认为当公共部门组织在面对有限资源的投向选择时，常常把设备或维护修缮的投资直接降低或取消，对政府官员来说，这样做相对容易些，因为总的公共服务水平在短时间内不会有明显的下降，而当这种延缓累积到一定程度时，需要更新设备或者维护修缮的费用就会翻番。然而长时间延缓投资的积聚会比公共部门的决策者刚开始时所追逐的短期投资节约要大得多。NRC 的研究指出了政府投资项目会存在短视行为，认为政府投资项目应该从全生命周期费用最小考虑，但未对如何使政府部门能够做到像私有部门一样关心项目全生命周期以取得最大回报进行更深入的研究。

公共项目的全生命周期成本包括从建设、运营到拆除的全生命周期内的资源消耗或者经济投入，如图 1 - 5 所示。单一地考虑建设阶段的成本将会造成运营阶段和拆除阶段的成本大幅上升，如青岛的排水系统建设。青岛被称为"中国最不怕淹的城市"，其雨水系统标准是德国人设计的，下水道采用"雨污分流"，至少能应对 100 毫米以上的降水量，为此在建设阶段花费了大量经济成本。但该排水系统历经百年，至今仍发挥巨大作用，且其后期运营和维修

①　Norman. Life Cycle Costing. Property Management，1990，1（8）：344 - 356.
②　Ivor H. Seeley：《建筑经济学》，天津：南开大学出版社，2006 年。

阶段成本大大降低,使得青岛市内几乎很少遇到大雨积水的情况。相比较之下,国内大多城市的排水系统在初期建设时成本远低于青岛市排水系统,但后期维护与拆除时造成了高昂的成本。如图1-5所示,公共项目的全生命周期管理虽然在初期的建设成本相对较高,但有利于降低项目的全生命周期成本。

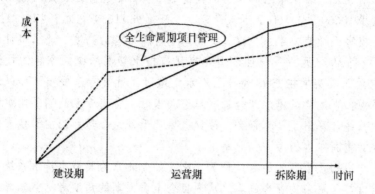

图1-5 公共项目全生命周期管理成本示意图

案例:青岛和北京的市政排水系统①

青岛被称为"最不怕淹的城市",其雨水标准系统最初是由德国人设计的。1897年,德国计划将青岛建成在太平洋的最重要的海军基地,因而,海军承担起了管理和城建任务。当时铺设下水管道所用的水泥、钢筋均来自德国,排水系统主干道甚至宽阔得"可以跑解放牌汽车";当时青岛是中国唯——个雨污分流的城市。从最初为解决公共卫生问题而筹建下水道,直至有意识地规划雨污分流,德国人将这项工程进行了七八年之久,建设阶段所花费的时间和经济成本都非常高。但该排水系统共计80公里,历经百年,至今仍在发挥作用,加上新中国成立之后建造的,青岛市的排水系统总长达到两千九百多公里,修建阶段的高标准使其后期运营和维修阶段成本大大降低,使得青岛市内几乎很少遇到大雨积水的情况。

相比较之下,国内大多城市的排水系统在初期建设时成本远低于青岛市排水系统,但后期维护与拆除时造成了高昂的成本。以北京市为例,近10年来,随着经济发展水平的日益提高,北京城市建成区面积增加了一

_____

① 根据相关报道整理。资料来源: "青岛为什么是'中国最不怕淹的城市'",https://china. huanqiu. com/article/9CaKrnJwkNU; "北京,脆弱的下水道",http://www. banyuetan. org/chcontent/sz/szgc/201289/55812_ 2. shtml。

倍，大面积地铺装了硬质路面，城市不透水面积的增加，使得城市暴雨积水现象时有发生，而且狭窄的排水管道里还存有大量的沉积物。

2012 年 7 月 21 日，中国大部分地区遭遇暴雨，其中北京及其周边地区遭遇 61 年来最强暴雨及洪涝灾害。截至 8 月 6 日，北京已有 79 人因此次暴雨死亡。北京市政府举行的灾情通报会的数据显示，此次暴雨造成房屋倒塌 10660 间，160.2 万人受灾，经济损失 116.4 亿元。"7·21"特大暴雨灾害无疑使排水系统建设提高到了前所未有的高度。北京市计划今后 3 年投资 35 亿元，系统性改造北京现有排水管网系统，今年的投资就达 15 亿元。其实早在 1998 年全国洪水泛滥时，就有专家提出，如果北京大量降雨，下沉路段排水就是最大隐患。当时，曾有专家绘制了排水设施规划图，并计算出了预算资金，最少也要几千万元。然而，由于抱有侥幸心理和对较高成本的考虑，此事不了了之。

与当初几千万元的建设预算相比，如今北京为其城市排水系统付出了近十倍甚至更多的资金成本。从项目全生命周期的角度考虑，怎样才能在保证公共项目的社会效益的同时降低总成本？

公共项目的全生命周期是指项目从概念的建立到项目策划、计划实施投入运营直至项目完成使命或丧失项目功能报废拆除的全过程，是从项目的诞生到灭亡的全过程。公共项目的全生命周期管理是公共项目决策和管理的一种工具。公共项目全生命周期能够指导政府人员等自觉地、全面地从工程项目全生命周期出发，综合考虑公共项目的组织、质量、时间及成本等因素，实现公共项目整个生命周期总成本最小化及总社会效益最大化。

思考题：

1. 什么是项目？公共项目与一般项目有什么区别？公共项目管理的特征有哪些？

2. 公共项目管理的体系构成可以从哪些维度进行分析，具体包括哪些内容？

3. 项目组合管理、项目集管理和项目管理的区别是什么？

4. 什么是项目全生命周期？公共项目全生命周期管理的主要内容有哪些？

5. 公共项目的生命周期中，你认为哪个阶段最重要，为什么？

第二章 公共项目与区域发展之间的关系

区域发展是如何实现的呢？从资源基础理论出发，区域发展是通过识别并优化当前资源配置中的问题，提升区域资源整合能力而实现的。[①] 而改变现有的资源配置方式与资源配置效果的具体形式是实施一系列项目，主要是公共项目，包括各类改革项目、技术创新项目、产业升级项目、基础设施建设项目、功能区建设项目等。公共项目不以追求利益为目标，作为满足社会公众需要，生产或提供公共物品（或服务）的项目，其中很多项目本身是没有经营活动、没有收益的，其所追求的唯一目标就是为社会发展和区域发展服务。因此，公共项目可以作为区域发展的具体实现形式，在区域发展战略及其目标的指导下，提升资源整合能力，推动实现区域发展。

公共项目对区域发展的作用主要体现在四个方面：第一，公共项目是区域发展战略的实现路径；第二，公共项目能够有效满足社会公众不断发展变化的需求；第三，通过公共项目可以实现区域文化建设；第四，通过公共项目可以有效改善区域环境。

第一节 公共项目与区域发展战略实现

在中国的区域发展进程中，各类战略目标的设定发挥了重要

---

① 翟磊："服务于区域资源整合能力提升的地方政府职能转变研究——基于项目组合管理理论"，《天津社会科学》，No. 6，2012（92）。

的作用，包括各类长期发展规划和系统性的五年规划等。但是这些战略目标是如何变为现实的呢？如果对这一过程进行分解，战略目标实现的过程就是以现状为起点，通过改变现状实现提升和发展。那么如何才能改变现状呢？日常运营是维持现状的方式，而项目则是改变现状的方式。

一　区域发展战略的构成

区域发展战略是指某一特定区域根据自身的客观条件和主观愿望，在一定时期内做出的区域经济发展中带有全局性、长远性和根本性的宏观谋划；它是在经济区划的基础上对未来区域经济发展蓝图的总体勾画，是进行区域规划和产业布局的重要前提；它根据不同地区生产要素条件的情况和该地区在整个经济体系中的地位和作用，对地区未来发展目标、方向和总体思路的谋划，指导地区经济发展，对区域经济发展具有全局性和历史性影响。[1]

(一) 区域发展战略的特征

区域发展战略不同于一般的计划、战略等，它具有如下几个基本特征。

战略的全局性。区域发展战略是在对区域发展的各种形势、需要和条件进行全盘考虑的基础上所进行的谋划，它要着眼于区域的整体发展。

实效的长远性。区域发展战略所谋划的是区域的长期发展方略，所要实现的是区域的长远利益。

要素的独特性。每个区域的区域发展战略都是针对本区域特有的区域因素制定的，因而构成区域发展战略的各要素必然具有鲜明的区域特色。

任务的双重性。基于局部与整体的辩证关系，区域发展战略不能脱离上级区域乃至国家的发展战略，而必须与后者相衔接，兼顾全国和本区域的发展战略需要。

目标的综合性。与区域发展的内涵相一致，区域发展战略包含并可以进一步划分为区域经济发展战略、区域政治发展战略、区域文化发展战略、区域社会发展战略以及区域生态发展战略。这几个领域的发展战略既有一定的独立性，又具有客观的复合性、关联性。一套完整的区域发展战略需要对上述几个方面进行综合谋划，协调推进，可以有所侧重，但不能有所偏废。[2]

(二) 区域发展战略的内容

区域发展战略从内容上可以划分为两类，即总体战略和部门发展战略。总

---

① 李晓莉、杜卫霞："论科学发展观指导下的区域发展战略要点"，《商场现代化》，No. 35，2008 (230)。

② 杨立新、张新宇："论区域发展战略的内涵与地位"，《环渤海经济瞭望》，No. 9，2007 (40 ~ 41)。

体战略要注意处理好几个关系：与上一级区域经济社会发展战略的关系；与有关区域发展战略的关系；与平行区域之间的关系；与相交叉的协作区之间的关系；与本区域内发展区的关系。而部门发展战略主要包括经济部门、科学技术部门、教育部门、体育卫生部门、文化艺术部门、政治法律部门、行政管理部门、涉外部门、新闻信息部门、军事部门等，具有专业性、从属性、交叉性、同步性等特征。

（三）区域发展战略的制定

区域发展战略作为对有关全局性、长远性、关键性的问题所做的筹划和决策，其制定涉及多方面的因素，具体要素如表 2 - 1 所示。

其中，战略委员会的人员构成主要包括：（1）领导——区域的主要负责人应参加并主持战略委员会的工作，各主管部门的负责人也应是战略委员会的成员；（2）干部——综合部门和专业部门的干部；（3）专家学者——本地和外地的专家学者。战略委员会成员的结构分为部门结构、知识结构和人员结构，部门结构指战略委员会成员应包括政府各个部门的领导成员；知识结构指战略委员会的成员应由具备经济、技术、社会、历史、地理、法律等各种专门知识和技能的人组成；权力结构指战略委员会中应包括拥有财权、人权、行政权等方面的人员。由此，战略委员会就具备了学术和专业上的权威性及行政上的权威性。其行政权威性来自两方面：一是政府赋予战略委员会的权力；二是战略委员会成员作为区域主要负责人和政府各主管部门负责人的固有权力。

在战略委员会之下，应设立若干个平行的工作部门，主要包括：（1）调查部门：负责以各种方法搜集制定战略所需的资料；（2）方案设计部门：负责构思和拟订战略方案；（3）组织论证部门：负责组织各种专家、各个部门、各界人士对战略方案进行比较论证；（4）专家咨询委员会：为战略制定提供咨询和各种专门知识。战略制定后应首先在专家咨询委员会中进行论证。专家咨询委员会的成员与前三个部门中拥有各种专业知识的专家学者不同，前三个部门中的专家学者是对制定战略进行组织领导。专家咨询委员会的成员主要起咨询作用，应包括经济学家、技术专家、社会学家、历史学家、地理学家、法学家、管理学家、战略学家。

（四）区域发展战略的层次

现阶段，我国区域发展逐步呈现出区域协调发展体系日趋完善、总体协调发展与主体功能区战略相结合、区域产业发展空间布局不断优化的新态势。在新区域协调发展战略布局下，中央出台了一系列区域发展的政策，从过去以行政为主导的方式，转变为以经济发展规律和产业集聚方式谋划发展目标。重视各中小区域的发展，以形成新的经济增长点。不断完善区域政策体系，形成四层区域发展体系，并呈现出层次化、体系化、差异化的特征。如表2-2所示：

表2-1　区域发展战略制定的要素

战略制定原则	可行性原则	
	预见性原则	
	独立性原则	
	阶段性原则	
战略委员会	人员构成	领导
		干部
		专家学者
	人员结构	部门结构
		知识结构
		权力结构
	组织结构	调查部门
		方案设计部门
		组织论证部门
		专家咨询委员会
战略制定步骤	准备阶段	
	调查分析阶段	
	综合研究阶段	
	论证完善阶段	
	跟踪研究、反馈调整阶段	
文献的编写	主体文献	区情分析
		战略要素
	辅佐文献	部门战略
		地区战略
		要素战略
	附录文献	基础资料
		战略提要
		战略形成纪要

表 2-2　我国区域战略规划布局一览表① (数据截至 2015 年 10 月)

战略层次	规划类型	具体区域
第一层次	国家区域总体战略	西部开发 东北振兴 中部崛起 东部开放
第二层次	经济特区	深圳特区
	国家级开发开放新区	上海浦东新区；天津滨海新区；重庆两江新区；浙江舟山群岛新区；甘肃兰州新区；广东南沙新区；陕西西咸新区；贵州贵安新区；青岛西海岸新区；大连金普新区；四川天府新区；湖南湘江新区；南京江北新区；福建福州新区；云南滇中新区
	国家自由贸易试验区	上海自由贸易试验区 广东自由贸易试验区 天津自由贸易试验区 福建自由贸易试验区
第三层次	国家统筹城乡综合配套改革试验区	重庆市 成都市
	全国资源节约型和环境友好型 社会建设综合配套改革试验区	武汉城市圈 长株潭城市群
	国家新型工业化综合配套改革试验区	沈阳经济区
第四层次	国家重点区域战略	长三角经济区；珠三角经济区；京津冀都市圈；成渝经济区；海峡西岸经济区；黄河金三角示范区
	国家次重点区域战略	海南国际旅游岛；广西北部湾经济；横琴新区；山东半岛蓝色经济区；八省市海洋功能区
	其他重点区域战略	关中—天水经济区；皖江城市带；图们江区域；江苏沿海地区；辽宁沿海经济带；赣闽粤原中央苏区经济区
	环境保护重点经济区战略	黄三角经济区；鄱阳湖生态经济区；甘肃省循环经济区；青海柴达木循环经济试验区；洞庭湖生态经济区

---

① 张雯："我国区域发展战略的演进及新态势分析",《新西部》, No. 35, 2015 (7)。

二 公共项目在区域战略目标实现中的作用

资源基础理论认为组织的作用就在于有效获取并合理配置各种资源。而区域发展的关键问题之一就是能否有效、高效地配置本地区的各类资源，并持续提升区域的资源整合能力。

无论从公平视角还是效率视角研究区域发展问题，都是一个区域资源配置与整合的问题。无论哪一个地区，虽然其资源禀赋特征或者总量上存在差异，但其区域资源都是有限的。从这个意义上讲，实现区域发展应着眼于如何更好地整合和有效利用地区的各类资源，从而持续提升区域的资源整合能力，为实现区域发展战略目标服务。区域发展是通过识别并优化当前资源配置中的问题，提升区域资源整合能力而实现的。在各地的实践中，改变现有的资源配置方式与资源配置效果的具体形式是实施一系列项目，包括各类改革项目、技术创新项目、产业升级项目、基础设施建设项目、功能区建设项目等，[①] 并且以公共项目为主体。公共项目在实现区域发展战略中的作用主要包括如下三个方面。

（一）区域发展战略可以分解为若干公共项目

区域发展战略通常包含经济、社会、环境发展等若干具体战略目标，而这些战略目标中往往包含了若干项目或项目目标，在具体落实的过程中，可以将区域发展的战略目标进行细分，并通过项目组合管理的方式进行项目筛选，从而形成一系列项目。这些项目的目标实现可以有效服务于区域发展战略目标的实现。

> 案例：北京市国民经济和社会发展"十三五"目标体系[②]
>
> 按照中央关于全面建成小康社会的战略部署，紧密衔接《京津冀协同发展规划纲要》确定的目标任务，坚持首都城市战略定位，围绕优化提升首都核心功能、建设国际一流的和谐宜居之都，今后五年要在以下方面取得新成果。
>
> 疏解非首都功能取得明显成效。四环路以内区域性的物流基地和专业市场调整退出，部分教育医疗等公共服务机构、行政企事业单位有序疏解迁出。全市常住人口总量控制在 2300 万人以内，城六区常住人口比 2014

---

① 翟磊："服务于区域资源整合能力提升的地方政府职能转变研究——基于项目组合管理理论"，《天津社会科学》，No. 6，2012（92～95）。

② 北京市人民政府办公厅：《北京市国民经济和社会发展第十三个五年规划纲要》，2016 年 3 月。

年下降 15% 左右，"大城市病"等突出问题得到有效缓解，首都核心功能显著增强。

经济保持中高速增长。在发展质量和效益不断提高的基础上，地区生产总值年均增长 6.5%，2020 年地区生产总值和城乡居民人均收入比 2010 年翻一番。主要经济指标平衡协调，劳动生产率和地均产出率大幅提高。三次产业内部结构进一步优化，服务业增加值占地区生产总值比重高于 80%，全社会研究与试验发展经费支出占地区生产总值的比重保持在 6% 左右，形成"高精尖"经济结构，成为具有全球影响力的科技创新中心。

人民生活水平和质量普遍提高。公共服务体系更加完善，基本公共服务均等化程度进一步提高。就业更加稳定，城镇登记失业率低于 4%，收入差距缩小，中等收入人口比重上升，"住有所居"水平进一步提高。教育实现现代化，群众健康水平普遍提升，人均期望寿命高于 82.4 岁。养老助残服务体系更加完善。困难群众基本生活得到有效保障。社会更加安定有序。

市民素质和城市文明程度显著提高。中国梦和社会主义核心价值观更加深入人心，爱国主义、集体主义、社会主义思想广泛弘扬。市民思想道德素质、科学文化素质、健康素质明显提高，热情开朗、大气开放、积极向上、乐于助人的社会风尚更加深厚。文化事业和文化产业蓬勃发展，率先建成公共文化服务体系，全国文化中心地位进一步彰显。

生态环境质量显著提升。生产方式和生活方式绿色、低碳水平进一步提升。单位地区生产总值能耗、水耗持续下降，城乡建设用地控制在 2800 平方公里以内，碳排放总量得到有效控制。主要污染物排放总量持续削减，生活垃圾无害化处理率达到 99.8% 以上，污水处理率高于 95%，重要河湖水生态系统逐步恢复，森林覆盖率达到 44%，环境容量生态空间进一步扩大。

各方面体制机制更加完善。城市治理各领域基础性制度体系基本形成。人民民主更加健全，法治政府基本建成，成为法治中国的首善之区。城乡发展一体化体制机制进一步健全，区域协同发展、统筹利用各级各类资源的体制机制基本建立。开放型经济新体制基本形成。

根据上述目标体系，能分解出哪些类型的公共项目呢？

（二）公共项目通过多种渠道获取资源

公共项目具有非常强的资源整合能力，公共项目的资源提供主体十分广泛，包括政府、企事业单位、社会组织和公民个人，可以有效地利用全社会资源。在资金方面，除了传统的政府拨款、投资、证券化融资、银行融资等方式外，还可以通过众筹等方式获取项目所需资金。

(三) 通过公共项目实现过程实现资源整合

在资源获取的基础上，公共项目通过具有创意的方案设计和项目的实施，实现了资源的增值和社会价值的提升。以杭州市的"运河文化节"为例，通过一系列活动一方面带动了运河沿线各类博物馆的建设和发展，另一方面丰富了杭州市民的生活，同时也带动了一系列相关产业的发展，提升了杭州市的城市品牌形象。

三 通过公共项目实现区域发展战略的过程

区域发展战略由区域资源整合能力提升来实现，而区域资源整合能力提升的过程可以通过项目组合管理实现。项目组合管理是在可利用的资源和组织战略计划的指导下，进行多个项目或项目群投资的选择和支持的管理技术，项目组合管理理论关注的焦点在于如何根据战略目标和资源禀赋进行项目的选择，并对所选项目的时间进行合理安排，以及对所选项目进行资源配置。基于项目组合管理理论，可以提出提升区域资源整合能力的研究框架，如图 2 - 1 所示。

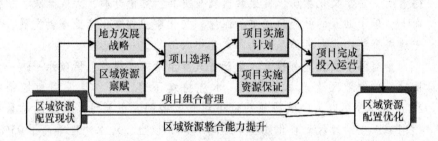

图 2 - 1   区域资源整合能力提升的分析框架①

从以上框架可以看出，区域资源整合能力提升的过程可以通过项目组合管理来实现，这一过程可以分为以下三个阶段。

(一) 项目选择与决策

基于地方发展战略与资源禀赋。本阶段的主要任务是分析当前区域资源配置中有待提升的领域，从而制定规划和相关政策措施等。例如分析其矿产资源、人力资源、海洋资源等是否得到了充分、有效的利用，从而制定优先发展

---

①   翟磊："服务于区域资源整合能力提升的地方政府职能转变研究——基于项目组合管理理论"，《天津社会科学》，No. 6，2012（92 - 95）。

的产业规划来鼓励相关项目实施。在这一过程中,应当以地方发展战略为目标,结合本地区的资源禀赋情况开展分析,并在有待提升的领域收集备选项目的信息,进而从大量备选项目中进行决策,选择出待实施的一系列项目或项目类别。对这些项目的决策不仅包括立项决策,还应当包括各项目的时间安排决策。其中资源禀赋不仅包括自然资源禀赋情况,也包括该地区的人力资源、财力资源、创新资源、政策资源等。

以天津滨海新区为例,滨海新区以功能区开发建设为载体,基础设施建设与招商引资同步进行,打响了"十大战役"。而"十大战役"就是由十个大项目所构成的项目组合。

案例:天津滨海新区"十大战役"①

滨海新区位于天津东部沿海地区,环渤海经济圈的中心地带,总面积2270平方公里,常住人口297万,是天津市下辖的副省级区、国家级新区和国家综合配套改革试验区,国务院批准的第一个国家综合改革创新区。1994年3月,天津市决定在天津经济技术开发区、天津港保税区的基础上"用十年左右的时间,基本建成滨海新区"。经过天津市10余年自主发展后,滨海新区在2005年开始被写入"十一五"规划并纳入国家发展战略,成为国家重点支持开发开放的国家级新区。

为了贯彻落实科学发展观的要求,着眼统筹区域协调发展,滨海新区提出用三到五年的时间全力打好"十大战役"的目标任务,重点开发建设南港区域、临港工业区、核心城区、中心商务区、中新天津生态城、东疆保税港区、滨海旅游区、北塘区域、西部区域、中心渔港十大区域,创造新时期的滨海速度、滨海水平。

"十大战役"的战略目标,是利用5~10年的时间,通过在滨海新区建设10个具有经济、社会、环境全面协调可持续发展特色的热点区域,带动整个区域的开发开放与改革创新,落实国家和天津对于滨海新区的发展功能定位,探索出一条实现经济发展方式转变、综合配套改革创新、社会与环境和谐的区域发展道路,成为深入贯彻落实科学发展观的排头兵。滨海新区在实践中提出了打好开发开放攻坚战的具体做法:通过"十大战役"加快功能区开发建设,推进经济发展方式转变,完善区域功能定位;通过"十大改革"创新完善行政治理、经济发展、社会发展等方面

---

① 根据相关报道整理。资料来源:"全力打好滨海新区'十大战役'攻坚战",http://www.chinadaily.com.cn/dfpd/tj/2010-04/21/content_9756725.htm。

的体制机制，破除发展的各种障碍，形成全面协调可持续发展的制度体系和社会环境。"十大战役"的战略定位，是滨海新区在区域开发建设全面推开的特殊时期采取的一种特殊手段。以战役的形式完成区域开发启动时期各项资源的快速有效调配，实现区域开发建设的快速准确决策，符合新区当期加快功能区开发建设的实际需要。

"十大战役"全面涵盖社会事业发展、生态环境改善、人民生活水平提高等经济社会发展的方方面面，在统筹布局区域开发、分类加快重点基础设施和产业项目建设，强化新区发展的结构性短板，聚集高水平大项目好项目的过程中，不断完善政策支持体系，推进体制机制创新，创新开发建设模式、资本运作方式和利益分配形式，不断破除发展中的体制性障碍，从而带动"十大改革"不断取得实际效果。

（二）项目组合的实施

基于项目组合决策配置资源。根据确定的项目以及项目的实施时间由相关主体开展项目实施活动，并对其所需资源进行合理配置。在这个阶段中地方政府的职能主要是引导与监督，通过实施各种产业与税收政策，例如对技术创新给予税收减免等，促进相关主体按照既定项目组合予以实施。同时在某些领域政府将成为项目的实施者，例如基础设施建设项目、功能区与生态城建设项目等。

（三）项目完成投入运营

实现区域资源整合能力提升。在项目组合实施完成并投入运营之后，地区资源配置的方式与效果将发生改变，例如通过生物医药产业园区的建设以及政府在相关领域的引导性政策，使人力资源与海洋相关资源实现在生物医药领域的优化配置，最终实现区域资源整合能力提升的目标。

第二节 公共项目与社会需求的满足

人的社会属性决定了每个人不仅有衣、食、住、行等各方面的个体需求，还必然存在人际交往、爱与关怀以及公共服务等社会需求。个体需求是具有排他性和竞争性的，从经济学理论出发，个体需求可以通过私人产品来满足，也就是说，市场可以有效解决大部分个体需求问题。而社会需求则无法完全通过市场供给的方式得到满足，需要政府和第三部门等共同弥补市场在该领域的不足。公共项目的外部性和公共性特征就决定了其所提供的生产和服务不是为个体服务的，而是满足社会需求的。在社会需求发生变化时，公共项目就为满足这些新的社会需求提供了可行的路径。

一 社会需求的特征及发展趋势

马克思在对社会产品进行分配的论述中，将社会产品分为满足"个人需求"和"社会需求"两部分，他指出："在任何社会生产中，总是能够区分出劳动的两个部分，一个部分的产品直接由生产者及其家属用于个人的消费，另一个部分即始终是剩余劳动的那个部分的产品，总是用来满足一般的社会需要，而不问这种剩余产品怎样分配，也不问谁执行这种社会需要的代表的职能。"[1] 社会需求也可以称为社会共同需求。无论哪种社会，都存在着维持社会存在与发展的社会共同需求，这种社会共同需求得到满足时往往会带来利益上的共享。[2]

（一）社会需求的特性

社会需求得到满足往往代表社会一般利益共享，由此可以抽象概括出社会需求具有三大特性，即社会性、共同性、共享性。[3]

1. 社会性

社会需求的基本特性是社会性，一方面表现为这种需求是一定社会群体而不是个人的需求；另一方面表现为这种社会需求的内容和结构不仅受到生产力制约，还受到特定生产关系的制约；再一方面表现为满足这类需求的社会产品在社会分配中发挥调节社会关系的作用。这表明，要想发挥社会需求对社会关系调节的积极作用，就需要一系列恰当的制度安排与设计来统筹这类社会产品的分配，否则，这类社会产品的缺失或不足将会对社会关系的调节产生消极作用。

2. 共同性

社会需求既然是一种社会共同需求，共同性就是内生于社会需求的一种特性。这种共同性表明，满足社会需求的社会产品是一类为社会共同需求的产品，因此，在供给方式和模式上与满足"个人需求"的产品存在差异。如果看不到这种差异，会导致供给方式和模式的错误选择，从而影响社会共同需求的满足，对社会的存在与发展造成不利影响。

---

① ［德］卡尔·马克思：《资本论》，北京：人民出版社，1975 年。

② 杨静："马克思社会需求思想与西方公共产品理论"，《高校理论战线》，No. 8，2009（35 - 36）。

③ 杨静："马克思社会需求思想与西方公共产品理论"，《高校理论战线》，No. 8，2009（35 - 36）。

3. 共享性

社会需求得到满足的同时往往会带来利益共享，而不是个人私利的满足或者独占。社会需求的这种共享性，说明满足社会需求的社会产品供给的目的就是为了使社会成员能够平等地共享社会一般利益。这类产品的供给不应依据社会成员身份、地位、经济等差异而区别供给，而应持平等化供给理念。

（二）社会需求发展的特征

当前我国社会需求的发展趋势不仅体现为人们对公共产品和服务等的质量与数量的需求日益增加，还表现为人们在经济、政治、文化等领域的多样化的社会需求，以及不同类型和层次的公民的社会需求。同时，随着经济社会的发展和人们生活水平的提高，社会需求的发展呈现出动态变化的特征，常规性的公共产品（或服务）无法满足快速变化的社会需求，这就需要通过实施具有针对性的公共项目来满足。社会需求发展的特征具体如下。

1. 多样化

社会需求发展的多样化是指，社会需求在发展过程中具有不同的层次和类型，包括经济、政治、社会和文化等多方面的需求，以及物质和精神方面的需求等。社会需求发展的结构也呈现出多样化的特征。社会的发展进步在提高人们的生活水平的同时，也推动了社会需求的多样化。社会需求不再局限于基本公共产品和服务或者物质需求的满足，例如，人们对公共文化生活的需求日益增加，需要政府通过改善基础设施建设及开展公共文化类项目来满足。

2. 异质性

社会需求发展的异质性是指，由于地域、群体及社会发展程度的不同而导致的社会需求发展的差异性。一般而言，经济社会发展水平较高的地区，其公民的社会需求层次较高，更加关注民主参与、公共文化发展等方面的需求的满足。而经济社会欠发达地区的公民则更加关注物质层面的需求的满足，例如公路等基础设施的建设情况等。同理，社会需求的发展在不同群体中也表现出了一定的异质性特征。

3. 动态性

社会需求发展的动态性是指，在现实生活中，社会需求的发展是随着社会经济的发展而不断快速变化的，而不是一成不变的静态需求。在社会发展的不同时期或者不同阶段会出现不同类型的社会需求，社会需求的内容也会存在巨大差异，但社会需求发展的动态变化不能仅仅通过维持现状来实现，而需要通过公共项目的施行来满足。

二　公共项目对满足社会需求的作用

"社会需求"也可以称为"社会共同需求"。这种社会共同需求，是需要一定社会产品的提供才能够得到满足的，满足这类社会共同需求的社会产品是一定社会经济条件下，反映社会共同需求、代表社会一般利益共享的一类产品。①

公共项目与社会需求的满足之间应当建立一种良性互动，从我国的发展状况来看，这一点表现在：一方面，为满足多样化的社会需求，政府投资了一系列大规模的公共项目，由此推动了国民经济的高速增长；另一方面，国民经济的高速增长不断催生出更多的公共项目投资建设，从而进一步满足日益增长的社会需求。

（一）社会需求的满足以公共项目为手段

社会共同需求具有不同的层次，有维持社会存在的社会需求，有促进经济发展的社会需求，有促进社会进步的社会需求。与此相对应，满足社会需求的社会产品可以分为维护性社会产品、经济性社会产品和社会性社会产品，包含在上述社会产品中的各类公共项目是满足社会需求的重要手段。维护性产品是指为了维护社会正常运行和个人正常存在的社会产品，是基础性产品，是社会最基本的共同需要。它覆盖范围最广，利益共享程度最高，强调消费机会平等性和供给公平性，例如大型基础设施项目。经济性产品是为了保障和促进经济顺畅运行和发展的社会产品，对经济发展具有重要作用。它的需求具有一定的针对性，是一定范围内的利益共享，例如经营性公共项目。社会性产品是较高需求层次的社会产品，更侧重促进社会的完善和个人的发展，关乎个人发展的权利，例如社会保障项目。这三种分类不是绝对的，而是相对变动的。在经济处于较低水平和发展阶段时，维护性产品需求强烈和更容易被供给；当经济进一步发展，经济性产品日益被需求和供给出来；当经济发展到较高阶段，对社会性产品的共同需求不断增长，供给能力也不断增强，这类产品所占比重日益增加，维护性和经济性社会产品所占比重相对下降并保持在一定水平。

（二）弥补市场失灵，推动经济社会发展

根据经济学的研究，在产品本身具有公共物品的性质、产品或服务的需求总量太小、某些人群缺乏支付能力、信息不对称等情况下会出现市场失灵或者合约失灵，以利润最大化为目标的企业在提供这些产品或服务上面临着很大不

---

① 杨静："马克思社会需求思想与西方公共产品理论"，《高校理论战线》，No. 8，2009。

足。而公共项目作为向公民提供公共物品和服务的一类项目，是弥补市场不足、满足社会需求的重要手段。公共项目作为政府投资的重点，对经济增长有显著的拉动作用，主要由政府投资的公共项目为整个社会的运转和经济的运行提供基础条件，对经济和社会的发展具有长期性和战略性意义，在国民经济和社会发展中具有重要作用。

　　案例：我国高铁经济对社会发展"共振效应"明显①
　　随着我国轨道交通产业的迅猛发展，高铁经济也进入了黄金时期，高铁经济驱动社会发展、城市化进程、城市群建设等方面的"共振效应"日益凸显。
　　中国交通运输协会常务副会长王德荣说，高铁快速发展优化了我国客运结构，以最少能源、资源、环境支出满足不断提升的客运需求，对中国经济社会发展具有巨大推力。一方面，高铁缩短时空距离，推动了城市化和城市群建设的进程，比如高铁网络促进了京津冀、长三角、珠三角、长株潭、成渝等城市群的快速形成；另一方面，高铁延长了产业链，促进了制造业聚集，推动新技术、新装备、新材料工业的不断发展。
　　中国科协副主席、中国铁路总公司总工程师、中国工程院院士何华武表示，如今我国高铁运营里程世界最长，旅客列车正点率超过90%。高铁经济在提高人民生活质量的同时，还拉动了沿线城市群区域经济的发展，加快了我国城市化和工业化进程。
　　高铁对旅游业的驱动作用明显，时空缩短的"同城效应"增大了潜在的客源市场。国家旅游局原局长邵琪伟认为，高铁提升了我国旅游硬件和旅游形象，扩大了旅游目的地的吸引范围，也提高了旅游者的认知距离。
　　业内专家普遍认为，我国高铁已有8年商业运营实践，除了带动本身产业的发展，其对社会发展、城乡经济、配套产业等领域的"共振效应"也日益增强，催生了全新的价值链，成为一种独特的经济发展现象。

（三）经济发展对公共项目提出更高要求并提供物质保障

　　改革开放以来，我国经济发展水平突飞猛进，但是目前仍属于发展中国家，且公共服务的总体水平与发达国家存在较大差距，公共服务的发展长期滞后于经济增长，供需矛盾不断扩大，严重影响了经济的可持续发展和社会的全面进步。

――――――――――

　　① 新华网："我国高铁经济对社会发展'共振效应'明显"，http://news.xinhuanet.com/fortune/2016-11/29/c_1120013903.htm，2016-11-29。

我国目前正处于社会转型的关键时期，社会对公共服务提出了更高的要求，这种要求不仅是硬件方面的，例如各类基础设施建设，也包括软件方面的，例如政府改革、社会组织发展、贫困人口帮扶等。而公共服务体系的建设需要公共项目，特别是大规模的公共项目来实现，因此国民经济的高速发展使社会对大规模的公共项目投资建设提出了迫切需求，同时也为其奠定了坚实的物质基础，使政府能够投入更多的人力、物力以满足整个社会更高层次的社会需求。

第三节　公共项目与环境保护

随着全社会环保意识的提升，环保在项目管理中的重要程度也在不断提升。由于空气、水等在经济学意义上都属于价值高于价格，甚至无法定价的商品，并且很难划定其责任范围，因此也是负外溢效应的易发领域。由于市场无法很好地解决负外溢效应问题，因此政府就必须补位，通过各种方式有效地解决环境保护问题。这里又涉及"改变"，必须对现状进行改变，才能有效地保护环境，改善环境质量，而这些改变很多都是通过项目来实现的，既包括私人项目，例如工厂对现有设备的升级改造，也包括公共项目，例如新建垃圾焚烧场等。

一　公共项目的环境影响及环境保护的分类

改革开放以来，随着经济和社会的快速发展，市场行为的负外溢效应带来的环境污染和资源短缺等环境问题备受关注。公共环境恶化的速度越来越快，政府保护环境的压力日益繁重。公共项目作为政府提供的公共产品，在社会上具有广泛的影响。鉴于公共项目所独具的公共性和影响广泛性，要通过有效管理这一公共产品实现改变现状和保护环境的目的。根据不同的分类标准，公共项目的环境影响及环境保护可以分为不同的类型。

（一）公共项目环境影响的分类

环境影响是指人类活动（经济活动、政治活动和社会活动）对环境的作用和导致的环境变化以及由此引起的对人类社会和经济的效应。环境影响的概念包括人类活动对环境的作用和环境对人类的反作用两个层次，既强调人类活动对环境的作用，即认识和评价人类活动使环境发生或将发生哪些变化，又强调这种变化对人类的反作用，即认识和评价这些变化会对人类社会产生什么样的效应。[①] 公共项目作为一种人类活动，对环境产生的影响是多方面的且影响的方向和程度均有所不同，具体来看，可以分为以下几种类型。

---

① 王喆、吴犇：《环境影响评价》，天津：南开大学出版社，2014 年，第 2 ~ 4 页。

按照环境影响的方向可以分为正向影响与负向影响。公共项目根据其类别和项目内容等的不同会对环境产生正、负两个方向的影响。一方面，以改善环境状况为目的的公共项目及其他具有相应的正外部效应的公共项目，会对生态环境产生正向的积极影响，例如以改善流域环境为目的的滇池治理项目，可以有效地改善项目地区的生态环境和资源状况。另一方面，以发展经济等为主要目的的公共项目，在促进经济增长和社会发展进步的同时，也会产生对环境的负外部效应，例如三峡大坝建设项目对生态环境产生了多方面的负面影响，流域内珍稀、濒危物种面临灭绝，库区水污染加重等。另外，还有一部分公共项目对环境产生的影响正负向兼具，例如南水北调工程项目除了可以改善北方地区生态环境特别是水资源状况以外，还会对沿江生态产生不利影响，导致北方灌区土壤次生盐碱化等。

按照环境影响的具体领域可以分为大气环境影响、水环境影响、声环境影响、土壤环境影响、海洋环境影响、地形地貌的影响以及对生物多样性的影响等。公共项目作为满足社会需求提供公共物品或服务的项目，涉及的领域非常广泛，因此，项目的实施会对环境在不同的领域产生影响，有些项目还可能会在多个领域产生正向或者负向的环境影响。例如被誉为"天路"的青藏铁路工程项目的开展，不仅带动了西藏地区经济的发展，而且还通过技术手段克服了三大难题，保护和改善了青藏地区的生态环境，对当地的大气环境、水环境、土壤环境及生物多样性等领域产生了正向的影响。曹妃甸围填海工程项目主要对附近海域产生影响，包括对海洋生态环境、水动力环境、水质及海洋生物等的影响。

按照环境影响的程度可以分为重度、中度、轻度影响和没有影响。由于公共项目的规模、周期等有大小、长短之分，其对环境产生的影响程度也会有所不同，相应地，公众对项目的关注度也会因其影响程度的高低有所不同。例如，一些大型公共项目，特别是公共基础设施建设项目等往往会对项目所在地乃至全国环境产生重度影响。广州市曾经在 2009 年决定建设番禺垃圾焚烧发电厂项目，且计划于 2010 年建成并投入运营，但由于该项目将通过焚烧垃圾的方式发电，对当地生态环境特别是大气环境将产生重度影响，因此引发了公众的密切关注和强烈反对，经过历时三年的论证和意见征集，最终于 2013 年正式开始兴建。

另外，环境影响还可分为短期影响和长期影响；地方、区域影响或国家和全球影响等。

（二）公共项目环境保护措施的分类

对于公共项目，根据其对环境的影响程度，按照下列规定对其实行环境保护分类管理。

（1）公共项目可能对环境造成重大的不良影响，应当编制环境影响报告书。这类项目要做全面、详细的环境影响评价。此类项目包括：原料、产品或生产过程中涉及的污染物种类多、数量大或毒性大，难以在环境中降解的公共项目；可能造成生态系统结构重大变化、重要生态功能改变或生物多样性明显减少的公共项目；可能对脆弱生态系统产生较大影响或可能引发和加剧自然灾害的公共项目，容易引起跨行政区环境影响纠纷的公共项目；所有流域开发、开发区建设、城市新区建设和旧区建设等区域性开发活动或公共项目。

（2）公共项目可能对环境造成轻度影响的，应当编制环境影响报告表，这类项目要做专项的环境影响评价。此类项目包括：污染因素单一，而且污染物种类少、产生量小或毒性较低的公共项目；对地形、地貌、水文、土壤、生物多样性等有一定影响，但不改变生态系统结构和功能的公共项目，基本不对环境敏感区造成影响的小型公共项目。

（3）公共项目对环境的影响很小的，应当填报环境影响登记表。此类项目包括：基本不产生废水、废气、废渣、粉尘、恶臭、噪声、热污染、放射性、电磁波等不利环境影响的公共项目；基本不改变地形、地貌、水文、土壤、生物多样性等生态系统结构和功能的公共项目；不对环境敏感区造成影响的小型公共项目。

对于规划，应根据规划的性质进行分类管理：第一类是应该编写有关环境影响的篇章或者说明的规划，包括：国务院有关部门、设区的市级以上地方人民政府及其有关部门组织编制的土地利用的有关规划，区域、流域、海域的建设与开发利用规划，专项规划中的指导性规划；第二类是应该编写环境影响报告书的规划，包括：国务院有关部门、设区的市级以上地方人民政府及其有关部门组织编制的工业、农业、畜牧业、林业、能源、水利、交通、城市建设、旅游、自然资源开发的有关专项规划。①

二　公共项目在环境保护中的作用

环境保护作为保护人类生存环境、保障经济社会可持续发展的行动，其目的是解决现实或潜在的环境问题，协调人与环境的关系。通常情况下，环境保护的目的需要通过一系列有计划、有组织的行动来达成，而这些改变很多是通过项目特别是公共项目来实现的，因此，公共项目在环境保护中发挥着重要的

---

① 黄中华、孙秀云、韩卫清：《环境模拟与评价》，北京：北京航空航天大学出版社，2015年，第 167 页。

作用，具体包括以下几点。

（一）通过环保类公共项目改善环境

环保类公共项目主要指的是以防治污染、保护环境、改善环境质量为目的的公共产品或服务，包括污染治理型项目、生态建设型项目和基础保障型项目等。

1. 污染治理型项目

污染治理型项目主要是指以预防和治理环境污染、改善环境质量为任务和目标的公共项目。这类项目在运行过程中通过技术手段和项目管理等手段实现治理环境污染的计划和目标。例如，污水处理厂项目的环境保护作用和效益体现在污水所含污染物的减少和河流水质的改善等，在对环境进行保护的同时还可以产生一定的经济效益，促进经济、社会的可持续发展。

2. 生态建设型项目

生态建设型项目主要是指以保护和建设好生态环境、推动可持续发展为目标的公共项目，通过采取植树造林、治理水土流失、防治荒漠化以及保护生物多样性等措施来实现项目目标。例如，水流域综合治理项目的开展就是要通过采取科学有效的治理措施和先进技术，完成对相关流域的环境治理，以保护该地区的水域环境、生物多样性和进行水土保持等，最终实现整个流域的生态环境健康持续发展。

3. 基础保障型项目

基础保障型项目主要是指以为经济、社会的发展及人们的生活提供基础和必备条件的公共项目，此类项目主要通过在交通、水利、供水供电系统等领域进行固定资产投资和建设等措施，实现保护环境的目标和价值。例如，三峡大坝水力发电项目通过建设大坝进行水力发电、泄洪和通航等，为经济发展提供清洁能源，从而有利于保护环境，促进经济与环境协调发展。

（二）在各类公共项目中体现环境友善目标

环境友善，顾名思义，就是指对环境几乎没有损害，与环境和谐共处。公共项目中体现的环境友善主要是通过在项目建设及运营等阶段采取一系列措施，以期减轻或避免对环境造成的破坏，保护环境，实现经济、社会与生态环境协调可持续发展的目标。环境友善目标具体包括以下方面。

1. 预防和治理大气污染

对于环境保护目标主要为预防和治理大气污染的公共项目，其大气污染主要为建设期间土建工程的施工扬尘，如道路扬尘、工艺扬尘和风蚀扬尘，以及设备安装产生的大气污染物；项目运行过程中产生的大气污染，如垃圾处理厂及发电厂等在日常工作中产生的污染物。针对此类问题，为达成环境友善的目标，可以采取的对策如下：在公共项目的施工营地设环境保护管理机构，着重管理项目建设期大气环境；设项目环境监测机构，着重监测分析项目产生的大气污染情况；改进技术和管理方式，减少公共项目本身带来的大气污染，并对项目已产生的大气污染进行治理。

2. 预防和治理水污染

对于环境保护目标主要为预防和治理水污染的公共项目，其环境管理工作的计划、部署、投入等应首先针对项目建设施工期或建成后运营期产生的水环境影响，着重解决项目的水环境问题，并在项目前期设计阶段考虑水污染控制。具体对策如下：项目负责单位设环境保护管理机构，着重管理项目建设期及运营期的水环境；明确环境管理程序，规范项目技术工艺，减少水污染；监督管理项目产生的废油、废水等接收处理设施的有效运行；要求建设单位增加人力、物力、财力，防范水污染事故。

3. 预防和治理噪声污染

对于环境保护重点为预防和治理噪声的公共项目，其噪声污染主要是项目建设期土建施工、设备安装过程中各种施工机械产生的；此外，某些公共项目运营过程中也会产生噪声污染，例如地铁、铁路等交通项目日常产生的噪声会对周边居民产生严重影响。具体对策如下：项目施工营地设环境保护管理机构，注重管理项目建设期声环境，监测分析施工噪声情况；施工现场明确环境管理程序，规范施工工艺，采用低噪声施工机械，或加装消声设备；项目选址要经过科学论证，尽量预防或减轻噪声污染对居民造成的危害。

4. 预防和治理生态影响

对于环境保护重点为预防和治理生态影响的公共项目，其生态影响主要由于项目施工建设过程中改变原地形地貌、占用大量土地、破坏地表植被、引发水土流失、造成生境切割、影响野生动物的迁徙等造成的。解决公共项目造成的生态问题的具体对策如下：设环境保护管理机构，管理项目建设期生态环境；项目建设过程中明确环境管理程序，规范施工工艺；要求项目单位增加项目生态环境补偿和恢复投入；公共项目日常运营过程中，要注重保护所在地的生态环境，增加绿地面积，保持当地水土等。

5. 预防和治理固体废弃物

对于环境保护重点为预防和治理固体废弃物的公共项目，其固体废弃物主要包括土建工程、设备安装过程产生的废弃土石和施工材料以及运营过程中产生的固体废弃物等。解决固体废弃物问题的对策如下：设环境保护管理机构，着重管理项目建设期及运营期间的固体废弃物影响；要求施工现场明确环境管理程序，规范施工工艺；着重监督管理固体废弃物处理情况。

6. 预防和减缓社会影响

对于环境保护重点为预防和减缓社会环境影响的公共项目，其社会环境影响主要是由项目建设过程中拆迁、占地等产生的。解决社会环境问题主要是通过政策调节和经济补偿，对策如下：设环境保护管理机构，着重管理和调节项目社会环境影响；依据有关法律规章，监督项目社会影响的经济补偿实施情况，避免造成不良的社会影响。

(三) 为全社会树立环保标杆

公共项目作为满足社会公众需要提供公共物品或服务的项目，一般由政府主导，社会关注度和影响范围都比较广泛，因此在环境保护方面负有重要的社会责任，除了公共项目本身要做好环境保护工作以外，还要为其他类型的项目乃至全社会树立环保标杆，为其他类型项目或者各项活动的开展提供参照。

三 基于公共项目全过程的环境保护措施

环境保护措施不应仅在公共项目实施阶段展开，而应当是基于公共项目全过程的，在不同阶段采取不同的环境保护措施。

(一) 项目定义与决策阶段的环境保护措施

公共项目定义与决策阶段的主要工作是根据公共项目评估的结果，对公共项目的具体内容、实施方案、项目目标等进行确定。此阶段主要参考的是公共项目评估报告和可行性研究报告等相关内容。这一阶段的环境保护措施主要是开展公共项目的环境影响评估，对项目可能造成的环境影响进行分析、预测和评估，以此作为确定项目目标、内容和方案的参照，提出预防或减轻不良影响的对策措施，从而减轻或避免公共项目造成的负面环境影响，提高环境保护力度。

    案例：厦门 PX 项目事件[①]

    厦门 PX 项目事件，是指 2007 年福建省厦门市对海沧半岛计划兴建的二甲苯 (PX) 项目所进行的抗议事件。该项目由台资企业腾龙芳烃 (厦门) 有限公司投资，将在海沧区兴建计划年产 80 万吨二甲苯 (PX) 的化工厂。该项目已经被纳入中国"十一五"二甲苯产业规划。基于项目环境影响评估的结果，由于担心化工厂建成后危及民众健康，该项目遭到百名政协委员联名反对，市民集体抵制，直到厦门市政府宣布暂停工程，

---

    ① 根据相关网络资料整理。资料来源："厦门 PX 项目事件"，https：//baike. baidu. com/item/厦门 PX 项目事件/5814508？fr = aladdin。

PX 事件的进展一直牵动着公众的眼球。

2005 年 7 月，该项目通过国家环保总局的环评报告审查。2006 年 7 月，获得国家发改委核准，2006 年 11 月正式开工，计划于 2008 年 12 月完工投产。然而，该项目自立项以来，遭到了越来越多人士的质疑。因为厦门 PX 项目中心地区距离国家级风景名胜区鼓浪屿只有 7 公里，距离拥有 5000 名学生（大部分为寄宿生）的厦门外国语学校和北师大厦门海沧附属学校仅 4 公里。不仅如此，项目 5 公里半径范围内的海沧区人口超过10 万，居民区与厂区最近处不足 1.5 公里。而 10 公里半径范围内，覆盖了大部分九龙江河口区，整个厦门西海域及厦门本岛的 1/5。项目的专用码头，就在厦门海洋珍稀物种国家级自然保护区，该保护区的珍稀物种包括中华白海豚、白鹭、文昌鱼。

经过政协委员联名提案反对、民众集体表达反对意见等，厦门市政府决定缓建 PX 化工项目，市政府已委托新的权威环评机构在原先的基础上扩大环评范围，进行整个化工区区域性的规划环评。同时，启动"公众参与"程序，充分倾听市民意见。2007 年 12 月 16 日，福建省政府针对厦门 PX 项目问题召开专项会议，最终决定迁建 PX 项目。最终，该项目落户漳州漳浦的古雷港开发区。2009 年 1 月 20 日，国家环保部正式批复翔鹭集团的 PX（对二甲苯的英文简称）和 PTA 两个项目，项目已确认落户与厦门相隔近百公里的漳州古雷半岛。

（二）项目计划与设计阶段的环境保护措施

公共项目的计划与设计阶段需要完成的具体工作是对公共项目具体实施过程所涉及的各项工作进行安排。在公共项目的方案设计、工艺选择方面应注重对环境的保护，根据环境状况合理制订项目计划、科学设计和选择项目方案。同时，通过改进技术手段等措施，提升项目工艺水平，改善环境状况。例如青藏铁路在项目计划和设计阶段就重点对沿线的环境状况进行了评估和预测，据此来制订项目实施计划和设计具体线路建设方案，在项目实施前做好环境保护工作。

（三）公共项目实施与控制阶段的环境保护措施

公共项目实施与控制阶段的主要任务是根据项目的计划开展各项工作，在实施过程中及时收集项目进展的相关信息，从而发现项目实施过程中存在的偏差情况。公共项目由于其公共性，在项目实施过程中除了关注项目自身的环境影响状况以外，还要考虑其带来的社会影响，主要包括公众的意见、建议和网络舆情等。因此，这一阶段需要管理者认真履行项目实施过程中在环境保护方面的职责。主要包括：加强对项目实施的监督管理，及时发现并处理这一过程中产生的环境负面影响；及时发现并调整公共项目实施过程中的问题，通过督促实施方改进技术、设备等方式改善环境质量；密切关注并协调与公众之间的关系，监督网络舆情等，避免因项目带来的环境问题造成的不良影响。

(四) 公共项目运行阶段的环境保护措施

公共项目在建设完成之后要投入正常运行或生产，该阶段的环境影响往往持续时间长，是环境影响评价的重点，也是项目环境管理的重点。项目运营主体在运行阶段担负着重要的环保职责，主要包括：做好项目运行前的检查确认工作；统筹项目运行各环节，定期开展项目环境影响评估，掌握环境状况；监督项目运行状况，及时发现环境问题并适时调整。例如，垃圾处理厂在运行过程中，要密切关注项目自身产生的大气、水、土壤和固体废弃物污染等环境问题，及时采取管理措施或者改进技术等手段解决问题，避免项目造成严重的环境问题。

(五) 公共项目服务期满后的环境保护措施

公共项目服务期满后将正式宣告结束，项目团队随之解散，这一阶段的主要任务是生成项目产出物并交付使用。公共项目服务期满后的环境影响是指建设项目结束后对环境产生的影响或残留污染源对环境产生的污染影响。如资源开发类项目服务期满后，对地质环境、地形、地貌、植被、景观和生态资源产生的影响等。对于服务期满直接宣告结束退出的项目，应及时开展项目后环境影响评估，进行系统、客观的评价，处理好已经造成的环境污染等问题，做好项目的善后处理工作，为其他项目提供借鉴；对于项目服务期满后移交其他单位运营的公共项目，项目团队应与新的运营团队做好交接工作，特别是项目环境保护方面的问题要持续关注并督促运营团队实施。

思考题：

1. 区域发展战略由哪些要素组成？主要内容包括哪些？
2. 我国区域发展战略的制定经历了几个阶段，每一阶段的特征是什么？
3. 区域发展战略的实现路径？
4. 公共项目如何满足社会需求？
5. 公共项目怎样发挥在环境保护中的作用？

第三章　公共项目组合管理

公共项目组合管理作为公共项目管理的最高层次，其最终目标是实现地区或部门发展战略。实现路径包括主动寻找备选项目，基于战略对备选项目进行评估和筛选，最终合理确定拟实施项目的过程。公共项目组合管理具有重要意义，有效的公共项目组合管理有利于更好地为民众提供公共产品和公共服务，产生更大的外部效益。

根据公共项目组合管理的目标，可以将其相关工作分为四个阶段，即公共项目组合范围的确定、公共项目备选方案的提出、公共项目的评价与筛选以及公共项目组合的确认。

第一节　公共项目组合范围的确定

项目组合范围，是后续评估选择公共项目的基础或者基本标准，可以将其比喻为一个"筐"，而公共项目组合范围的确定过程，就是为这个"筐"里可以装哪些项目设定标准。公共项目组合范围确定的基本依据是组织的战略，根据组织发展战略分解出组织的重点发展领域，将这些重点发展领域细化成若干标准或规则，即为公共项目组合范围确定的主要工作内容。

一　公共项目组合管理

公共项目组合是指为了便于有效管理，更好地提供公共服务以及公共消费品而组合在一起的公共项目、公共项目集以及其他工作。公共项目组合中的项目或项目集不一定彼此依赖或有直接关系，但它们都通过公共项目组合与组织战略规划联系在一起。

（一）公共项目组合的特点和作用

1. 公共项目组合的特点

公共项目组合主要有以下特点。

（1）公共性

公共项目组合是由公共项目以及公共项目集组合而成，具有公共性的特点。公共项目是经济系统和社会生活系统的重要组成部分，为局部地区乃至整个社会提供社会化服务。由公共项目、公共项目集组成的公共项目组合的目的是更加便捷高效地实现向社会提供公共服务和公共消费品，具有公共性的特点。

（2）效应的外部性

外部效应是指项目投资对其他生产者或消费者产生的有利或不利的影响。由于政府投资项目具有较大的社会影响，因此项目外部效应比较大。许多公共项目效应的外部性体现在多个不同领域，不仅产生经济效应而且产生社会效应和环境效应。公共项目组合所产生的外部效应则更加多面，呈现出复杂性、综合性的特点，这种综合性通常需要较长的时间周期才能更加充分地体现。

（3）投资规模巨大

公共项目组合由各种公共项目、公共项目集组成，涉及众多大型工程，需要巨大的资金投入。例如，中国仅交通运输方面在1999—2005年的建设金额就高达6000多亿元，因此公共项目组合的成本及费用问题是一个核心问题。多年来，我国在能源、交通、通信等公共项目组合方面存在着建设投资长期相对不足，资金短缺的问题，导致一些公共项目组合的工程不能及时完成，对公众的日常生活产生了一些不便的影响。长期以来，政府是公共项目组合的主要投资主体，相对单一的投资主体导致投资方面存在问题。随着私人资本参与公共项目组合投资机制的不断完善，以及私人资本规模的扩大，公共项目组合的资金短缺问题将逐步得到改善。

2. 公共项目组合的目的和作用

公共项目组合的主要目的在于将不同的公共项目、公共项目集组合起来，力求实现更加便捷高效的管理，降低整体费用成本，更好地实现战略目标，创造最大效益。实行公共项目组合，有利于更好地进行公共项目建设，大规模的公共项目建设会与国民经济之间形成良性互动关系。一方面大规模的公共项目组合投资拉动了我国国民经济的高速增长，另一方面国民经济的高速增长又会不断地催生更多的公共项目组合投资，从而不断改善我国公共服务的整体水平。同时，公共项目组合管理也是提升公共资源配置效率的重要手段，通过公共项目组合管理，确保整体项目组合质量，提高资金的使用效率和效益，使有限的资源发挥更大的效用，更好地服务于经济、社会发展的需要，满足公众的需求。

　　案例：田纳西河流域公共项目组合管理

　　美国的田纳西河流域曾经是农村萧条与贫困的典型代表，罗斯福总统将其选为小流域综合治理的改革试验场，通过联邦政府直接投资，国营公司整治河道、开发水电、生产化肥等滚动开发项目组合的实施，对田纳西河流域进行综合开发，改善了当地的社会经济条件，使当地居民脱贫致富。

　　为了更好地对田纳西河流域进行开发治理，美国成立了田纳西河流域管理局（Tennessee Valley Authority，TVA），对流域进行开发和管理。在投入资金方面，到 1959 年国会对 TVA 拨款累计近 20 亿美元，联邦政府的划拨资产累计超过 20 亿美元，同时联邦政府还购买了 TVA 发行的部分债券。① 治理开发项目主要包括三个方面，一是防洪、防疫，改善农业生产条件和生态环境。通过在田纳西河及其支流上新建和改建大型水坝 32 座，有效提升水库容量，同时也减轻下游河流的防洪压力。在荒山谷地植树造林 125 万英亩，极大改善农业和生态环境。二是疏浚田纳西河道，改善内河航运条件，利用水坝系统设置 9 级提升船闸，并对帕杜卡至诺克斯维尔 1000 千米田纳西河道上的浅滩进行整治，大大改善了田纳西河流域的交通运输条件。三是开发水电资源，加快农村电气化建设。通过大力发展水电，使得电力得以普及使用，推动了农业机械化水平提升，各能耗高的工业相应获得长足发展。②

　　通过对田纳西河流域的开发治理项目组合管理，田纳西河流域的工厂数量增长了 4 倍，附近农场收入显著增长。居民就业率大大提升，居民人均收入快速增长，生活质量明显改善，极大地推动了当地的社会经济发展。

（二）公共项目组合管理的发展和目标

1. 公共项目组合管理的发展历程

最早提出"组合管理"思想的是诺贝尔经济学奖获得者、美国经济学家

---

　　① 谢世清："美国田纳西河流域开发与管理及其经验"，《亚太经济》，No. 2，2013（68）。
　　② 黄贤全："美国政府对田纳西河流域的开发"，《西南师范大学学报》（人文社会科学版），Vol. 28，No. 4，2002（119～120）。

哈里，他于 1952 年在《财政》上发表文章《现代组合理论》，阐述如何进行投资组合选择，减少投资风险。该理论一开始应用于金融投资领域，核心是基于"不要将所有的鸡蛋放在一个篮子里"的风险分散和规避理念。到了 20 世纪 70 年代，随着现代投资组合理论的传播，一些商业公司开始考虑如何在业务项目中应用这一理论。1999 年约翰指出组合管理常被用来进行风险管理，也可以用来获取投资的最大回报。这种管理思想在金融投资领域叫投资组合管理，可以运用到 IT 企业项目组合中以降低风险并确保企业获得最佳的回报率。随着信息技术和项目管理技术的发展，这种思想被引进到了项目管理领域，逐步形成项目组合管理（project portfolio Management，PPM）的概念。随着现代项目管理的不断普及和纵深向发展，近几年 PPM 思想逐渐在企业项目管理（EPM）中得到使用，成为项目管理领域讨论和研究最多的主题之一。①

进入 20 世纪 90 年代，越来越多的有识之士深刻认识到，由于公共部门主导的公共项目具有技术复杂、投资巨大、风险较高等特点，必须把"引入项目管理"作为提高公共项目管理水平的重要且有效的途径，越来越多的公共项目采用先进的方法开展并取得了重大成功。在此基础上，人们逐步发现，以项目组合的形式对公共项目加以整合管理，实行公共项目组合管理，能够更好地实现公共产品和公共服务的提供，取得更好的效果，因此各国开始了公共项目组合管理的实践。

我国在 20 世纪 80 年代初引入了项目管理的理论和方法，并在水利、电力、国防等公共项目领域推广应用，如 80 年代的云南鲁布革水电站项目。80 年代后期，我国已开发出了基于统筹法和网络技术的项目管理软件，在项目选择、规划、实施、检测和控制等方面发挥了积极的作用。90 年代我国的项目管理开始突破传统领域，被广泛应用于公共项目的多个领域，取得了巨大的经济效益。② 在此基础上，我国也逐步开始公共项目组合的实践与探索，通过运用科学的方法和先进的技术推动公共项目组合实践的发展。

2. 公共项目组合管理与传统项目管理的区别

传统项目管理主要是项目经理进行的管理活动，针对单一项目的管理。公共项目组合管理是组织以及战略层面的管理活动，是进行组织决策的过程，是面向项目组合的管理。

传统的项目管理强调"怎样做项目"，通过有效的项目管理方法保证项

---

① 张立军、苏萍："组合管理思想在项目管理中的运用"，《基建优化》，No. 5，2004（1）。

② 郭俊华：《公共项目管理》，上海：上海交通大学出版社，2014 年，第 28～30 页。

目按照进度、成本、质量要求进行交付，是针对单个项目或项目群的管理方法。公共项目组合管理强调"做什么项目"，帮助组织将精力集中于产生最大价值的项目组合，是针对多个项目和项目集的管理，更加强调公共性，重视公共利益。公共项目组合管理是将项目组合与政府目标结合在一起，获得项目之间的恰当平衡和组合，通过为最有公共价值的项目设定优先级和筹集资金，来最优化公共项目组合的价值，确保实际实施和运作与战略目标保持一致。

3. 公共项目组合管理的目标

开展公共项目组合管理的根本目的是满足或者超越项目有关各方对公共项目组合的要求与期望。公共项目组合管理的目标是通过使用正确的方法和工具，尽力满足公共项目组合中每个项目、项目集相关利益主体的要求和期望，创造更大的社会效益，提供更好的公共消费品和公共服务。为了实现公共项目组合管理的目标，需要运用各种知识、技能、方法和工具展开项目组合的起始、计划、组织、控制和结束活动。

二 公共项目组合范围确定的依据

对于公共项目组合范围可以从广义和狭义两个角度理解。狭义上讲，公共项目组合的范围就是确定公共项目组合的总体任务。从广义上看，公共项目组合的范围应该包括公共项目组合的最终产品或者服务，以及实现该产品或者服务所需要执行的全部工作。不同于单个的项目或项目集，公共项目组合的范围更加广泛，其范围的确定受到多重因素的影响。公共项目组合范围确定的主要依据有以下几个方面。

（一）区域发展或组织发展战略

公共项目组合的所有工作都是为了实现区域或组织发展的既定目标及其实施战略服务的，区域或组织发展战略指导地区或组织明确和界定出公共项目组合产出物和工作的范围。在实施公共项目组合之前，必须仔细分析该组合的预期是否与区域或组织发展战略目标相一致，通过地区或组织的发展战略来确定公共项目组合的总体任务，确定项目组合的范围。

（二）相关文件以及搜集的信息

公共项目组合范围在界定时，首先应该依据项目组合起始工作所提供的各种文件，包括公共项目组合的目标、方案、章程等，这些文件体现了组织的战略目标，也是公共项目组合范围界定的根本依据和出发点。同时，在范围界定过程中人们及时发现的项目组织和环境因素的发展变化信息，以及公共项目组合所属专业领域的客观技术规定和要求等方面的信息，都为公共新项目组合范围的界定提供了依据。

（三）公共项目组合备选方案及其可行性

在确定公共项目组合的范围时，还应考虑项目组合的各种备选方案及其可行性。在正式展开工作之前，由于掌握的有关公共项目组合的信息不足，并且在工作实行过程中内外部环境和条件都有变化的可能性，因此必须做好多种项目备选方案，以应对不同的环境变化。而公共项目组合范围的确定也应根据备选方案，以及现实的可行性来确定。

（四）公众的要求和期望

公共项目组合管理的目的主要是提供更好的公共产品和公共服务，因此在范围确定时必须考虑公众是否真正受益，是否满足公众的期望和需求，以及是否会损害到某些人或组织的利益。公众提出的有关项目组合范围变更请求方面的信息，以及这些项目范围变更请求的批准信息，都会导致公共项目组合产出物与工作的增减，从而影响公共项目组合的范围。

三　公共项目组合范围的确定过程

公共项目组合范围确定并非一蹴而就，不能"拍脑袋"决定，而是需要经过考虑各方面的因素，并且通过一定的步骤来实现。

（一）确定总体任务

在起始公共项目组合工作之前应首先明确公共项目组合起始的原因、目的，确定总体任务。开展公共项目的根本原因主要有两个：其一是由于以前的计划安排和决策方案存在缺陷和不足，出现问题需要解决，因此通过新的项目对原来的情况加以弥补和改善。其二是人们生活或者生产所处的客观环境和条件发生了变化，需要通过新项目满足人们不同的需求，解决不同的问题。相应地，公共项目组合起始的原因与公共项目类似，但更具公共性。公共项目组合的起始，一方面是适应民众的呼声和需求，通过公共项目组合来解决现实存在的问题，满足民众需求；另一方面是通过公共项目组合提供更好的公共产品和公共服务，改善民众的生活，使公众受益。因此，在公共项目组合起始阶段，明确了为何要展开工作后，应首先确定总体任务，以此为目标具体展开各项工作。在确定总体任务时既要考虑内外环境、条件、成本、技术等问题，又要考虑公众的期望和受益程度，考虑如何更好地将公共项目和项目集组合起来，通过公共项目和项目集的内在联系，起到相互支撑，形成合力的作用，从而使公共项目组合达到最佳状态。

（二）拟定公共项目组合范围

确立了总体任务后，应进一步对总体任务及目标进行分解，明确公共项目组合的产出物范围以及实施过程需要做的工作范围，进一步明确公共项目组合的范围。拟定公共项目组合范围的主要逻辑是"自上而下"，即通过战略、总体任务的分解拟定，需重点参考项目组合的总体任务、目标、项目方案和项目章程等文件，以及公共项目组合相关领域的环境、条件，对相关群体的影响和公众的需求与期望等。与此同时，也应通过"自下而上"的方式进一步确定公共项目组合范围界定的可行性，具体包括公共项目组合及各项目、项目集实施组织的能力以及环境资源的承载力等。应该根据不同客观环境条件选择相同条件下最佳的方案与计划，将不同的公共项目和项目集组合起来，更好地完成总体任务，实现地区或组织发展战略目标，创造更大社会效益的效果。

（三）公共项目组合的目标分解

公共项目组合目标的分解是对项目组合的方案和计划的细化和分工，通过公共项目组合目标分解使人们清楚需要展开哪些方面的工作。在目标分解时应首先明确整体目标和总体任务，并且根据现实情况考虑成本、技术、资源等因素后将总体目标分为阶段性目标，明确每一阶段应该完成的任务，以确保最终总体目标的实现。在确定阶段性目标后，应相应制定不同阶段的详细工作方案和计划，使公共项目组合范围更具有可行性。

（四）公共项目组合范围的确认

公共项目组合范围的确认是公共项目组合范围界定的最后一个环节。公共项目组合范围确认是指相关利益主体，主要是地方政府、公众和项目组合实施组织在明确了总体任务、方案和计划之后，对于公共项目组合范围的正式认可和接受，从而推动下一步真正投入实施工作。公共项目组合范围确认的主要工作是全面确认公共项目组合的产出物范围和项目组合的工作范围，通过对这两项范围的认可以确保后续具体实施工作符合公共项目组合范围的要求和目标，即"做正确的事"。

第二节　公共项目备选方案的提出

如果将公共项目组合范围比作"筐"，在确定了这个"筐"的容量及项目选择标准，即公共项目组合范围界定后，就需要寻找合适的项目了。用形象的方式来讲，如果公共项目组合范围确定了需要装一筐水果，那么接下来就需要寻找各种水果，备选的水果种类越多，越能优中选优，实现公共项目的最优组合。因此在这一阶段，应发动各个相关主体，尽可能多地提出备选项目方案。

一 公共项目备选方案的作用

（一）为筛选公共项目提供条件

在资源有限的情况下如何评价备选公共项目，进而进行多个公共项目的优化组合，从而确保这些公共项目与组织战略目标一致，并能有效实现组织战略，实现公共项目组合收益最大化，实现公共项目组合后期的顺利运行，是摆在组织管理者和项目管理研究者面前一个非常重要的问题，也是公共项目组合实施的基础。

一个公共项目组合的形成，离不开前期充分的准备工作，公共项目备选方案的提出则是准备工作中的基础环节，如果没有前期搜寻广泛的公共项目备选方案，不能为公共项目组合提供充足的备选方案，则会导致公共项目组合的不可选择性和单一性，为日后公共项目组合的运行埋下失败的隐患。

在公共项目的实施过程中，部分项目没有完成就被取消了，一个重要的原因就是在公共项目开始实施后，地方政府或项目实施主体发现这些公共项目是完全没有必要的，从而产生了公共项目虎头蛇尾甚至被荒置的现象。也有的项目则在实施过程中发现没有足够的资源支持，导致公共项目烂尾等问题。所以公共项目的建议也即提出一些合格的备选方案在一个完整的公共项目实施的链条中不可或缺。公共项目备选方案在收集的过程中，必须依据已确定的公共项目组合范围，使其不偏离组织的战略发展轨道，可以在之后的实施过程中更好地服务于地区或组织发展的战略。

（二）提高各方参与积极性

向各方征集公共项目备选方案的过程，实际上不仅体现了公共组织追求民主化的目标，吸纳各方成员参与其中，更是一种提高公民参与积极性的举措。如果在公共项目只是组织内部或者只引进相关专家决策，那么不仅影响了最终公共项目组合形成的民主性，而且压抑了各方对公共项目组合实施过程乃至未来运营过程中的积极性。由于公共项目组合的服务对象涉及广大公众，所以他们的意见是公共项目组合需要重点采纳的对象，他们的支持是今后公共项目组合顺利实施的重要保障。为此，需要充分调动相关领域的政府部门、企事业单位、社会组织、专家学者以及公民个人的积极性，共同为提出公共项目的备选方案建言献策。在这一过程中更要注意的是，需要采取更广泛的渠道和方式，比如项目方案征集大赛、问卷调查等渠道，扩大建议的汇集范围，确保沟通机制顺畅。

（三）更好地满足公众需求

公共项目备选方案是为公共项目组合提供备选方案，地方政府或某个政府部门可以对各个备选项目进行比较，以此来决定要启动哪些项目，或者说要开展哪些项目来支持地区或部门的战略，可以通过扩大选择的范围来实现公共项目组合的最优化。

如果说公共项目组合是一幢大楼，那么公共项目备选方案则是一砖一瓦，只有将公共项目备选方案的每块砖每片瓦都经过精心筛选后，才能建成高质量楼宇。公共项目组合最关键的是为组合提出备选公共项目，在单个公共项目中，怎样做好这个项目可能是问题的关键，但是在公共项目组合中，怎样提出更多更合适的公共项目备选方案则是基础。通过筛选和合理组合，最终使这些公共项目为地区或部门发展服务，为满足人民群众的需求服务。

二　公共项目备选方案提出阶段的工作要求

由于公共项目备选方案是进行评估和选择的基础，因此在提出备选方案时需要给出相对充足的信息，并且应当充分利用各种渠道和方式尽可能多地收集公共项目的备选方案。

（一）公共项目备选方案的全面性

其一是公共项目备选方案涉及领域的全面性。应根据确定的项目组合范围，为各个领域提出多个备选方案，为公共项目组合提供充足的备选方案库，从而为公共项目组合的形成提供多样化的项目选择。

其二是公共项目备选方案考虑因素的全面性，提出的公共项目备选方案需要考虑到各个方面的影响因素，针对经济、政治、社会、文化、环境等各方面的特点以及需要解决的问题加以分析论证，另外还需要考虑公共项目本身的内在因素。

其三是项目备选方案自身的全面性，应当对项目备选方案的内容、目标、经济性、社会效益、风险等进行全面的描述，从而为项目评价与筛选提供足够的信息支持。

（二）主体的多元性

在这一阶段，应当发动各方开展项目搜寻活动，提高公众参与的积极性，包括各级国家机关、各民主党派和工商联、社会团体、企业事业单位和其他组织以及公民个人，以便利用更多人的智慧，扩展选择视角。这不仅仅是单纯的技术选择，还包含一定的价值判断。特别是在价值观日益多元化的社会，各种观念、思想、利益共存而互相冲突，公共项目的选择需要平衡各种具体的社会需求，往往不是按照纯粹的技术标准进行的，而是取决于不同个人和利益主体之间交互作用所形成的合力，是多方博弈的结果。只有在进行备选方案征集时保证主体多元性，才能避免由于个别决策者视野的狭隘或追求私利所导致的价值偏离和公共项目决策失误，更能保证最终的规划方案代表公共利益和整个社会的需求。

另外，相关方面智库的参与也是不可或缺的。相关智库中囊括了对公共项目具有精准把握、前沿认识的专家学者，对公共项目备选方案的提出具有重要的指导和带头作用，使公共项目备选方案的提出更为科学化、专业化和权威化。

（三）行动的持续性

项目搜寻活动应当持续进行，不断提出新的公共项目备选方案。这样才能对公共项目备选方案选择过程中偏离轨道的行为进行修正，使其与初始目标相契合。

另外，公共项目备选方案的提出过程必须具有连续性。随着时间的变化，大众和地区发展的需求也都在不断发展变化之中，如果备选方案提出后未能及时完善和论证，则可能导致后续实施该项目时，所面临的各种条件已发生变化，使项目不再符合项目组合的需求。

（四）资源配置的合理性

公共项目备选方案的提出，是为以后公共项目组合的落地奠定基础的环节，公共项目备选方案的质量决定了公共项目组合的质量和发展方向。在其提出的过程中，需要考虑到区域资源总量，即承载力和区域资源配置问题。一个组织的资源是有限的，如何在有限的资源下，进行合理配置，这不仅是后期公共项目评价和筛选以及公共项目组合确认过程中需要考虑的问题，更是从一开始提出公共项目备选方案就需要考虑到的问题。

三　公共项目备选方案的提出过程

提出公共项目备选方案的过程可以分为寻找备选公共项目、备选公共项目初筛、备选公共项目分类、编制公共项目清单这四个过程。寻找备选项目是根据公共项目组合范围"做加法"的过程，即广泛发动相关利益主体提出备选项目，这一过程是提出公共项目备选方案的开端；初步筛选备选公共项目是通过外部因素限制对备选项目进行的筛选过程，通过组织战略、组织资源和组织的外部环境来限制备选公共项目的方向和内容；对备选公共项目进行分类，是一个梳理整合的过程，将同样类别的项目放在一起，不仅明确了各项目的定位，而且为后期项目的评价与筛选提供了比较的基础；编制公共项目清单是将分完类之后的备选公共项目落实到文字上，通过对各项目优劣的描述，使得备选项目的特点和内容一目了然。一个完整的公共项目备选方案的提出过程在公共项目组合管理中是必不可少的，虽然是前期准备工作，但是这一环节如果出了问题，则会影响之后公共项目组合的优化和发展。

（一）寻找备选公共项目

1. 进行前期调研

认真调查研究，广泛收集资料，必须深入实际，围绕确定的公共项目组合范围展开调查研究，尽可能多地了解、掌握不同项目的基本情况，收集项目涉及的各方面的资料、信息、数据，求证资料、数据的真实性、准确性，做到资料翔实、数据准确、全面系统。对公共项目组合的目标和要求进行精细化考量，对其所处外部环境，包括政治、经济、文化、社会等方面进行深度考察，并对公共项目备选方案进行前期调研，精准把握公共项目备选方案的生存环境和发展方向。

2. 开展公共项目搜寻活动

根据公共项目组合的目标和前期调研的情况制定具体搜寻标准，按照标准开展公共项目搜寻活动。在搜寻过程中要充分发挥各方力量，调动各方参与的积极性，严格执行搜寻标准。

3. 全面收集信息，尽可能多地列出备选项目

收集每个公共项目的具体信息，对公共项目进行全方位了解和剖析，在此基础上，选出所有与搜寻标准契合的公共项目。

（二）备选公共项目初筛

在初步筛选备选公共项目时，要充分考虑组织内、外各方面因素。具体包括地区或部门发展战略、资源约束和外部环境三个方面。

1. 地区或部门发展战略的影响

组织战略是指组织为适应未来环境的变化，对持续、稳定发展中的全局性、长远性、纲领性目标的谋划和决策。地区发展战略指的是地方政府根据自身的资源状况、地理位置、社会经济状况和国家发展战略做出的地区发展方面的选择、规划及策略等。制定地区发展战略是一个过程，地方政府通过这个过程来预测和适应预期的变更。地区发展战略的制定一定程度上决定着公共项目范围的选择，备选公共项目的筛选标准要与地区发展方向和战略目标相统一，以此推动地区发展。

地方政府的发展战略是通过公共项目来实施的，因而地方政府的发展战略是公共项目的出发点。在选择公共项目时，要以战略规划为依据，充分考虑到公共项目与地区发展战略的匹配度，考虑到地区发展的全局性、长远性和纲领性的目标，使其与地区的长远发展战略乃至国家发展战略相一致，只有这样，才能保证公共项目进行组合之后在运行当中更加顺畅。

2. 资源约束的情况

地区的资源是地区拥有的，或者可以直接控制和运用的各种要素，包括内部和外部的人力资源、财务资源、物力资源等，可以分为自然资源和社会资源两类。不同地区虽然资源禀赋状况和资源总量存在差异，但是其资源都是有限的。地区资源的有限性在一定程度上限制了公共项目的选择范围，要求入选的公共项目可以充分利用当地资源。因此，在选择公共项目时，需要考虑到地区资源的有限性，对那些消耗资源过多的公共项目进行剔除，并利用资源的可控性对组合中的公共项目进行资源上的合理分配，使资源利用效率最大化。

3. 外部环境

对于地方政府而言，外部环境是指其所处的社会环境，主要包括的因素有：经济、政治、文化、社会公众、技术、资源等，这些因素对地方政府的影响是间接、长远和复杂的。外部环境的变化在影响地方政府发展方向的同时也会对地方政府公共项目选择与决策产生相应的影响。

因而，地方政府在筛选公共项目时，要对外部环境对公共项目的影响充分考量，尽量保留较为适应当前及未来外部环境的公共项目，剔除不适应外部环境的公共项目，以便在之后公共项目组合运行过程中将各公共项目更好地贯彻与整合，实现公共项目组合的目标，从而推动地区发展。

（三）备选公共项目分类

这个过程的目的是按照备选公共项目为公共项目组合提供的支持类型进行划分，把初步筛选出来的备选公共项目按照业务相关性分成不同的小组，在每一个小组中，使用一套通用的决策条件和标准对备选公共项目进行评估、选择、确定优先级和平衡。分类是以战略计划为依据的。一个给定类别中的所有备选公共项目都有一个共同的总体目标，可以用相同的标准进行度量，即使它们来自组织的不同部门。对备选公共项目进行分类，有助于组织在所有战略类别和战略目标之间进行投资平衡和风险平衡。

这个过程中的关键活动为依据战略计划确定战略分类标准，把已经初筛的备选公共项目和分类标准进行对比，每一个备选公共项目只能划分到其中的一个类别之中。

（四）编制公共项目清单

经过备选公共项目的初步筛选和分类，形成了分类清晰的备选公共项目清单，为公共项目组合评价和筛选公共项目提供了基础和保障。

其结果是一张按照类别分组的备选公共项目清单，里面包含了所有经过初步筛选出来的、按照战略类别进行分组的备选公共项目。编制公共项目清单时应包含的主要信息包括：项目名称、项目类别、项目目标、项目产出物、项目优缺点、项目投资收益概况等，形成每个备选公共项目的关键描述，一目了然。对于需要特殊说明的项目可进行适当的文档记录，其中还可能会记录不同备选公共项目之间的关系，以便后期对其进行评价和筛选。

当一个备选公共项目不能被分到任何一个类别的时候，就需要由公共项目组合的管理团队来决定，是否需要把这个备选公共项目继续留在清单上以备将来评估和选择。

第三节　公共项目的评价与筛选

一　公共项目的评价标准

在确定公共项目组合所包含的备选项目清单后，需要对所有备选项目开展评估，从而了解项目组合的总体情况。公共项目的评价标准主要包括三个方面，一是项目的潜在收益，二是项目的潜在成本，三是项目的潜在风险。下面将对上述三个标准展开具体介绍。

（一）公共项目的收益评价

由政府投资的公共项目，特别是公共基础设施项目，由于其规模大、投资大，并且资金主要来源于纳税人，项目实施的目标也主要是为社会公众服务。因此，同时对公共项目的经济收益和社会收益进行评价分析，就显得尤为重要。

1. 公共项目的经济收益

根据项目类型的不同，公共项目的经济收益可分为财务收益和国民经济收益。

（1）财务收益

公共项目的财务收益评价是站在项目的层次上，从项目的经营者、投资者、未来的债权人角度，分析项目在财务上能够生存的可能性，分析各方的实际收益或损失，分析投资或贷款的风险及收益，考察拟建项目的获利能力和偿债能力等财务状况，据以判别项目的财务可行性。[①] 公共项目的财务收益评价主要包括两个方面，一是公共项目的营利性分析，二是公共项目的清偿能力分析。

公共项目的财务收益评价是项目决策分析与评价的重要组成部分，在项目

---

① 齐中英、朱彬：《公共项目管理与评估》，北京：科学出版社，2004 年，第 132～140 页。

的投资决策和方案比选中起着重要作用。公共项目主要是为社会公众提供服务或产品的投资项目，一般不以赢利为目的。这些项目经济上的显著特点是为社会提供的服务和使用功能不收取或只收取少量费用，建设的目的是发挥其使用功能。对很多非营利性项目的财务分析实质上是在进行方案比选，以使所选择的方案能在满足项目目标的前提下，花费最少。非营利性项目的财务收益分析的要求相对简单，只需对投资、成本费用和收入进行估算，必要时应编制借款还本付息计划表和损益表。对于有经营收入的公共项目，如电厂与电站、煤矿、城市供气、供暖、供水等能源项目；铁路、港口、收费公路、管道、机场等运输项目；邮电、通信项目；影剧院、俱乐部、体育馆等公益性项目，应按市场化的方式做好项目的财务评价，分析和计算项目的财务盈利能力和清偿能力。

（2）国民经济收益

国民经济评价是按合理配置资源的原则，采用影子价格、影子汇率、社会折现率等国民经济评价参数，从国家整体角度和社会需求出发考察公共项目的效益和费用，分析计算项目对国民经济的贡献，评价公共项目的经济合理性。[①] 国民经济评价是站在国家和地区的层次上，从全社会的角度考察项目的费用和效益，考察项目所消耗的有用社会资源和对社会提供的有用产品，不仅要考虑直接的费用和效益，还要考虑间接的费用和效益。由于公共项目的外部效应相对显著，即对社会具有较大影响，因此一般都需要进行国民经济评价。

国民经济评价应根据社会发展的长远规划和战略目标、地区规划、部门及行业的要求，结合需求预测、工程技术研究及投资项目的具体情况，计算项目投入、产出的费用和效用。在多方案比较论证的情况下，对拟建投资项目在经济上的合理性及可行性进行科学计算、分析、论证，做出全面科学的经济评价。国民经济评价在公共项目组合的评价与筛选中起着重要的作用。首先，国民经济评价是公共项目组合决策的重要依据，国民经济评价结论不可行的项目，一般应予以否决。国民经济评价的另一个重要作用是对项目进行优化，一个项目可能有多种实施方案，采取哪种方案，应当根据国民经济评价的分析，依据国民经济评价所提供的价值信息进行方案的优化。

2. 公共项目的社会收益

许多公共项目，特别是公共基础设施项目的投资收益和经济收益，尽

---

① 齐中英、朱彬：《公共项目管理与评估》，北京：科学出版社，2004 年，第 148～150 页。

管可以用自身投资回收期的长短以及获取利润的多少等直接经济指标来衡量，但项目的主要收益经常表现为服务对象的效益提高，即主要表现为社会收益。

公共项目的社会收益既有与经济活动有关的社会收益，也有与经济活动无关的社会收益。既有有形的社会收益，也有无形的社会收益。与经济活动直接相关的社会收益，是指分析项目对除经济评价以外的社会发展目标所做的贡献与影响。如项目建成生产的产品对使用部门产生的效益，对地方产生的间接效益，对国民经济长远发展产生的效益，由于经济增长与经济发展引起的商业服务、社会公益、社会公共设施的增加等产生的社会效益。与经济活动无直接相关性的社会收益，是指分析项目对社会系统的影响，包括项目与当地社会环境的相互影响分析。如建设学校并实施教学可以使劳动者增加知识技能，项目对环境和生态的改善为劳动创造适宜的自然条件等，这些都属于公共项目的社会效益。

公共项目可根据行业特点，设立一些指标，考核项目的社会收益。对于不宜进行量化的效益，应进行定性描述，或采用"有无对比"（即建项目与不建项目对比法）进行评价，以全面反映公共项目对社会发展的贡献。由于相当多的公共项目是非经营性、非营利性的，其效益评价不能完全沿用营利性项目的方法与参数，只能根据行业的特点，研究确定项目的评价方法与指标。有些城市基础建设项目的效益主要表现为社会效益，如园林绿化、排水、防灾设施等项目主要是以取得社会效益为目的。有些项目既有经济效益，又有社会效益，但经济效益不易计算，如城市交通及邮电通信项目等。对于非营利项目的收益评价，应侧重于社会收益的评价。

（二）公共项目的成本评价

由于组织资金、人力等资源的有限性，在对公共项目组合中的项目进行评价选择时必须充分考虑项目的成本因素。公共项目的成本主要包括财务性成本、社会性成本和经济性成本。

1. 财务性成本

公共项目的财务性成本是指公共项目的实际支付成本，包括因建设和维护公共项目所产生的所有货币支出。公共项目的财务性成本能够通过会计账面反映出来。公共项目的财务性成本可以分为资本成本及营业成本，资本成本指投资建设计划初期所有支出的成本；营业成本指在固定期限内为了维持产出或服务提供所需支出的成本。例如在政府出资修建高速公路的项目中，公路的勘察、设计成本以及筑路的投资支出为该项目的资本成本，而道路的维修养护和管理费用则为该项目的营业成本。

2. 社会性成本

公共项目的社会成本是该项目公共投资产生的外部不经济性，需要社会公众承担的外部成本，即负外溢效应。例如修建一条高速公路，将会增加空气污染和邻近居民的噪声污染，同时也会给公路两侧居民互相通行增加不便；政府为公园投资机械清扫设备，压缩了原本用于管理的工人需求量，造成工人失业，对社会造成了负担，增大了治安及社区的管理成本，这些都属于公共项目的社会性成本。由于公共项目的特殊性，在对公共项目组合中的项目进行评价选择时，必须考虑项目的社会性成本。

3. 经济性成本

经济性成本即是机会成本，其具体含义为：为了生产此种产品，必须使用生产要素，生产要素既然用于生产 X 产品，便不能用以生产其他产品如 Y 或 Z，因此由于生产 X 而不得不减少生产 Y 或 Z 的价值，即为生产 X 产品的"机会成本"。[①] 由于公共项目的投资主体大多为政府，政府部门的财政资金等用于公共项目投资建设的资源通常是有限的，选择一个公共项目进行投资建设必然会减少可用于其他项目的资源。因此，必须根据社会的总体发展战略和规划对公共项目进行选择，在对公共项目的评价中对项目的机会成本进行充分考量。

（三）公共项目的风险评价

对公共项目进行风险评估的最终目的是通过保证项目的顺利进行，进而保证项目所提供公共产品和服务的有效供给。对于公共项目来说，其所承担的风险相对于一般项目来说不仅包括项目本身的技术、合作、道德等风险，还包括由政治、经济、社会、法律等外部环境变化所产生的风险。目前，对公共项目的风险类型，学界没有统一的划分标准，多是依据项目的实际情况结合项目实施者的经验进行概括归纳总结。公共项目所承担的风险应当从法律风险、政治与政策风险、技术风险、管理风险、合作风险、社会风险等几大方面进行评价。

1. 法律风险

公共项目必然会涉及诸多的法律法规条款，各参与方之间还会通过合同、协议等形式形成复杂的法律关系。但是目前，我国仍处于社会转型阶段，许多法律法规还不是特别完善，为了适应社会发展的需要，一部法律可能会在几年或者十几年之后进行修改、变更甚至是废止，但是公共项目一般周期性较长，有的项目周期会长达 20—50 年，在项目周期中遭遇法律法规变动的概率极高，

---

① 谭翔浔："政府公共投资决策与成本效益分析"，《云南社会科学》，No. 5, 2004（58～60）。

这便增加了法律法规变更给公共项目带来的风险。此外，当公共项目的活动主体涉及政府时，要注意基于"公共利益的实现"而出现的政府"特权"的问题。政府享有这些特权是为了更好地维护公共利益免遭侵害，具体表现在行政合同中享有"优益权原则"。公私部门在法律关系上的"不平等"客观上要求政府应当对法律关系变动所造成的风险承担更多的责任。此时，对法律风险的分配问题应当予以更多的关注。

2. 政治与政策风险

由于公共项目的主体极有可能是政府部门，不管是中央政府、省政府或者是地方政府中的任何一级的行为，只要影响了项目的正常进行则可被认为是政治风险。政府在公共项目中承担的政治风险主要由以下几方面的原因造成，这些原因包括：国际国内战争爆发、国际政治压力带来的动乱、项目所在国货币政策发生变动、重大突发事件、国内地区不稳定导致的社会动乱以及政府换届选举对项目产生的影响。

政策风险主要是指公共项目在实施过程中由于政府政策变化而导致项目盈利能力发生变化的可能性。政策风险的大小与政府政策的科学性、连续性、公开性、透明性密切相关。如果政府所制定的地方政策普遍存在可变性大、管理制度不健全等问题，则政策风险发生概率会增大。因此，在公共项目筹划阶段应当积极与相关部门沟通协调，争取最有利于项目建设的政策环境，包括有利的政策倾向以及尽可能长的政策周期。

3. 技术风险

技术风险是指项目涉及的技术措施是否能达到预期要求，项目规模、地点和布局的合理性，项目区域土壤、水源、气候条件的适宜性，农业综合生产技术和项目技术的成熟度等。对于建设项目，如科技进步使材料、施工、建筑功能等不断更新进化，跟不上技术更新步伐的投资项目不仅成本高，适用性也差，甚至会因此带来公共安全方面的问题。例如英国伦敦2017年6月14日被大火吞噬的高层公寓楼，是政府于1974年建造的高层廉租房，外墙压塑聚苯乙烯保温板或是大火快速蔓延的主要原因。

4. 管理风险

虽然当前公共项目的参与主体日益多元化，但是政府仍是大多数公共项目的参与方与监管者，相应职能部门的管理人员对项目的认知度、专业人才的数量和质量是项目顺利建设和实施的根本和保障。然而具有项目管理经验的政府官员数量有限，大多数政府管理者都是在接触到项目之后才开始了解和掌握相关知识，并不掌握专门的管理技术。专业管理技术的缺失直接影响到政府与其他项目参与方的合作，增加了风险发生的可能性。

5. 合作风险

随着我国公共项目主体类型的不断拓展，合作风险在目前的公共项目中比较常见，这主要是因为公共项目的融资方式十分复杂，涉及的主体既可能包括营利性组织、非营利性组织，同时还包括政府。合作各方之间不可避免地会产生不同层次、类型的利益和责任的分歧。公共项目合作主体的多元化，合作关系的复杂化导致了合作风险的产生，合作风险产生的主要原因有合作双方缺乏及时的沟通、合作对象的遗漏、利益协商失败等。

6. 社会风险

公共项目的社会风险总体上比其他类型的项目高，因此也是评价和筛选公共项目时需要高度关注的风险。社会风险主要是指社会公众对公共项目本身以及项目所产生的公共产品和服务的反应所产生的风险，公众对项目的态度会对项目的成败产生一定的影响。例如，在公共项目建设初期，项目的选址需要考虑当地的风土民情和实际生产生活情况，尤其是在少数民族地区，应当在尊重民族信仰的前提下开工建设。

> 案例：红楼问计
>
> 杭州市政府在杭网议事厅《问计于民》下设置了一个《红楼问计》的子栏目，由杭州网与杭州市建委合作承办。"红楼"现为杭州城市建设展览中心，凡杭州重大工程项目规划设计的方案均在"红楼"进行展出，展前做好媒体的信息发布；展中反复征询、收集市民的意见和建议；展毕认真梳理意见和建议，以深化和优化建设方案。参观城建方案的公示展览，并提出意见建议、投票支持理想的方案，已成为不少热心市民日常生活的一项"保留节目"。
>
> 《红楼问计》栏目和实体"红楼"结合，意在搭建"网上红楼"，让各项城建规划最大范围内被市民关注、最大范围内听取网民意见，为市委市政府的决策服务。[①] 在某种意义上，"红楼问计"已成为杭州重大工程民主参与的一个代名词，成为杭州以民主促民生的经典案例。杭州市政府这一作为，体现了政府在公共项目建设的过程中注重吸纳民众的建议，充分采纳民众的意见，进一步完善了民主参与平台，拓宽了民主参与渠道，创新了民主参与方式，不仅可以提高公民参与政治生活的热情，体现了政治生活的民主性，而且丰富了公共项目备选方案的内容，在很大程度上降低了公共项目的社会风险。

---

① "红楼问计栏目介绍"，http://hwyst.hangzhou.com.cn/wjym/hlwj/index.htm，2015－12－28。

二　公共项目的评价方法

公共项目的评价方法是在一定的评价理论指导下，按照一定的原则，从不同的角度对公共项目的收益和风险评价及其指标采取的一系列检验手段，使公共项目的收益和风险评价手段科学、合理。

（一）成本—收益评价

成本—收益评价是从国家和社会角度出发，考察和分析公共项目向社会提供的有益效果，并与其所消耗的社会劳动进行全面的比较，以此作为项目的主要判别标准。[①] 通过比较公共项目的全部成本和效益来评估项目价值，成本收益分析作为一种经济决策方法，常用于评估需要量化社会效益的公共项目的价值——即将成本收益分析法运用于政府部门的计划决策之中，以寻求在投资决策上如何以最小的成本获得最大的收益。在该方法中，某一公共项目所有成本和收益，包括财务成本与收益、国民经济费用与效益以及社会费用与效益都将被一一列出，并进行量化。

公共项目的成本—收益评价公式如下：[②]

$$(B/C) = \frac{\sum\limits_{t=0}^{n} Bt(1+i)^{-t}}{\sum\limits_{t=0}^{n} Ct(1+i)^{-t}}$$

式中：(B/C)——项目的收益成本比；

B_t——项目第 t 年的收益值（$t=0, 1, 2, \cdots, n$）；

C_t——项目第 t 年的成本值（$t=0, 1, 2, \cdots, n$）；

i——基准折现率；

n——项目的寿命年限或计算年限。

评价准则是：

如果 $(B/C) \geq 1$，项目可以接受；

如果 $(B/C) < 1$，项目不可接受。

---

① 高喜珍、陈通："成本效益分析在公共投资项目决策中的适用性分析"，《中国农机化》，No. 3，2010（110~112）。

② 齐中英、朱彬：《公共项目管理与评估》，北京：科学出版社，2004 年，第 162~166 页。

案例：美国白云峰建设项目的成本——收益评价①

美国爱达荷州北部有一个风景区，名叫白云峰。此区占地约 2 万英亩，有大量野生动植物，适用于爬山、野营、钓鱼、狩猎。20 世纪 70 年代初，当地政府决定委托专家研究发展成休闲区所增加的成本是否会超过其收益的增量。研究者首先对项目进行了定义。他们认为，此项目应该在保证自然环境不受破坏的情况下进行，所以不考虑修建公路的可能性。该项目主要内容是修建 4 条供人行的山道，使游客可进入景点。然后，研究者决定使用两种贴现率来计算成本和收益的现值。这两种贴现率分别为7% 和 10%。如果此项目在使用两种贴现率的情况下均有正的净收益，则为可行。所有成本和收益按 1971 年即第 1 年的价格计算。项目的成本包括修建山道的初始成本、此后每年维修山道的费用、9 个公共厕所的修建和维护费用。修建山道发生在第 1 年，其设备与劳动力成本之和为 23000美元。每年的维护费用为 12092 美元。60 年维护成本的现值，如果按 7%的贴现率计算为 192762 美元；如果按 10% 的贴现率计算为 143523 美元。为了维护此旅游区的环境卫生，必须修建 9 个公共厕所。研究者估计，每个厕所的建造成本为 750 美元，则 9 个厕所的总建造成本为 6750 美元。厕所的寿命为 30 年，故在 30 年后需重新建造。假设修建成本仍为 6750美元（2001 年价格）。则 30 年后重建费的现值，如果按 7% 的贴现率计算为 887 美元，如果按 10% 的贴现率计算为 387 美元。另外，每年还需支出 100 元的维护费。将上述各项加总之后，得到项目全部成本的现值，即如果按 7% 的贴现率计算为 201640 美元，如果按 10% 的贴现率计算为151603 美元。评估项目收益的关键在于了解"旅游者愿意支付的价格"。研究者为此做了一个调查，由此估计出每位游客一般愿意支付 10 美元一天的价格，他们还估计此旅游区每年会有 4600 位游客，因此第 1 年的收益为 46000 美元。要估计今后的收益，必须对游客人数和其愿意支付的价格变化情况进行预测。研究者的假设是，在达到某个数量之前，游客人数每年递增 10%，此后保持不变；游客愿意支付的价格每年递增 4%。基于上述假设，他们的计算结果是：如果贴现率为 7%，60 年总收益的现值为991000 美元；如果贴现率为 10%，总效益的现值为 390000 美元。因此，不论使用哪个贴现率，此项目的净效益均为正，故可行。

---

① 根据相关网络资料整理。资料来源："成本效益分析法的运用"，http：//wenku. baidu. com/view/975b303467ec102de2bd890d. html，2016 - 1 - 8。

（二）模糊综合评价法

公共项目的效益发挥涉及项目设计、施工和使用等诸方面因素。当确定进行某一个项目的建设时，往往有多个设计方案，需要对其评价和选择其中的最佳方案。在评价过程中，由于评价因子、评价人员和备选方案较多，影响因素的作用关系复杂，给评价结果的得出带来了困难。根据项目设计方案评价中的多因素和模糊性等特点，基于模糊数学原理建立的模糊综合评价方法是经常被采用的评价工具。

模糊综合评价方法（Fuzzy Comprehensive Evaluation，FCE）是对受多种因素影响的事物做出全面评价的一种十分有效的多因素决策方法。它是利用模糊集理论对经济及社会现象中带有模糊性质的不确定性问题进行综合评价以择优的一种科学方法。[①] 该方法把定性和定量分析紧密地结合起来，适合用于绩效的综合评价。其优点是可将评价信息的主观因素对评价结果的影响控制在较小的限度内，从而使评价比较全面和客观。模糊综合评价法的步骤主要包括：

（1）确定对象集、因素集和评语集；

（2）确定权数分配，得到各因素权重；

（3）建立各因素的评分隶属度函数，进而确定各因素的隶属度值；

（4）计算模糊度即综合评价分数；

（5）影响因素为多层次结构时，进行多层次综合评价。

（三）专家意见法

专家意见法即德尔菲法（Delphi method），其基本原理是，由一个专家组就议题的未来状态给出一套假设。然后，这些假设结论被传递给所有参与讨论的人员。参与人员提供个人观点意见，这些意见然后被综合起来，用于修正初始假设。修改后的假设结论再次被传递给参与人员，这个过程反复循环，直到所有参与人员针对议题假设达成最终的一致意见。专家意见法通过"专家意见形成—统计反馈—意见调整"的多次与专家交互的良性循环过程，促使分散的意见逐次收敛在协调一致的结果上，充分发挥专家信息反馈和信息控制的作用。专家意见方法主要用于评价指标权重的确定，为了消除专家之间的相互影响，参加的专家可以互不了解，采取匿名方式反复多次征询意见和进行"背靠背"式的交流，以充分发挥专家们的智慧、知识和经验，最后汇总得出一个能反映大多数人意见的结果。

———————————

① 马莉娜、李帆、王光耀："公共投资项目规范性参照标准与评价模型"，《山西财经大学学报》，No. 1，2011（14）。

由于公共项目所具有的复杂性，虽然大部分评价指标能够用定量的方式加以判定，但一些真正反映社会收益与风险的指标无法以量化的形式出现。因此，对公共项目收益与风险的评价，定性描述还是不可缺少的，需要通过专家意见法，定量与定性相结合加以评价。

三 公共项目的筛选

在公共项目备选方案提出阶段已经对所提出的公共项目进行了一轮初步筛选，主要包括：第一，去除重复项目，在备选项目的搜寻过程中，由于主体的多元性等客观原因，可能会造成备选项目清单中出现互相重复的项目，为节约组织的资金和资源，减少不必要的浪费，应当首先去除项目组合中的重复项目；第二，去除与组织战略目标无关的项目，在备选项目的选择过程中，有些项目可能是组织很擅长的，但却与区域或部门发展战略的实现无关，这些项目应当予以否定，以便在资源有限的情况下，确保公共项目组合中的项目与组织战略目标一致并能有效实现组织战略、实现公共项目组合收益的最大化。

在对公共项目进行评价的基础上，可以根据备选项目清单和项目评价结果对公共项目组合中的项目进行进一步的筛选。

（一）去除组织能力无法达到的项目

在对组合中的公共项目进行筛选时，需要考虑组织资源和组织能力的有限性。有些备选项目虽然很好地满足了区域或政府部门的战略目标，但当前尚没有能力负担这些项目的建设，或者由于该项目的资源消耗量巨大将影响其他项目或者当地的经济社会发展，那么应当对这些消耗资源过多及建设和运营压力过大的公共项目进行剔除，并利用组织资源的可控性对组合中的公共项目资源进行合理的分配，使组织资源配置实现优化。

（二）使用项目评估矩阵进行筛选

项目评估矩阵用于评估项目的收益和风险的关系，决定项目是否可以纳入项目组合中，以达到平衡项目组合的目的。项目评估矩阵从项目收益和项目风险两个维度对项目进行评估，并将项目对应于四个象限中。需要特别说明的是，这里的收益指的是净收益，即扣除成本之后的收益。对项目进行评价筛选时，一般都根据追求高收益，低风险的原则，然而，项目往往是高风险高收益或者低风险低收益的，所以并不那么显而易见，需要用到项目评估矩阵。通过项目评估矩阵，组织可以将位于左上区域的项目移出组合，保留处于右下区域的公共项目。（见图 3 - 1）

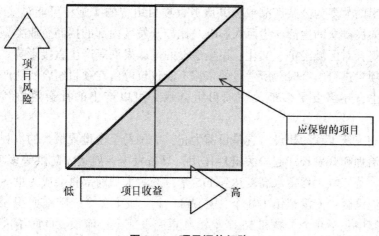

图 3 - 1 项目评估矩阵

第四节 公共项目组合的确认

在公共项目组合管理中，通过良好的公共项目产生机制，收集项目建议，根据适宜的评估方法对项目建议进行评价与筛选，之后要做的是将筛选出的公共项目进行排序确定选择优先级，根据组织战略目标、组织环境、组织资源等因素，依据相应原则确认最佳的公共项目组合，并不断进行项目组合的优化与调整。

一 公共项目组合确认的原则

公共项目不同于市场或私人项目，大部分公共项目不以经济效益为根本出发点，也不是以资金回报作为项目决策的单一评价标准。公共项目的根本目的是广大人民群众、社会和国家利益的最大化，终极目标是为了满足精神文明、文化、生活需求等，适应和推动国民经济或者区域经济的发展。因此，公共项目组合的确认具有很强的特殊性，应遵循以下几个原则。

（一）战略一致性原则

对公共项目进行组合的目的就是通过在组合内对项目进行排序、调整，充分利用各项目、项目集和子项目的资源优势，确保其在时间、成本、质量上的效果，实现组合配置的绩效最优，更好地实现组织战略。在项目组合中必然要求项目目标必须与组织战略保持一致，因此在对公共项目组合进行决策时，应当充分考虑组合中的资源分配与组织战略的一致程度。

（二）社会整体性原则

公共项目组合的决策过程是一个非常巨大且复杂的系统，并且公共项目组合所输出的大多为公共产品或公共服务，项目组合的实施将可能对整个国家、社会和人民群众的生活产生巨大影响。比如开发区内部的招商企业类型、功能设置等将会对区域经济、文化、民生建设的健康发展等产生直接影响。因此在对公共项目进行组合时，所考量的依据不能仅仅停留在项目组合所能产生的经济效益上，还需要更多地关注项目组合最终可以产生的社会效益、生态效益等。

例如三峡工程的建设，它是目前为止，中国乃至全世界最大的水利枢纽工程，对治理和开发长江起着关键性作用，具备发电、航运、防洪等多项效益。但同时，若三峡工程蓄水高度达到 175 米，三峡大坝前部将会成为世界上最大的水库淹没区：淹没集镇 116 个、县城 11 个、城市 2 个、陆地面积 632 平方公里，其中包括 9 个县城和 55 个集镇基本淹没或全部淹没，同时给人民的生活和生态环境带来的影响也是巨大的。那么在对项目组合进行决策时，必须以地区、社会、国家的整体利益为出发点，综合考虑经济效益、社会效益、生态效益，在宏观层面进行决策、管理与分配政府资源。

（三）项目相关性原则

在一般工程类项目中，准确、全面地将项目间的相关性进行分类是相关性条件下项目组合选择建模首要考虑的问题，国内外学者也对此进行了深入研究。Aaker 和 Tyebjee 提出资源使用重叠、技术相关以及效果相关三种类型的相关关系；[①] Schmidt 则认为项目间存在着成本、结果以及收益三种相关性。[②]国内安会刚等通过对 R&D 项目特点的分析，认为项目间存在着收益、技术以及资源三种相关性。[③] 在公共项目组合的确认中，应当根据项目的不同类型考虑项目间的收益相关性与资源相关性。

收益相关性主要是指，公共项目组合内的某一公共项目的选择将影响着其他项目的收益，使得项目组合的整体收益可能大于或者小于项目组合中各单个项目收益之和。项目之间的收益相关性分为正相关与负相关两种。当项目 A 与项目 B 是互补型项目，项目 A 的实施会促进项目 B 收益的增加，此时项目之间为正相关关系，项目组合收益会大于项目 A、项目 B 的收益之和；当项目 A 与项目 B 存在项目替代关系，例如项目 B 所产生产品是对项目 A 产生产品

---

① Aaker D. A. , T. T. Tyebjee. A Model for Selection of Interdependent R&D Projects, IEE Trans. Eng. Manage, 1978, 25（1）: 30 – 36.

② Schmidt R. L. A Model for R&D Projects Selection with Combined Benefit, Outcome and Resource Interactions. EE Trans. Eng. Manage, 1993, 40（4）: 403 – 410.

③ 安会刚、郭鹏、马贤娣："考虑相互影响的 R&D 项目组合选择模型研究"，《科学学与科学技术管理》，No. 3, 2007（10 ~ 13）。

的升级或改进时，此时项目组合的收益可能小于项目 A、项目 B 的收益之和。因此，在公共项目组合确认中，应当关注组合内公共项目的相关性。

资源相关主要是因为在不同项目之间资源共享是项目执行中的一种常见现象，特别是公共项目会共享很多公共资源。资源相关是指项目组合所消耗的资源或成本不等于单个项目所消耗的资源或成本之和。通常情况下，项目间资源相关性的存在使得项目组合所消耗的总资源或总成本小于单个项目的成本之和，即项目组合的选择会带来成本的节约和资源利用率的增加。在公共项目组合的确认过程中，出于节约公共资源成本的考虑，应当关注组合中项目的资源相关性。

（四）项目时效性原则

在公共项目组合确认过程中，需要考虑两个方面的时效性问题。一是公共项目满足社会需求的时效性。时代和环境的不断发展变化使得大众的需求也具有时效性特点，例如灾后重建项目就具有非常强的时效性。此外，随着电子商务、人工智能等技术的发展，公共项目必须善于有效利用这些技术更好地满足人们的需求。二是公共项目组合的时间安排问题。许多公共项目的资源需求是具有时间特性的，并不是所有项目都会立即开始，特别是公共项目的生命周期比一般项目长，所需资源也更多。由于组合中的项目间会竞争有限的资源，所以在资源上进行调度的同时还需要在一定的计划时间内完成，因此，组合内的项目确认就需要考虑时间顺序问题。

二 公共项目组合确认的方法

项目组合确认方法的选择是项目组合管理决策过程中一个非常重要的环节。备选方法主要有两种，最常用是利用现有项目评价方法对备选项目按一定的目标进行优先级排序，进而根据资源约束，按照项目优先级从高到低进行资源分配，这种方法总体上是偏定性分析的方法，在决策过程中，决策者的经验和战略前瞻性非常重要。还有一种方法就是建立数学模型，常见的数学模型的方法有排序法、综合评价法、层次分析法、专家评价法、灰色关联分析法等。决策方法应当是科学的、合理的、可行的，应考虑定性与定量相结合的方法进行综合考量，这里主要介绍层次分析法。

层次分析法（Analytical Hierarchy Process，AHP）是美国匹兹堡大学教授萨泰（T. L. Saaty）于 20 世纪 70 年代提出的一种定性分析与定量分析相结合的系统分析方法。AHP 是分析多目标、多准则的复杂公共管理问题的有力工具。它具有思路清晰、方法简便、适用面广、系统性强等特点，便于推广。在对公共项目组合进行决策的时候，将 AHP 引入决策，是决策科学化的一大进步。

（一）层次分析法的思路

应用 AHP 解决公共项目组合确认问题的思路是：首先，把项目组合中需要解决的问题分层系列化，即根据问题的性质和要达到的目标，将问题分解为不同的组成因素，按照因素之间的互相影响和隶属关系将其分层聚类组合，形成一个递阶的、有序的层次结构模型。其次，对模型中每一层次因素的相对重要性，依据人们对客观现实的判断给予定量表达，再利用数学方法确定每一层次全部因素相对重要性次序的权值。最后，通过综合计算各层因素的相对重要性，得到最底层相对于最高层的相对重要性次序的组合权值，以此作为评价和选择方案的依据。

（二）层次分析法的步骤

AHP 分析评价问题大体要经过以下五个步骤：（1）建立层次结构模型；（2）构造判断矩阵；（3）层次单排序；（4）层次总排序；（5）一致性检验。其中后三个步骤在整个过程中需要逐层进行。

1. 建立层次结构模型

运用 AHP 进行系统分析，首先要将所包含的因素分组，每一组作为一个层次，按照最高层、若干有关的中间层和最底层的形式排列起来。如图 3 - 2 所示。

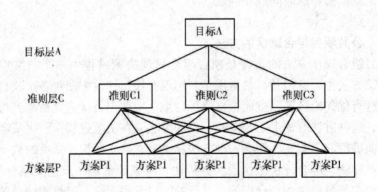

图 3 - 2 递阶的层次结构模型

2. 构造判断矩阵

判断矩阵表示针对上一层次因素而言，本层次与之有关的各因素之间的相对重要性。任何系统分析都以一定的信息为基础，层次分析法（AHP）的信息基础主要是人们对每一层次各因素的相对重要性给出的判断，这些判断用数值表示出来，写成矩阵形式就是判断矩阵。判断矩阵是 AHP 工作的出发点和关键环节。假定 A 层中的因素 A_k 与下一层次中的因素 B_1，B_2，…，B_n 有联系，则构造的判断矩阵如表 3-1 所示。

表 3-1　判断矩阵

A_k		B_1	B_2	…	B_n
B_1		b_{11}	b_{12}	…	b_{1n}
B_2		b_{21}	b_{22}		b_{2n}
…		…			
B_n	b_{n1}	b_{n2}	…	b_{nn}	

表中，b_{ij} 是相对 A_k 而言，B_i 对 B_j 的相对重要性的数值表示，通常 b_{ij} 取 1，2，3，…，9 及它们的倒数，其含义为：

b_{ij} 取 1，表示 B_i 比 B_j 一样重要；

b_{ij} 取 3，表示 B_i 比 B_j 重要一点（稍微重要）；

b_{ij} 取 5，表示 B_i 比 B_j 重要（明显重要）；

b_{ij} 取 7，表示 B_i 比 B_j 重要的多（强烈重要）；

b_{ij} 取 9，表示 B_i 比 B_j 重要（绝对重要）；

b_{ij} 取 2，4，6，8 及各数的，则 B_i 比 B_j 重要程度介于以上两相邻判断的中值。

采用 1~9 的比例标度的依据是：（1）心理学实验表明，大多数人对不同事物在相同属性上的分辨能力在 5~9 级，采用 1~9 级的标度反映了大多数人的判断能力；（2）大量的社会调查表明，1~9 级的比例标度早已为人们所熟悉与采用；（3）科学考察和实践表明，1~9 级的比例标度已经完全能区分引起人们感觉差异的事物的各种属性。

3. 层次单排序

层次单排序是根据判断矩阵计算对于上一层某因素而言，本层次与之有联系的因素的重要性次序的权值，是本层次所有因素相对于上一层次而言的重要性进行排序的基础。层次单排序可归纳为计算判断矩阵的特征根和特征向量，即对判断矩阵 B，计算出满足：

$$BW = \lambda_{max} W$$

的特征根和特征向量。式中，λ_{max} 为 B 的最大特征根；W 为对应于 λ_{max} 的正规化特征向量；W 的分量 W_i 即是相应因素单排序的权值。

为了检验矩阵的一致性，需要计算它的一致性指标 CI，定义

CI = （λmax − n） ／ （n − 1）

显然，当判断矩阵具有完全一致性时，CI = 0。λmax − n 愈大，CI 愈大，矩阵的一致性愈差。为了检验判断矩阵是否具有满意的一致性，需要将 CI 与平均随机一致性指标 RI 进行比较。

4. 层次总排序

利用同一层次中所有层次单排序的结果，即可计算针对上一层而言本层次所有因素重要性的权值，这就是层次总排序。

5. 一致性检验

当判断矩阵的阶数时，通常难以构造出满足一致性的矩阵来。但判断矩阵偏离一致性条件又应有一个度，为此，必须对判断矩阵是否可接受进行鉴别，这就是一致性检验的内涵。为评价层次总排序的计算结果的一致性，需计算与单排序类似的检验量。

AHP 将人们的思维过程和主观判断数字化，不仅简化了系统分析与计算工作，而且有助于决策者保持其思维过程与决策原则的一致性，对于处理难以全部量化的、复杂的政府绩效评估问题，可得到比较满意的决策结果。

思考题：

1. 田纳西河的开发治理体现了公共项目组合的哪些特点？

2. 收集公共项目备选方案的过程与公共项目组合有何联系？

3. 公共项目的收益评价标准有哪些？财务评价与国民经济评价的区别是什么？

4. 公共项目的风险分类？

5. 公共项目组合的确认中需要注意哪些问题？

第四章　公共项目集管理

在已经确认的公共项目组合中，根据所包含项目的特征、领域、主管部门等标准可以将其划分为若干个公共项目集。由于公共项目集中包含的项目具有较强的相关性，因此对公共项目集进行管理的重点在于"协调"，通过各种协调工作使项目集中的项目能够顺利开展，并且相互配合和支撑，从而达到 $1 + 1 > 2$ 的效果。

公共项目集管理的首要任务是对公共项目集目标与范围管理，即明确公共项目集所包含的项目及其管理目标，从而使管理工作有据可依。在此基础上，需要进一步开展各种协调工作，包括时间、人力资源、资金以及物资的协调与合理配置。

第一节　公共项目集目标与范围管理

公共项目集目标管理与范围管理有着密切关系。科学合理的目标设置一方面有助于明确管理层次；另一方面为范围管理提供了客观依据与大致内容。清晰的范围管理可以帮助目标管理有效地落实，并在实施公共项目的过程中减少因为不必要的工作带来的资源浪费，避免各种干扰活动影响项目集目标的实现。

一　公共项目集目标管理

公共项目集目标是指，经清晰定义的公共项目集预期交付的结果和收益。这里需要注意对结果与收益的具体内涵进行把握，结果就是指是项目集实现的最终成果、输出或可交付成果；收益则是来自公共项目集成果的经济方面或其他方面的实际收获和价值资产。

在清晰界定公共项目集目标概念的基础上，可以对公共项目集目标管理定义如下：公共项目集目标管理是指在公共项目集管理过程中，以目标为导向，以预期交付的结果和收益为标准，使项目承担组织与项目工作人员取得最佳绩效的管理方法。公共项目集目标管理具有目标管理的一般特征，首先是必须以目标为导向，激发组织与员工的积极性；其次就是要以结果为标准，表现在公共项目集目标管理上就是要以项目集预期交付的结果和收益为标准，以实现目标管理在公共项目集管理中的目的。

（一）公共项目集目标的设定与变更

应根据公共项目集的特点具体设定项目集目标，在目标设定过程中应充分考虑公共项目与一般项目之间的差异性。由于项目本身具有较强的独特性，因此在项目集实施过程中，应根据实际情况对项目集目标进行相应的调整与变更。

1. 公共项目集目标设定原则

公共项目是我国当前经济发展的重要构成要素，公共项目实施的好坏已成为国家、企业、社会与民众最为关心的问题之一，围绕公共项目集管理过程中所体现的公共性与协调性，公共项目集目标设定要遵循以下三个原则。

（1）与区域发展战略相一致。不论是公共项目集管理还是公共项目管理，最后落脚点都在于促进某一地区经济、社会、文化等方面的发展。因此，在公共项目集目标设定时必须遵守国家法律法规、地区发展战略要求，不得与项目集实施地区的发展战略相违背。

（2）满足国民经济与社会发展要求。我国国民经济的高速增长不但使我国人民对大规模公共项目投资提出了迫切需求，同时也为其奠定了坚实的物质基础。政府实施公共项目集的目的在于推动国家经济和社会的进一步增长，使发展成果惠及更多人民。同时，公共项目开展必须考虑到一定时期国家经济、社会发展水平，不能好大喜功、盲目进行公共项目投资。在公共项目集目标设定时必须以满足国民经济与社会发展要求为标准，否则便不具备公共项目的价值与特性。

（3）展现公共项目集使命和愿景。公共项目集使命与愿景代表项目集预期交付成果与收益的深层要求，是整个公共项目集管理所应坚持的大体方向和社会对公共项目集的要求。因此，在公共项目集目标设定时应坚持展现项目集使命和愿景。

2. 公共项目集目标的变更

虽然公共项目集目标应当相对稳定，从而使项目团队的努力方向更为明确，但这并不意味着项目集目标一旦设定就不能变更。应当根据项目集实施过程中的实际情况对项目集目标进行调整，使其更符合实际需要。影响公共项目集目标的因素众多，如社会环境的变化、项目资金的变动、项目时间的调整以及其他突发事件等。一般来说，公共项目集目标变更应考虑以下三个因素。

（1）与内外部环境的变化相适应。所谓内部环境是指公共项目集实施主体内部的情况，比如项目承担组织、员工、项目资金、项目规范与时间要求等；而外部环境则是指公共项目集之外的社会大背景，比如国家法律法规、地区发展战略、社会突发事件、舆论压力以及自然灾害等。公共项目集目标应该随着内外部环境变化而变化，因事因地制宜。

（2）重视民众在目标变更中发挥的作用。由于大多数公共项目直接影响着项目实施地区的民众切身利益，因此，在公共项目集目标变更时应该充分考虑民众呼声。以三峡工程为例，三峡工程的首要困难是移民安置问题，这与当地民众以及移民流入地的民众切身利益密切相关，并且在项目集实施前很难进行准确和充分的预测，因此必须认真考察沿岸居民的民情民意，并以此作为项目集目标变更的依据。

（3）考虑政府在目标变更中发挥的作用。公共项目开展往往是以政府作为发起人或主导力量，政府的能力和资源限制等对公共项目的成败起着决定性作用。因此，在公共项目集目标变更过程中，一定要重视政府的作用，充分考虑政府的能力和资源限制等因素。

（二）公共项目集目标管理的意义

诚如企业目标管理对企业日常工作发挥的巨大作用一样，公共项目集目标管理对公共项目集的工作也发挥着巨大作用。首先，它为公共项目集管理确定了总体方向，是实施公共项目集的基础。其次，它为公共项目集评估提供客观依据。"公共项目评估是根据项目的预期目标，在技术可行性的基础上，对拟实施的项目的经济效益的可行性与社会效益的合理性进行分析论证，做出综合性评价，为项目的科学决策提供可靠依据。"[1] 公共项目集管理有没有取得预期的效果，有没有达到预定的目标构成了公共项目集评估的主要依据。最后，它是公共项目集范围管理的重要依托。公共项目集范围管理诸多环节都是基于项目集目标展开的，在公共项目集目标设定完成后，可以通过目标分解、工作分解等方法确定项目集的范围。同时，如果公共项目集目标做出变动，那么项目集范围也应做出相应调整。

---

① 齐中英、朱彬：《公共项目管理与评估》，北京：科学出版社，2004年，第12页。

二　公共项目集范围管理

公共项目集范围的管理就是对项目集应该包括什么和不应该包括什么进行相应的定义和控制。从某种程度上来讲，它为公共项目集的项目时间安排与协调、人力资源配置与协调、资金配置与协调、物资配置与协调等管理工作奠定了基础，因而在公共项目集管理中显得尤为重要。

(一)　公共项目集范围管理的概念与意义

所谓公共项目集范围是指，在项目集层面上交付一项收益（具有特定特征与功能的主要产品、服务或成果）所需的工作。这里需要把握两个关键点：一是在项目集层面上确定工作范围；二是这里所指的收益既可以是主要产品、成果，也可以是某种特定的服务，在具体理解过程中应该做到全面。

　　案例：北京奥运场馆建设的项目集范围管理①

　　公共项目集范围管理的一个成功典型案例就是北京奥运场馆建设。中国北京于 2008 年 8 月举办了第 29 届奥运会，此届奥运会被前国际奥委会主席萨马兰奇及国际奥委会的官员们评价为：所有奥运会中最好的一届。通过举办奥运会，向世界展示了一个改革、开放、进步、充满时代活力并保持了悠久历史传统的中国，让世界各国和国际社会有机会近距离、全方位重新认识中国，从而感受中国的价值和魅力。奥运场馆顺利建设是奥运会成功举办的重要因素之一。奥运场馆建设具有以下特点：超大规模；超大投资额；资金来源复杂；涉及子项目种类繁多；各子项目之间关联密切；项目干系人众多。正是由于奥运场馆建设具有以上特点，因此项目集范围管理就显得尤为重要。在进行奥运场馆建设项目集管理时采用了 WBS 方法，即工作分解结构法，对奥运场馆建设项目集应当包含的工作进行识别，包括哪些场馆需要新建，哪些需要改建，哪些需要装修等，以及与场馆建设配套的道路、景观及设施等。工作分解结构的建立在整个项目集范围管理过程中处于极其重要的位置，它使得整个范围管理过程"有章可循"。通过对奥运场馆建设项目集范围的准确把握，在满足奥运会使用需求的同时，也向世人传达了"绿色奥运、科技奥运、人文奥运"的美好形象与理念，获得国内外有关人士的一致好评。

①　孙兵等："北京奥运会场馆建设项目管理 WBS 之我见"，《物流工程与管理》，No. 7，2011（106 ~ 107）。

通过以上案例可以反映出项目集范围管理的优劣对整个项目集的成败起着关键性作用。对于公共项目集而言，由于其目标具有公共性，投资规模巨大，再加上复杂性和高风险以及影响面广等特点，在范围管理过程中必须认真论证和严肃对待。

（二）公共项目集范围管理过程

范围管理过程是对公共项目集范围管理具体步骤的展开。一般而言，公共项目集范围管理过程包括：制订范围管理计划；收集需求；定义范围；创建 WBS（工作分解结构）；确认范围；范围控制与变更等几个环节。

1. 制订范围管理计划

制订项目集范围管理计划就是书面描述如何定义、确认和控制项目范围管理的过程。[①] 在公共项目集范围管理过程中，范围管理计划为整个范围管理工作提供了总体方向与指南。对制订项目集范围管理计划的理解应该从输入、工具与技术的利用以及输出三个方面分别进行把握。输入部分的具体操作应该考虑到国家法律法规、政府财政实力与融资手段以及相关民众的根本利益；工具与技术的利用应重点关注专家的参与；输出的内容是项目集范围管理计划。

2. 收集需求

收集需求是为实现项目集目标，对相关利益主体的需求进行识别和分析的过程。就公共项目集管理而言，需求可以分为不同的种类，比如：开展公共项目的地区战略需求；相关利益主体需求，尤其是民众需求；用于确认项目可交付成果的达标与否的质量需求等。收集需求环节同样包括输入、工具与技术以及输出三部分内容。输入内容主要包括：范围管理计划，需求管理计划，干系人管理计划，项目章程以及干系人登记手册；工具与技术部分要注重多种方法的协同并用，并且要提高工具技术使用主体的素养与能力；收集需求的输出成果包括需求文件和需求跟踪矩阵。

3. 定义范围

所谓定义范围就是明确范围边界，对所收集到的需求进行删减或排除，由于在收集需求过程中识别出的需求未必都应由该项目集实现，所以定义范围过程就要从需求文件中选取并确认最终的项目集需求，据此对公共项目集及其成果、产品或服务进行详细描述。

4. 创建 WBS

WBS（Work Breakdown Structure）即工作分解结构。简单来说，在公共项

[①]　［美］PMI 著，许江林等译：《项目管理知识体系指南》，北京：电子工业出版社，2013 年，第 107 页。

目集管理过程中创建工作分解结构就是把项目集可交付成果和项目集工作分解成较小的、更易于管理的项目过程，最终形成一个关于可交付内容的结构化视图。项目集层面的可交付成果应该关注那些与相关利益主体需求、项目集层面管理（对立于项目内管理）、项目监管及整合相关的活动。

5. 确认范围

在公共项目集范围管理中，确认范围是正式确定公共项目集工作内容及产出物的过程。在这一过程中应当以 WBS 为基础，充分征求相关专家及公众的意见，剔除对项目集目标实现没有作用的工作以及重复性的工作，对 WBS 进行进一步优化，使其更符合项目集管理的要求。在充分论证的基础上，由地方政府及项目集管理组织共同对公共项目集的范围进行确认，作为后续工作的依据。

6. 范围控制与变更

在公共项目集范围管理中，范围控制就是监督项目集各项工作是否在设定的项目集范围之内，管理范围基准变更的过程，目的是保持在整个项目集管理期间对范围基准的维护。控制范围过程应该与其他控制过程协调开展，由于在公共项目集管理期间变更不可避免，在项目集管理范围管理过程中应根据项目集的实际进展状况对项目范围进行变更并开展变更控制工作。

第二节　公共项目集时间安排与协调

公共项目集中包含若干个相关的项目，如何安排项目开始时间的先后顺序，如何通过合理的时间安排达到资源配置的最优，如何使项目产出物之间相互配合、相互支撑，从而使项目集能够最大限度地满足公共需求？本节将从时间维度出发，分析公共项目集中时间的安排与协调，为公共项目集更加高效的运作提供分析视角和理论基础。

一　公共项目集时间安排与协调概述

美国项目管理协会（PMI）将项目集中的时间安排与协调称为项目集进度管理。项目集进度管理活动确定创造项目集收益所需组件（项目）的顺序和时间表，评估完成每个组件（项目）所需的时间量，并将结果记录下来形成文件。① 我国学者戚安邦认为项目时间管理是"人们在项目范围、项目质量和

---

① ［美］Project Management Institute 著，林勇等译：《项目集管理标准》第 3 版，北京：电子工业出版社，2014 年。

项目预算等因素的影响下，为了能够按时完成项目而开展的一系列项目管理活动和过程，包括对项目时期和项目时点两个方面的管理"①。郭俊华认为"公共项目进度管理的主要任务就是要确保公共项目能够按照预期进度顺利推进、按时完工、交付使用，这对于发挥公共项目的政治效益、社会效益、经济效益都有重要意义"②。在公共项目集当中，项目时间的安排与协调不仅要考虑项目本身相关因素的制约，同时也要考虑相关公共因素的制约。因此，项目集中时间的安排与协调是在考虑项目本身以及公共因素的基础上进行的一系列对时间的管理活动，以保证按时完成项目集，实现项目集目标。项目集时间的安排与协调包括纵向的对项目集生命周期的管理，以及横向的项目集中包含的各个项目之间时间的管理。

（一）公共项目集时间安排与协调的重要性

时间是公共项目的重要资源。由于时间的一维性（时间前进的方向只有一个）和连续性（时间从不暂停），决定了时间资源是相对刚性的一种资源。在公共项目中，由于涉及公众的利益，项目时间的弹性相对较小，往往有较强的时间约束。因此，在一定的时间范围里，如何有效地安排与协调项目集中的各个项目显得至关重要。公共项目时间安排与协调的重要性体现在以下几个方面。

首先，公共项目集时间安排与协调是提高项目效率的基础。公共项目有着比一般项目更严格的时间限制，进行合理的安排和有效的协调，能够节约稀缺的时间资源，增加单位时间的工作量，从而提高公共项目和项目集的效率。

其次，公共项目集时间安排与协调是控制项目集进度的前提。项目集进度计划就是时间在整个项目集实施过程中的分配计划，而项目集进度控制最根本的就是对时间的控制。因此，在公共项目中，项目集时间的安排与协调为控制整个的项目集的进度奠定了基础。

最后，公共项目集时间安排与协调是公共利益的保障。公共项目集具有较强的公共性，涉及广大民众的利益，项目集中包括的各个公共项目的建设会给公众造成影响，影响着公众对于公共产品和公共服务的使用，如公共饮水工程的建设会涉及千千万万人口的正常生活。因此，公共项目集需要通过时间的合理安排与有效协调，减少负面影响和增加正面影响来保障公共利益。

（二）公共项目集时间安排与协调的原则

公共项目集时间安排与协调需要遵循动态原则、弹性原则和协调原则。

---

① 戚安邦等：《项目管理学》第2版，北京：科学出版社，2012年，第90~91页。
② 郭俊华：《公共项目管理》第2版，上海：上海交通大学出版社，2014年，第140~141页。

首先，公共项目集时间安排与协调要遵循动态原则。公共项目集注重时间的安排，即为项目集中的各个项目制订进度计划，也注重时间的协调，即各个项目之间的相互配合，二者不可偏废。在实际的公共项目集运作过程中，由于影响因素较多，前期制订的项目集进度计划表常常受到实际情况的影响，所以需要在项目集实施过程中进行动态调整，以适应公共项目集的相应变化。

其次，公共项目集时间安排与协调要遵循弹性原则。公共项目集中包含若干公共项目，虽然公共项目的时效性要求较高，但由于实施过程中的各种不确定因素多，因此对其不能进行刚性管理，而应采用柔性管理的方法，在项目集时间的安排与协调过程中，要留出一定的弹性时间作为缓冲。

最后，公共项目集时间安排与协调要遵循协调原则。公共项目集是由不同的公共项目组成的，不同项目需要的时间不一，并且彼此之间也有一定的逻辑顺序（非线性）。因此在公共项目集的时间安排与协调中需要协调好各个项目之间的时间配置关系，理顺各项目之间的逻辑关系，在此基础上，形成对整个项目集时间的安排与协调计划。

（三）公共项目集时间安排与协调基本维度

前文已述及，由于时间的一维性与连续性，时间在公共项目集中的分布也在一定程度上表现为线性分布。但必须强调的是，这种线性分布是相对于项目集的生命周期而言的。从纵向的时间维度来看，公共项目集的生命周期包括项目集启动、项目集实施和项目集收尾三个阶段。公共项目集生命周期的三个阶段前后衔接，组成了项目集从开始到结束的整个过程。从横向来看，公共项目集是由不同的公共项目组成的，而不同公共项目之间并不是线性相关的，因此公共项目之间时间的分配与协调也是非线性的。公共项目集时间安排与协调如图 4-1 所示。

二　公共项目集时间管理的影响因素

公共项目集与公众的利益密切相关，因此也受很多公共因素的制约，影响公共项目集时间安排与协调的主要因素如下。

（一）政治因素

在公共项目集实施过程中，经常会出现一些"政治任务"，增加新的公共项目，并要求对公共项目集重新进行时间安排。一般是在重大事项以及重大政治、外交事件发生时，需要启动新的公共项目，时间紧而任务重，是其基本特征。例如"一带一路"建设，需要在现有项目集中增加若干新的公共项目，甚至启动若干新的项目集，这时就必须对公共项目集的时间安排进行调整。

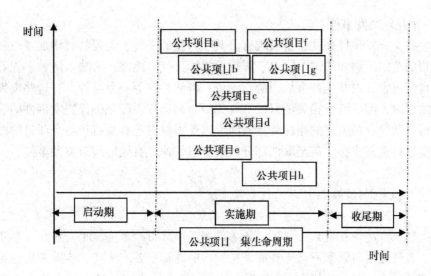

图 4-1　公共项目集时间安排与协调图

（二）政策变化

公共政策是政府管理社会、调节利益的基本工具。公共政策能决定公共项目的产生，也会影响公共项目的运作，甚至决定公共项目的命运。由于公共政策需要根据经济社会的发展而调整，因此导致公共项目和项目集也会随着公共政策的变化而发生相应的变化。例如在中央或地方领导人变换的过程中，前后政策往往变化较大，导致之前的政策确立的公共项目集随着政策的改变而改变。

（三）资源支持

公共项目集的主要资金来源是公共财政，财政资金的支持会极大地影响公共项目集的正常运作。在公共项目集确立后，其所包含的各个公共项目的正常运作十分依赖资金的准时支付，如果资金没有按期到位就会影响项目的进度，导致公共项目集的整个进度受到影响。

（四）技术和人员因素

技术因素和人员素质也会对公共项目集的进度产生极大的影响。技术的更新是工业革命以来社会进步最突出的表现。在公共项目中，技术水平对公共项目的进度有着直接的影响，尤其是在技术水平要求比较高的公共项目中，影响更为显著。而与技术相关联的则是人员素质，技术要由人掌握，才能最终在实践中发挥出作用。如果技术水平达不到要求或者没有相应水准的技术人员，公共项目的进度就会受到严重的阻碍。

（五）突发事件

各类突发事件往往会打破现有公共项目集的平衡，需要临时增加或改变项目集的范围。例如暴雨、高温、雾霾等极端天气，地震、海啸、滑坡、泥石流等自然灾害，以及生产事故、游行示威、群体冲突等突发事件。在这些突发事件发生时，需要赋予相关项目最高优先级，调动资源优先确保突发事件的有效应对。此时，最重要的指标就是时间，因此需要对已有项目集各个项目的时间进度进行重新安排，甚至取消部分项目，以快速、有效地应对突发事件。

　　案例："非典"时期的非常速度①

　　2003 年 4 月，对于首都建设者来说，是一个特殊的时刻。4 月 22 日晚，市建委召集六大集团，紧急部署了小汤山疗养院 508 间病房、各项配套设施达到国家一级传染病医院标准的建设任务。当夜，各大集团纷纷召开紧急会议。4 月 23 日拂晓，住总、城乡、市政、建工、城建、中建一局临危受命，迅速调集精锐的施工力量和设备陆续进场，下午，在小汤山疗养院内一个约 68 亩的开阔地界，战役正式打响。在这时间紧任务重的关键时刻，北京六大建设集团的 7000 名建设者昼夜奋战，与疫情抢时间，他们在小汤山约 68 亩的开阔地带，摆开抗击"非典"的另一战场，仅用7 天便完成任务。北京市市政集团主要负责小汤山非典医院市政基础设施的建设，包括上下水道 1500 米、污水管道 2000 多米、热水管道 80 米和道路 1 万多平方米，以及一个反应池和三个化粪池。为确保工程顺利进行，市政集团成立了现场指挥部，集团抽调 8 个公司参加施工，3 家施工企业为工地提供水泥制管、砼构件和沥青砼，各单位要人给人，要设备给设备，体现了集团作战的强大力量，从而保证了工期。"七天七夜，在一片农田里，建起一座具有国家一级传染病标准的野战医院，在世界上是史无前例的，应该载入吉尼斯世界纪录。"这是北京市委副书记、代市长王岐山对小汤山非典医院的评价。

三　公共项目集启动阶段

公共项目集启动阶段是公共项目集生命周期的第一个阶段，是公共项目集生命周期的起点，包括两项主要工作内容：项目集的确立以及项目集计划的制订。首先是项目集的确立，包括项目集的命名，项目集目标的阐释，项目集相

---

① 徐燕、李家良、刘琼、张焱："'非典'时期的非常速度——北京小汤山非典医院建设纪实"，《城市开发》，No. 6，2003（4～5）。

关资源的估算。其次是为项目集的实施制订详细的计划，合理安排公共项目集所包含的各个公共项目的先后顺序和起始、结束时间，主要解决两个问题：确定项目集交付日期和制订项目集主进度计划。

（一）确定公共项目集交付日期

政府需要在项目集确立阶段，确定项目集的交付日期。项目集交付日期的确定不仅要考虑项目集的实际运行，也要考虑满足公共服务需求和实现特定目标的要求。例如奥运场馆建设项目集的交付时间必须以确保奥运会使用为前提条件。在两方面因素的平衡下，确定合适的项目集交付日期，作为项目集时间安排与协调的依据。与一般项目相比，公共项目集的交付日期总体上较为严格，例如奥运会、世博会、抗震救灾等，对于这类公共项目集而言，确保按期交付就成为项目集管理的重点任务。

（二）制订项目集主进度计划

项目集主进度计划是项目集时间管理方面的最高计划，是对项目集横向和纵向的时间安排与协调的具体指导。项目集主进度计划通过确立前期、中期、后期、结束等阶段，以及明确各阶段的里程碑事件，合理地分配项目集整体时间。同时还要设立阶段检查，通过与实际运作情况的对比，掌握项目集整体进度的状况，从而做出相应的调整。

通过制订项目集主进度计划，明确了项目集运作的分阶段时间安排，以及里程碑时间的时间节点，实现对时间节点的计划和控制。通过对时间段和时间节点的串联，将项目集整体的时间框架建立起来，进而指导项目集实际运作和收尾工作。

四　项目集实施阶段

项目集实施阶段是项目集生命周期的中间阶段，也是整个项目集的核心阶段。在这一阶段，各个公共项目在项目集主进度计划的指导下逐步进入实施阶段。这一阶段的任务主要是根据项目集主进度计划对项目集各项目进行时间的详细分配与协调，同时进行项目集进度的执行和控制。

（一）公共项目时间分配与协调

项目集启动阶段确定了项目集的交付日期，制订了包含项目集阶段划分和里程碑事件的项目集主进度计划。在此基础上，需要进行项目集各项目之间时间的分配与协调。这需要厘清项目之间复杂的逻辑关系，在此基础上实现项目之间的时间分配与协调。

（二）主进度计划的执行与控制

实施阶段是项目集实际运作的过程，也是项目集主进度计划的执行过程。

该阶段的项目集主进度计划执行与控制是一个动态的过程。一方面，要根据主进度计划执行、监督项目集时间段和时间节点的完成情况，以确保进度能够按照规划进行；另一方面，根据情势的变化，适当地对主进度计划进行调整，以保障项目集能够如期完成、按时交付。

（三）项目集时间进度的调整

项目集时间进度调整存在两种情况，一种是项目集进度超前，另一种是项目集进度滞后。

项目集进度超前有两种可能：一是项目集实施顺利，预留的弹性时间剩余，导致项目集实际运行超前；二是前期计划存在问题，估算时间超出实际需要。前者是正常的超前，而后者则是计划制订有误，对项目集所需时间的误判，造成了事实上的浪费。需要认真总结，吸取教训，进一步改进项目集主进度计划。

项目集进度滞后有三种可能：一是项目集实施中存在问题导致进度拖延；二是前期计划制订不合理，对于各项目或工作的工期估计不足；三是政府出于对当前形势或社会需求的考虑要求提前完工。对于前两种原因，需要具体分析，通过增加人员或者更新设备进行针对性的解决。对于第三种原因，所要做的是压缩进度。

项目集进度调整常用的工具与方法主要是资源优化技术和进度压缩技术。资源优化技术是根据资源供需情况来调整进度的技术，包括资源平衡和资源平滑两种。进度压缩技术是指在不缩减项目范围的前提下，缩短进度工期，以满足进度制约因素、强制日期或其他进度目标。这种方法主要包括两种具体方式：一种是通过项目时间和成本的协调，实现以较小项目成本的增加而获得较大项目时间压缩；另一种是项目活动平行作业代替项目活动接续作业，从而压缩项目工期。①

五　项目集收尾阶段

项目集收尾阶段是项目集生命周期的第三个阶段，也是项目集从实施转向终结的过程。项目集收尾存在两种情况，一是项目集顺利完成，按计划进入成果交付阶段。二是项目集由于一些原因无法继续进行，就此终结。前者是项目集收尾最常见的状态，意味着项目集生命周期的圆满结束。而后者则意味着项目集目标没有达成，是项目集收尾的非正常状态。不管是正常的收尾还是非正常的收尾，都标志着项目集的正式终结。从时间的角度来看，项目集收尾主要

---

① 戚安邦等：《项目管理学》第 2 版，北京：科学出版社，2012 年，第 109～111 页。

是项目集的完工交付到项目集验收通过的这一段时期。

项目集实施的结束意味着项目集主体内容的完结,在项目集的最终完结(即项目集通过验收,项目集成员解散)前,还需要对项目集的后期维护进行安排。项目集主进度计划中也应有对项目集后期维护的规定。如果项目集顺利完工,项目集收尾阶段需要对项目集后期维护工作进行安排与协调。如果项目集"非正常"终结,则不考虑对项目集的运行维护问题。

第三节 公共项目集人力资源配置与协调

在项目集的层面上,人力资源是指能够推动项目集运作过程顺利展开的智力劳动与体力劳动的人们的综合。公共项目集人力资源配置与协调是指在公共项目集管理中应用人力资源管理的相关知识、技能、工具、技术对项目集内外的相关人力资源进行有效运用,满足项目集需要,提高项目集运作效率,保证项目集目标实现的一系列活动的总称。公共项目集实施过程中对人力资源的要求具有很强的多样性,包括具有各类技能的专业人员、组织管理人员、基层工作人员等,因此在公共项目集管理过程中,必须对不同类型的人力资源进行合理的协调与配置,从而确保项目集顺利实施。

一 项目集人力资源配置与协调概述

项目集人力资源配置与协调是公共项目集管理的一部分,贯穿项目集启动、实施、收尾过程的始终。项目集人力资源配置与协调的范围主要是项目集经理和辅助机构人员,以及子项目集经理和项目经理的配置与协调工作,不包括子项目集和项目内部的人力资源管理。需要说明的是,只有较为大型、复杂的项目集才需要设置子项目集,一般项目集直接由各个项目组成。

(一) 项目集人力资源配置与协调的意义

长期以来,我国的项目管理存在着重视项目财务管理,忽视人力资源管理;重视人际关系,忽视组织框架;重视个人责任,忽视团队建设等问题①。然而,没有良好的组织就无法有效和高效地完成项目集各项工作,所以必须对公共项目人力资源的配置与协调给予充分的重视。

项目集人力资源的配置与协调对于项目集整体的管理以及项目集所属子项目集和项目的管理都具有十分重要的意义,可以获得各子项目集和项目分别管

---

① 蔡宁伟:"项目人力资源管理的特性、误区和对策研究",《华东理工大学学报》,No.4,2007 (60)。

理自身人力资源所无法实现的收益与控制,① 具体表现为：一是能够有效地降低项目集内部的沟通协调成本、减少内耗、对项目集运作过程进行有效控制；二是在紧密关联的项目或子项目集之间协调人力资源，能够解决因项目进度造成的人员短缺与冗余问题；三是推动项目集内后续项目的相关人员对先前项目运行过程的经验教训进行学习。

（二）项目集人力资源配置与协调的原则

项目集人力资源配置与协调应注意坚持以下原则。

1. 系统性原则

在项目集人力资源配置与协调的过程中应该树立系统性的观点。一方面，要注重人力资源的选拔与任用，包括项目集经理及其辅助机构的人员选拔与任用，子项目集经理和项目经理的选拔与任用，针对不同类型的人力资源采取不同的选拔与管理标准；另一方面，在项目集的人力资源协调上要将整个项目集作为一个整体的系统来考虑，既要注重项目集内部的沟通协调，又要注重系统与外部人力资源市场的信息沟通与资源交换。

2. 可行性原则

项目集人力资源配置与协调工作要充分考虑可行性，无论是项目集人力资源规划、选拔，还是协调、控制都要注意技术上、经济上、行政上、管理上的可行性，确保相关工作在现代科学技术的允许范围内、在预算资金可承受范围内、在行政系统可接受范围内、在符合人力资源管理规律的情况下开展。

3. 协调性原则

项目集管理的主要职责就是协调。首先，项目集人力资源配置与协调要做好所属子项目集与项目之间的协调工作，要做好项目集直接管理的工作人员个体之间的协调工作；其次，项目集人力资源配置与协调也要做好子项目集和项目与项目集整体的协调工作。

二 公共项目集启动阶段

公共项目集启动阶段的人力资源管理主要是对岗位进行分类管理、确定人力资源的来源与制订人力资源管理计划三个方面：

（一）公共项目集人力资源的岗位分类

项目集人力资源的岗位按不同的工作职责可以分为公共项目集经理、公共项目集管理办公室人员、子项目集与项目经理三大部分。

---

① ［美］PMI 著，许江林等译：《项目管理知识体系指南》，北京：电子工业出版社，2013 年，第9 页。

1. 公共项目集经理

公共项目集经理是项目集的领导者和决策者，负责项目集的规划、实施运作、收尾全过程的统筹管理工作。项目集经理需要在项目集办公室的辅助下开展工作，是子项目集与项目经理的直接上级，通过协调子项目集与项目之间的关系来掌控项目集的全局。项目集经理应具有对项目集目标、组织文化及过程的大局观，在项目集实施过程中应能系统有效地解决问题。①

2. 项目集管理办公室

项目集管理办公室是为项目集经理和团队提供行政支持的职能部门，来自不同项目和子项目集的信息、数据、沟通、报告、监督和控制需要在项目集办公室的层面上进行协调。② 除了协调以外，它的主要职能还包括辅助决策、信息收集与传达等。项目集办公室的人员构成比较复杂，包括专家和技术人员、秘书文职人员、办事人员与工勤人员等。由于项目集经理的时间精力是有限的，所以项目集办公室人员是项目集经理不可或缺的助手。

3. 子项目集和项目经理

子项目集经理和项目经理是子项目集和项目的领导者与决策者，负责子项目集和项目实施过程中的一系列管理问题。他们有义务积极主动地向项目集经理汇报子项目集与项目的计划、执行、收尾情况，反映项目执行中出现的问题并做好经验教训的总结工作，接受公共项目集经理的指挥协调。

（二）公共项目集人力资源的来源与获取渠道

公共项目集自身"公共性"的特点决定了其人力资源来源的多样性，既包括来自政府部门，又包括来自企业及社会组织的人员，还包括其他专业技术人员。

1. 政府部门公务员

公共项目集所包括的子项目集与项目通常由政府出资建设或者虽然不直接由政府出资建设但是项目成果属于公共物品，因此项目集的运作过程不可避免地要经常与政府进行沟通协调，并接受政府部门的监督。政府部门公务员可以担负监督项目集运作和与政府进行有效沟通协调的角色。通常由政府部门在其内部选派符合条件的人员进入项目集管理团队，保留其行政编制，但是在项目集运作过程中应主要为项目集工作。

---

① ［美］Project Management Institute 著，林勇等译：《项目集管理标准》，北京：电子工业出版社，2014 年，第 15 页。

② ［英］米歇尔·西里著，尹璐译：《项目集管理》，北京：电子工业出版社，2011 年，第 35～36 页。

2. 企业及社会组织的人员

公共项目集的运作需要大量的专业技术人员，往往需要企业、社会组织的配合，来自企业和社会组织的人员一方面具有丰富的项目实践经验，可以提供项目集急需的专业技术知识和项目集管理知识；另一方面也可以动用自身的社会资源加强项目集与企业和社会组织的沟通与协调。这部分人员主要通过与项目集有合作关系的企业、社会组织选派内部符合条件的人员进入或者由项目集通过招聘获得。

3. 其他人员

除了以上两种来源，项目集还可能需要吸收其他人员加入，主要包括具有丰富项目集管理经验和专业技术知识的独立研究专家和一部分办事人员、工勤人员。前者主要通过项目集的邀请、选聘等渠道获取，后者主要通过公开招聘方式获取。

（三）公共项目集人力资源管理计划

在公共项目集的成立阶段要制订项目集人力资源的管理计划，明确项目集人力资源管理的依据和主要内容。

1. 项目集人力资源管理计划的制订依据

项目集人力资源管理计划的制订依据主要包括项目集管理计划、项目集活动的人力资源需求、项目集面临的环境、项目集面临任务的特点、项目集组织过程资产以及人力资源市场状况等。

2. 项目集人力资源管理计划的主要内容

项目集的人力资源管理计划应该包括项目集人力资源规划、配置、协调、控制等诸多环节。这些环节贯穿公共项目集启动、实施、收尾三个阶段，与三个阶段在时间上并不是完全重合的，其具体内容如图 4-2 所示。

三　公共项目集实施阶段

公共项目集实施阶段主要需要对人力资源进行合理配置与调整。

（一）公共项目集人力资源的配置

项目集人力资源配备应坚持以项目集目标为中心，精简高效节约，合理搭配的原则。[1] 在项目集人力资源配备到位后，应该立即对相关人员进行专门业务培训，帮助其熟悉项目集的工作任务与工作环境，快速适应岗位角色的要求。同时确保人力资源管理制度和后勤保障机制，为项目集人力资源全身心投入工作提供保障。

---

[1]　戚安邦等：《项目管理学》第 2 版，北京：科学出版社，2012 年，第 304 页。

（二）公共项目集人力资源的调整

公共项目集人力资源的调整是指针对客观情况的变化对公共项目集人力资源岗位职责或工作内容进行调节，以提高公共项目集运作效率。公共项目集人力资源调整主要分为按内容进行调整与按时间安排进行调整。

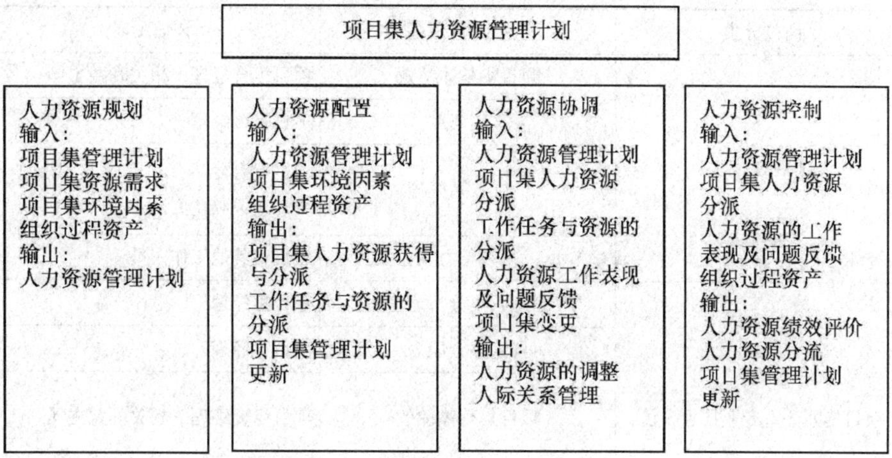

图 4 - 2　项目集人力资源管理计划的主要内容

按内容进行调整主要是针对各个项目集之间的内容分布不均或内容发生变化，公共项目集经理应配合项目组合管理的需要进行调整，将本项目集的相对富余人员调整到其他项目集或者吸纳其他项目集的人员以补充本项目集的不足。

按时间进行调整主要是公共项目进展偏离计划的时间安排，出现项目的进度与计划不符或者项目实际运行要求更改计划的先后次序。这种情况下就需要将人力资源从任务不紧迫、人员相对充足的项目向任务紧迫、人员相对不足的项目调整。

四　公共项目集收尾阶段

公共项目集收尾阶段的人力资源管理主要包括对公共项目集人力资源的评估、对参与人员的分流与相关人力资源管理经验的总结。

（一）公共项目集人力资源的绩效评估

在公共项目集的收尾阶段，公共项目集经理应该在项目组合经理的领导下开展公共项目集人力资源绩效评估工作，对公共项目集管理团队成员以及其所包含的子项目及项目经理在项目集实施全过程中的工作表现进行评价。绩效评估应该针对不同岗位采取不同的指标体系与评估方法，评估的一级指标和评估主体如表 4 – 1 所示。

表 4 – 1　公共项目集人力资源绩效评估一级指标及评价主体

岗位分类	一级评估指标	评估主体
项目集经理	项目集整体绩效	项目组合经理、相关利益主体
	工作态度	项目组合经理
	人际关系处理	项目组合经理、项目集其他工作人员、相关利益主体
	领导力	项目集其他工作人员
项目集办公室专业技术人员	信息收集分析能力	项目集经理
	咨询整合能力	项目集经理
	项目集整体绩效	项目组合经理、相关利益主体
	工作态度	项目集经理
	人际关系处理	项目集其他工作人员
项目集办公室一般人员	项目集整体绩效	项目组合经理、相关利益主体
	工作态度	项目集经理
	人际关系处理	项目集其他工作人员
子项目集和项目经理	子项目集/项目绩效	项目集经理、相关利益主体
	工作态度	项目集经理
	人际关系处理	项目集和所属子项目集/项目工作人员、相关利益主体
	领导力	项目集经理、项目团队成员

　　公共项目集人力资源的绩效评估应坚持公平公开，客观公正，采用多渠道、多层次、全方位评估方法的原则；在绩效评估方法上可以采用绩效评分表法、实际绩效与计划绩效对照法、绩效排序法、具体描述法等多种方法；[①] 在绩效评估结果的应用方面，一方面要作为来自政府组织的公共项目集工作人员

---

① 戚安邦等：《项目管理学》第 2 版，北京：科学出版社，2012 年，第 311 ~312 页。

返回公务员队伍后的晋升依据，另一方面要作为来自企业、社会组织的人员以及其他人员再次参与公共项目的重要参考条件，对于在绩效评估中取得较好成绩的人员在下次公共项目集启动时的人员招聘与选拔中优先录用。

此外，可以根据公共项目集人力资源评估的结果建立该地区的项目管理专业人才库，有条件的地区还应建立专业项目集及项目经理队伍，为本地区的各类公共项目开展提供人力资源支持。

（二）公共项目集人力资源的分流

在公共项目集的任务完成后，相关人力资源继续留在项目集内部会增加经济成本，这时就要对公共项目集的人力资源进行分流。在时间上，项目集人力资源的分流要分期分批地进行，与公共项目集的收尾工作相衔接；在方向上，来自政府组织的工作人员大部分将回到原单位或者其他政府相关部门，非政府人员按聘任合同的相关条款执行。

（三）公共项目集人力资源管理的总结提升

公共项目集人力资源离开项目集并不意味着公共项目集人力资源管理工作的结束，公共项目集还要进行人力资源管理的经验总结以及建立公共项目集人才库的工作，这一工作主要应由公共项目集经理配合政府相关部门来完成。

1. 公共项目集人力资源管理的经验总结

在公共项目集人力资源管理的全过程中，一方面可以积累很多行之有效的方法与经验，提高项目集的运作绩效；另一方面总结教训，可以吃一堑长一智，在今后遇到类似的情况时避免重蹈覆辙，减少因公共项目集人力资源管理失误造成项目集整体的损失。

2. 公共项目集人才库的建立

政府部门应该通过公共项目集人力资源管理中保留的文件资料、绩效评估结果等建立和完善公共项目集人才库。这个人才库既要包括在公共项目集中工作过的绩效评价结果较高的人员，也应包括未在项目集中工作过的项目集专家；既要包括政府组织内部的人才，也要包括来自企业和社会组织的人员。在今后的公共项目集启动时优先从公共项目集人才库中发现具有项目集工作经验的人才和项目集实施方面的专家，从而提高公共项目集的实施绩效。

第四节　公共项目集资金配置与协调

无论是公共项目集还是公共项目，在探讨其资金管理时均应注重资金"获取"能力而非政府"投资"能力，应关注资金的"合理配置"而非单纯地开展"会计"工作，应关注资金在子项目集和项目间的"协调"而非仅对

"总量"进行控制。

一 公共项目集资金管理概述

项目集的资金管理包括一系列内容，涉及识别项目集的财务来源，整合项目集组件，即各项目的预算，以及在项目集及其组件的整体历时过程中控制成本。[①] 公共项目集资金管理，即对公共项目的资金来源与资金使用的管理与优化，由于重大公共项目建设的资金量巨大，涉及资金的配置与协调问题复杂，公共项目集资金管理显得尤为重要。具体来看可分为资金来源管理、项目集启动、实施和收尾阶段的资金管理几个方面。

二 公共项目集资金获取

公共项目可以根据其性质及盈利能力分为经营性项目、准公共项目和纯公益性项目。对于不同的项目，其投融资模式也应不同，应根据实际情况，为不同的公共项目选择不同的投融资模式，具体如表4-2所示。

表4-2 公共项目的特征及其投资模式[②]

项目类别	具体项目	项目特点	可行的投资模式
高收益的垄断性公共项目	繁忙城市间的高速路、高铁、城市供电、供水等	项目收益远远高于市场平均利润率	政府投资、公司运营、利润分享；私人投资、特许经营
一般收益的公共项目	非义务教育阶段的学校、医院、城市地铁、污水处理	项目收益大体等于市场平均利润率	私人投资、特许经营
低收益的准公共项目	义务教育阶段的学校、博物馆、垃圾处理厂、图书馆、文化馆、公共卫生	项目收益远小于市场平均收益率	公私合营、私人运营；私人投资、利润分享；私人投资、政府补贴
无收益的纯公共项目	一般的城市道路、广场、公园、街道绿化	项目收益很少或为零	政府投资、政府运营；打包开发、私人投资

---

① ［美］Project Management Institute 著，林勇等译：《项目集管理标准》第3版，北京：电子工业出版社，2014年，第77页。

② 严剑峰："地方政府重大公共项目投融资模式选择与实施"，《地方财政研究》，No.7，2014（11～15）。

一般地，对于回报率相对较高的地方公共开发项目，宜引入竞争机制，公开招标确定项目法人，实行企业化运作；对于回报率相对较低的城市公共开发项目，宜采取贴息、减免土地出让金或财政补贴等办法，鼓励民间资本投入建设与运营；对于非营利性的公共项目，仍以政府财政投资为主，① 并探索使用多元化的资源获取方式，例如公益众筹等。

对于公共项目，无论是采用政府投资、还是引入私人投资，融资模式的选择都是项目投资的前提。现今比较常见的投资模式有：债券融资模式、投融资平台模式（政府投资公司模式）、PPP 模式（Public Private Partnerships）与 PFI 模式（Private Finance Initiative）。

（一）债券融资模式

这种模式分为两种：地方政府债券模式与公共企业债券模式。地方政府债券的发债主体是地方政府，收入全部归财政，主要用于财政拨款建设的公共项目；公共企业债券的发债主体是提供公共产品或公共服务的企业，如自来水公司、公交公司、路桥公司、"三废"处理公司等。

2014 年，我国启动 10 省市地方政府债券自发自还试点工作，并首次在发行中引入评级机制，以规范和引导地方政府举债融资，对投资者也可以起到信息披露、风险揭示和价格发现作用。2015 年，地方政府债券自发自还发行主体由 2014 年的 10 个试点省省市推广至全国 36 个省、自治区、直辖市（含计划单列市）。其中专项债券大多用于支持各类公共项目集和公共项目的建设。

（二）投融资平台模式（政府投资公司模式）

地方政府投融资平台是中国特有的政府融资工具，其主要是代替政府进行投融资行为，平台公司的负债额在一定程度上可以等价于政府的负债。该模式的运行过程是，政府先成立一家项目公司，并划拨给这家公司一定的公共资产，项目公司以这些资产为抵押进行融资，然后用融通的资金进行公共项目的开发。

地方政府投融资平台也有很明显的弊端。首先，政府承担项目开发的无限责任，债务风险较高。其次，地方政府融资平台代表的地方政府出现了投资冲动，过热的投资导致了产能过剩、房价高涨以及通货膨胀等风险。② 随着国家对地方政府融资平台的清理整顿，下一步的主要工作就是规范政府与投融资平台之间的关系、规范政府投融资公司的投资行为、扩大其收入来源、提升其盈利能力。

---

① 严剑峰："地方政府重大公共项目投融资模式选择与实施"，《地方财政研究》，No. 7，2014（11～15）。

② 陈均平：《中国地方政府债务的确认、计量和报告》，北京：中国财政经济出版社，2010 年，第 82～86、142～145 页。

（三）PPP 模式（Public Private Partnerships）

PPP 模式是伴随着公共项目需求的多元化而产生的私人部门和公共部门合作的模式。其具体内容是由政府、营利性企业和非营利性企业共同参与某个项目的融资及建设，并形成一种相互合作关系的形式。在这种合作中，参与合作的各方将共同承担与项目建设和融资有关的责任与风险，使合作各方均可达到比单独行动更为有利的结果。[①]

1984 年我国以 BOT（Build – Operate – Transfer，建设—运营—移交）方式建设的深圳沙头角 B 电厂是我国尝试实践基础设施公私合作的标志，实现了基础设施 BOT 项目融资。2000 年我国颁布了"建设项目业主制"，2005 年试行了政府项目"代建制"等系列体制的改革，2008 年成功运用 PPP 模式实现国家体育场馆建设与运营等，不断深化了公共项目投融资管理体制改革。[②]

PPP 模式使合作双方共同对公共项目集整个周期负责，不仅降低了私人企业的投资风险，同时缓解了政府财政投资压力，在提高公共项目建设效率的作用上表现突出，很大程度上避免以往的公共项目建设经营过程中存在的研究论证周期长，协调各方面关系利益费时费力等问题，还能有效地实现对项目建设与运行的控制，充分发挥市场主体在项目管理中的专长，对缩短项目建设周期，降低项目运作成本甚至资产负债率都有值得肯定的现实意义。

案例：2008 年北京奥运会场馆工程建设的融资方式[③]

按北京市政府和北京奥组委制定的《奥运行动规划》，对北京奥运场馆建设和投融资工作明确提出了"政府主导、市场化运作"的原则。

建设模式是通过社会公开招标的方式确定项目法人，由项目法人负责项目的融资、设计、建设和运行。国家体育场的建设投资方式分两部分：北京市政府出资比例不低于 51%，授权北京市国有资产经营有限责任公司作为出资代表；另外的投资部分则通过全球招标，由最终中标的项目法人合作方出资。按照既定的工作程序，招标具体组织单位北京市发展计划委员会在 2003 年 10 月开标后，经综合评审最终确定了项目法人合作方中

---

① 程谦："PPP 融资合作方式：公共项目建设投融资方式的新思路"，《四川财政》，No. 5，2003（12~15）。

② 叶晓甦、徐春梅：《我国公共项目公私合作（PPP）模式研究述评》，《软科学》，No. 6，2013（6~9）。

③ 根据相关网络资料整理。资料来源："'鸟巢'的遗憾：国家体育场 PPP 项目融资模式案例分析"，http://www.360doc.com/content/14/0604/11/15477063_383516810.shtml。

标者。整个过程只用了 9 个月，比国际上此类招标项目缩短了约一半的时间。最终中信集团公司等四家国内外企业组成的中信联合体中标。项目总投资中，中信联合体出资 42%，北京市国有资产经营公司代表市政府出资 58%。双方以中外合资经营方式组建项目公司——国家体育场有限责任公司，负责"鸟巢"的投资、融资、建设和运营管理等全生命周期的工作，公司注册资本金 10.43 亿元人民币，占项目总投资的 1/3。中信联合体的投资中，中信集团出资占 65%、北京城建集团占 30%、美国金州公司占 5%。而中信集团的投资又分为内资和外资两部分，其中内资占 90%，外资占 10%。

国家体育场的业主单位是由北京市国有资产经营有限责任公司和中信集团联合体共同组建的国家体育场有限责任公司，负责国家体育场的设计、融投资、建设、运行及移交。国家体育场有限责任公司将获得国家体育场 30 年的特许经营权，30 年后，北京市国有资产经营有限责任公司代表政府收回国家体育场的经营权。

国家体育场是我国第一个采用 PPP 模式的公益性项目，既弥补了资金不足，又有利于分散风险，为我国基础设施投融资领域探索了一条新路，开拓了广阔的投融资空间。但同时，国家体育场项目的投融资只考虑到了有利于建设速度和对奥运会的服务，而对赛后的运营未做出合理的规划以及相应的风险控制最终导致赛后运营的重大失误，不得不说这是鸟巢的一大憾事。在当前我国 PPP 快速发展的情况下，如何对已有项目进行后评价，从而进一步规范 PPP 的运作模式成为需要思考的重要问题。

（四）PFI 模式（Private Finance Initiative）

PFI 原意是"私人融资活动"，是英国在 1992 年提出的一种公私合作提供基础设施服务的方式。根据英国财政部相关文件的定义，PFI 是公共部门基于一项长期协议以合同的方式从私人部门购买高质量的服务，包括双方一定的交付成果、相应的维护维修或者建设必要的基础设施，该模式实现了对私人融资及其承担风险的激励，广义的 PPP 包含 PFI。我国 PFI 目前主要是指利用私人或私有机构的资金、人员、技术和管理优势进行公共项目的投资、开发建设与经营，政府对私人部门提供的产品和服务进行购买，也可以以合营方式或者以授予私营部门收费特权的形式出现。[①] 我国作为发展中国家在应用 PFI 模式进行公共项目开发时，应重点在中小城市的公路、铁路；供电不足地区的电力设

① 姚洁："PFI 在公共项目融资中的运用"，《当代经济》，No. 2，2009（100~101）。

施；边远地区的通信以及新兴城市的市政工程等方面进行。

三　公共项目集启动阶段的资金管理

公共项目集启动阶段的资金管理主要分为三个方面，分别是估算项目集成本、制定财务框架与制订财务管理计划。

（一）估算项目集成本

在公共项目集启动阶段，初步估算出的项目集的成本，对各个部门财务决策者做出是否出资支持项目集的决定具有重要参考价值。成本的估算为整个项目集财务框架的搭建与具体的财务管理计划的制订奠定了基础。

（二）建立项目集财务框架

一般而言，由于项目集需要的资金量庞大，出资机构通常较为分散，同时财务的使用情况也较为复杂，因此在项目集启动阶段的早期，为了协调可用资金、确定制约因素并决定如何支付，需要根据公共项目集的成本估算制定出项目集的财务框架，以此作为制订详细财务管理计划的脉络。

（三）制订项目集财务管理计划

公共项目集财务管理计划记录财务使用的各个方面：包括拨款进度与里程碑、初始预算、合同付款与进度、财务报告活动与机制，以及财务衡量标准等。项目集财务管理是在项目集财务框架基础上的扩展，具体管理如风险储备、潜在的现金流问题、国际汇率浮动、未来利率的走向、通货膨胀、货币贬值、当地财务法规、材料成本趋势、合同激励与惩罚条款及合同留存保证金大小等公共项目资金获取与配置中的各类事项。

四　公共项目集实施阶段的资金管理

公共项目集在实施阶段的资金管理主要分为如下两个部分。

（一）管控公共项目集成本

大部分项目集成本都来自项目集中各个项目，而非项目集管理本身。这一阶段的项目集成本一旦确定，便生成为基准，管控预算成本便成为度量项目集的主要财务目标。这包括两个重要内容，就是项目集支付进度计划与项目支付进度计划。

（二）监控公共项目集财务

项目集财务主要指项目集在投资开始支付费用时同时开始发生的财务工作。监控公共项目集财务主要包括：追踪、监督和控制项目集的资金与花费。预算内的监督与控制花费是维持项目集运行的重要保障，是对出资机构和上级部门的责任保证。如果一个项目集出现大量的成本超支，该项目集便面临上级部门的重新论证。如果不具有合理性，项目集或其中的某些项目便面临取消的困境。即使轻微的超支，也要面临审计与监管，同时公共项目经理需要说明其合理性。[①] 对于使用财政资金的公共项目集，其财务监控的要求更为严格，并且在信息公开等方面有着更高的要求。

五 公共项目集收尾阶段的资金管理

在项目集收尾前，需要进行一系列财务工作，其目的具体包括两个方面，一是对公共项目集实施过程中的资金使用及财务管理工作进行审计，二是确定在项目收尾后维持公共项目集运行而需要的成本，包括后续运营、维护、监督等成本。

在项目集收尾工作结束之后，项目集的产出物将交付后续运营主体，项目集也将正式终结。

第五节 公共项目集物资配置与协调

物资配置与协调的总体理念和资金配置与协调类似，重点在于对资源获取途径的安排和确定资源在各子项目集和项目间的配置与协调。不同点在于资金对于各个项目而言具有排他性，而物资则可以在不同项目间实现共享，因此具有更强的协调空间。

一 公共项目集物资配置与协调概述

在公共项目集实施过程中，各项目在物资等资源方面存在着既共享又竞争的关系，多个项目之间资源配置的合理性与否直接关系各项目成败。因此，公共项目集的物资配置与协调显得尤为重要。

公共项目集物资管理与协调，即公共项目集经理在公共项目集层面平衡其所负责的各子项目集或项目的需求，获取必要的物资，使其为公共项目集服务的管理活动。其目的在于提高物资利用率，达到公共项目集物资使用最优化的目的，前提是要明确各子项目集或项目的物资需求量、物资需求进度及物资保有量等情况，通过综合判断合理配置和协调物资调度的活动。

（一）项目集物资管理范围

项目集物资包括办公场地、实验室、数据中心、其他设施、所有类型的设

---

① ［美］Project Management Institute 著，林勇等译：《项目集管理标准》，北京：电子工业出版社，2014 年，第 80～81 页。

备、软件、交通工具及办公用品等。有些资源，如办公用品，属于消耗品，也应纳入公共项目集物资管理范围，通过集中采购以降低成本。

（二）公共项目集物资管理的特征

1. 管理主体的公共性

公共项目集的管理主体一般为政府机关、事业单位、社会团体等公共部门，具有公共性的特征。这就决定了公共项目集管理主体通常具有较强的资源调动能力，同时社会公众对其管理活动的信息公开也具有较高的要求。

2. 管理活动的政策性

公共项目集本身及其管理主体的公共性决定了公共项目集物资管理必须以实现社会职能和政治职能为目标。公共项目集所含项目（组）可能多为规模大、周期长、回报低的项目，具有非营利性，是政府实现其政策导向功能的有效手段，因此，公共项目集物资管理活动与相关政策之间具有更强的相关性，一方面公共项目集的物资管理活动必须符合相应政策，另一方面政府可通过出台新政策的方式为项目集物资需求提供保障。

二　公共项目集物资获取

公共项目集的物资获取主要有以下四种方式。

（一）政府采购

政府采购（government procurement）在有些西方国家也被称为公共采购（public procurement）。我国《中华人民共和国政府采购法》中对政府采购的定义为：各级国家机关、事业单位和社会团体使用财政性资金采购依法制定的集中采购目录内的或者采购限额标准以上的货物、工程和服务的行为。

在公共项目集物资采购中，一般采用集中采购模式，即所有应纳入项目集采购范围的货物、工程和服务统一由公共项目集经理负责。集中采购有利于获得更好的供应商履约表现和更有利的价格；集中采购增加了对采购单位的直接控制，有利于采购政策、决策在各采购部门的执行。

（二）政府间物资协调共用（公物仓平台建设）

公物仓是指公共部门及组建临时机构的物资设备实行集中统一管理的专门机构，具体负责公物的保管、租赁、出借、调剂及处置等工作，其管理资产范围包含行政事业单位办公物资、政府及部门接受的实物捐赠、政府举办大型活动购置的物资、临时机构在阶段性使用后闲置的物资、机构撤并后剩余的办公物资、执法执纪部门的各类罚没物品等。

公共项目集规划及实施期间，应充分发挥当地及周边公物仓的作用。在制定物资规划的过程中，应充分了解周边可利用公物仓物资，并根据项目集实施计划，提前安排好相应借调手续。公共项目集实施过程中利用公物仓资源，不仅可以提高项目集资金和物资使用效率，还可以帮助地方政府提高财政科学化精细化管理水平和公共服务水平。

（三）企业、社会组织提供

企业、社会组织可以采用折价入股、捐赠等方式为公共项目集提供物资。此外，还可以采取向企业或社会租赁等方式，由其他部门提供物资，如"以租代购"模式已运用在公共项目集管理领域的多个方面，在公务车辆租赁与公共活动用车方面，北京2008年奥运会、科博会等大型公共活动中均不同程度地采取了以租代购的方式，增强了公共项目集物资管理的多样性、效益性、节约性和效率性等。

（四）临时性大宗物资获取

在公共项目集实施过程中，可能会遇到急需大宗物资的情况，为避免因突发情况造成项目集进展停滞，公共项目集经理须对此类事件有相应应急措施，如在公共项目集实施前，应有明确的物资应急预案，对于稀缺性关键物资进行储备、订立应急期间生产与供给合同，并且物资储备与应急生产要由专人而非各项目负责；在项目集实施过程中，确有急需大宗物资情况发生时，应当利用好公物仓平台及公共部门的号召性，利用好储备及征用权力；对于无储备及无法征用的物资，进行紧急采购。

需要说明的是，在事前订立应急供应合同时，因供应商要承担重要的公法责任，且突发事件发生和生产条件有所不同，这就要求项目集经理不能完全按照现行政府采购法处理，可能要有一些应急补偿的支付，或采用邀请招标和竞争性谈判的采购方式。而事前没有订立合同的，项目集经理可以通过简单协商程序形成应急协议，以弥补志愿、动员、征用方式的不足。

三 公共项目集物资存储及再利用

公共项目集的物资征集后需要妥善地保管相关物品，并在公共项目结束后通过多种方式实现其的再利用，提高物资的使用效率。

（一）公共项目集物资存储及盘点

公共项目集物资一般交由各项目自行存储，以便于使用及盘点。根据物资的不同来源，可设置由专人负责管理的仓库，或者设立"物资超市"，减少用于仓储管理带来的成本。无论使用何种方式，各子项目都应就本阶段物资使用情况做出盘点并汇总于公共项目集经理，以便公共项目集经理根据公共项目集进度及各项目需求调配下一阶段的物资使用。

(二) 项目集物资再利用

在项目集所需物资使用完毕后，应配合开展财务预算管理和资产清查工作。对于其他项目集或政府部门尚有使用价值的物资，可与来源于公物仓平台的物资共同处理，通过项目集所在地及周边公物仓平台，完成物资的再利用，其中涉及企业和社会组织出资的部分，政府应给予一定补偿；对于公物仓平台覆盖范围内无用武之地的物资，采取公开拍卖、竞争性谈判等方式处置；对闲置的仓储资产进行出租、出借；对于已不具备使用价值的物资，按流程完成报废手续后统一处置。

思考题：

1. 为什么公共项目集目标会发生变更？管理公共项目集范围过程是什么？
2. 公共项目时间的影响因素有哪些？如何在全过程中管理时间？
3. 公共项目集人力资源的计划有哪些？
4. 公共项目资金的融资模式有哪些？
5. 公共项目的物资获取与利用的方式有哪些？

第五章 公共项目管理的过程

全过程管理在项目管理的实践中具有十分重要的作用，其总体思路是将项目实施的全过程看作一个整体进行计划、实施和控制，各阶段之间相互协调、呼应。这与"流水线"的工作方式具有显著差异，流水线的各道工序间是以"分工"为基本逻辑的，每道工序只需要完成自己的工作，而公共项目管理各阶段之间则以"协同"为基本逻辑，每个阶段的管理工作都必须充分考虑到其他阶段的需求。第一章已经对公共项目实施过程的阶段划分进行了论述，本章将详细阐述各阶段的具体管理工作及要求。

第一节 公共项目定义与决策

ISO 认为项目管理的过程是许多互相依赖的子过程，它可以分为两类，一类是项目管理过程，另一类是项目业务过程。中国（双法）项目管理研究委员会（C – PMBOK2006）以生命周期为线索，将项目管理过程分为了概念阶段、开发、实施和结束阶段。同时有学者指出，项目管理的各个阶段之间有两个特点，一是阶段与阶段之间前后衔接，二是各个阶段之间可以有不同程度的交叉。[①]

一　公共项目定义的主要内容

公共项目定义就是要将公共项目自身的工作重点与内容进行

---

① 戚安邦等：《项目管理学》第 2 版，北京：科学出版社，2012 年，第 20 ~ 23 页。

确定，在实际工作中主要分为以下几个部分。

（一）识别问题与机遇

公共项目是把想法变为实践的载体，因此，公共项目管理过程中的首要工作就是发现问题和识别机遇。这一阶段主要有如下两项工作要做。

1. 发现问题或机遇

首先要弄清楚公共项目解决什么问题。这些问题和机遇可能来源于经济发展，例如开发区建设；也可能来源于社会需求，例如道路改造等；还有些来源于文化和形象建设，例如举办各类赛事；抑或是来源于政府工作自身，例如政府工作流程再造等。只有弄清楚问题才能思考相应的解决方式。

2. 分析解决问题或抓住机遇的条件

主要分析内容包含三个方面：一是资源，二是时间，三是效益。公共项目实施前要对内外部面临的环境、资源条件等进行剖析，判别该公共项目是否拥有适宜的时间，并能为社会和公众带来效益。除此之外，公共项目还要考虑自身建设所带来的效益，包括经济效益、社会效益等多方面的效益情况。

案例：三峡大坝从设想到建成的艰难曲折①

中国人建设一座雄伟宽广的大坝的梦想是自古以来就存在的。中华民族梦想70多载、调查50多年、研究论证40个春秋，争论30个冬夏的中国历史上最大的水利工程——三峡大坝的建成实施，使昔日几代中国人难圆的三峡美梦终于变成了现实。

孙中山先生是最早产生让悠悠长江水造福人民百姓的人，1919年孙中山先生在《建国方略之二——实业计划》一文中，第一次提出了改善三峡航道、开发三峡水能资源的设想："以闸堰其水，使舟得以溯流以行，而又可资其水力。"继而在1924年，又在《民主主义》一文中进一步阐述了开发三峡水能的重要性。然而，历史的局限性决定了孙中山先生对于三峡工程只能停留在设想而已，战争的混乱、财力的薄弱、人员的紧缺，都使当时的中国没有多余的精力来建造三峡大坝这一宏伟的工程。

虽然在20世纪30年代以后，国民政府、扬子江水利委员会顾问布朗德、美国经济学家潘绥等都曾提议利用三峡巨大的水能资源并撰写了一系列的报告，但无奈在国民政府发动内战、节节败退的政治历史下，三峡工程工作终止。直到新中国成立以后，经济实力雄厚、人力资源丰富、社会

① 根据相关网络资料整理。资料来源：凤凰网："孙中山首先提倡开放三峡"，http://hb.ifeng.com/news/cjgc/detail_2013_12/20/1621271_0.shtml，2015-12-3。

安康富裕，才为三峡大坝的兴建创造了适宜的条件。1992 年 4 月 3 日，七届全国人大五次会议通过《关于兴建三峡工程的决议》，完成三峡工程的立法程序并进入实施阶段。三峡大坝工程包括主体建筑物及导流工程两部分，全长约 2309 米，坝高 185 米，工程总投资为 4954.6 亿元人民币，于 1994 年 12 月 14 日正式动工修建，2006 年 5 月 20 日全线修建成功，2009 年 6 月 30 日，26 台机组同时并网发电，五级船闸正常运行，开始发挥它的巨大效益，标志着三峡工程基本完工。

（二）开展公共需求调查

公共需求调查是公共项目管理过程中区别于一般项目管理的重要标志。所谓公共项目，就是要满足大多数人的意见，征得各方人士的建议和意见。公共需求的调查可以分为市场调查、民意调查和竞争项目调查。市场调查主要是对公共项目产出物的需求调查，也包括调查现有市场有没有充分的资源来支持项目的进行；民意调查的目的是了解项目的实施是否会得到广大人民群众的支持；竞争项目调查是指市场上是否存在资源、土地或市场范围的竞争对手，项目是否能顺利实施并产生预期的社会效益等。常见需求调查方式有问卷调查法、网络调查、民意走访、接待访谈等方式。公共意见将直接决定该项目继续还是终止，并成为项目方案选择和调整的依据。

（三）提出公共项目建设意见

提出公共项目建设意见就是要进一步地分析项目能够满足哪些需求和目标，将项目与地区经济社会发展情况一一对应，这需要大量的调查研究和资料收集，综合经济、社会、环境、交通资源等方面的信息后，各方提出公共项目建设的意见，着手编写具体公共项目建议书。

（四）分析公共项目目标与输出

分析公共项目所要达到的目标包括两个部分，一是公共项目所要达到的目标和工作范围，二是公共项目输出分析。

1. 公共项目所要达到的目标和工作范围

首先应当确定公共项目应该达到的目标和要求，包括总体目标和目标分解，包括社会效益、成本收益等具体的目标；其次应基于公共项目的目标分解确定公共项目的工作范围，具体工具和方法将在第六章中详细论述。

2. 公共项目的输出分析

依据建议书的内容，分析公共项目的输出是否合理可行，包括输出物的成本—效益、质量、数量以及社会影响等具体的指标，并做到所有可能实现的项目输出必须充分反映在项目建议书中。

二 公共项目决策的主要内容

任何公共项目最终能否审议通过都必须经过可行性研究，不同类型项目的可行性分析报告内容上存在差异，一般说来应包括以下工作内容。

（一）设计各种备选方案

公共项目最终的目标只有一个，但是实现目标的路径却有多种。因此公共项目在决策阶段的首要任务就是制定多个可行的备选方案。在设计各种方案时应注意，既不能漏掉所有可能实现的方案，也不能强加不可能实现的方案。公共项目决策的目的就是择优，而多方案设计则是择优的基础。在设计和制定方案时，必须进行充分的研究和资料的收集，结合国家或当地区域发展的实际情况，并使用多种途径收集意见建议，从而提出并完善备选方案。

（二）确定公共项目的评价内容和标准

确定公共项目的评价内容和标准是具体开展公共项目可行性分析的依据，应结合公共项目的特点和目标等，有针对性地确定具体的评价指标、权重及其评价标准。主要内容包括：公共项目的经济评价、社会影响评价、环境影响评价、财务评价、技术评价、质量评价以及风险评价。

1. 经济评价

经济评价是指在资源合理配置，市场正常运作的前提下，从国家或项目主体的整体利益出发，对公共项目实施后对于国民经济、公民利益所产生的经济效益进行评价，考察项目在宏观经济下的合理性和可行性。所采用的工具一般有影子价格、影子汇率等。

2. 社会影响评价

社会影响评价是指公共项目对于国家或当地社会的影响以及人们对于项目的可接受度和认同度。例如，近几年 PX 项目先后在大连、厦门、宁波产生了巨大的社会反响，以至于该类项目始终难以落地。

3. 环境影响评价

环境因素是一种新兴并且极为重要的评价因素。这一环节从开始到完成，要按照国家对公共项目的环境影响评价实行分类管理的有关规定，确定评价的项目和范围，在进行一系列的调查研究后最终由专业人员编写环境评价报告，提交相应的负责部门。在我国对环境保护日益重视且社会对环保要求不断提升的情况下，应赋予环境评价"一票否决权"。

4. 财务评价

任何公共项目，尤其是使用财政投资的公共项目，必须在国家现行财税制度和价格体系的前提下，计算公共项目范围内的财务效益与费用，编制财务报表，计算财务分析指标，分析公共项目的盈利能力、清偿能力和财务生存能力，评价公共项目的财务可行性，明确公共项目财务主体的价值以及对投资者的贡献，为公共项目投资决策、融资决策和银行贷款提供依据。[①]

5. 技术评价

顾名思义就是要考虑公共项目是否在技术上可行，即是否具备公共项目建设的技术条件。评价的主要内容包括公共项目的施工条件、生产运营条件、原材料供应条件、电力水利系统供应条件、人力资源及现有技术与工艺能否支撑项目的实施等。

6. 质量评价

质量评价包括广义与狭义两个方面。狭义的质量评价主要指的是产出物自身的质量，即通过技术检测等方法对公共项目的产出物质量进行评价。狭义的质量评价指的是项目产出物满足需求的能力，现代质量观认为质量不是检测出来的，而是用户眼中的，任何公共项目即使产出物自身的质量再好，如果不能满足公众需求，不能让社会公众"买账"，就不能称为高质量。

7. 风险评价

风险是任何公共项目都无法避免的，风险评价应该贯穿于整个公共项目过程的始终，通过它来预测、预报可能存在的风险因素和风险程度，从而使项目团队在面对危急情况时有足够的心理准备和应急预案。

需要特别强调的是，根据《关于印发国家发展改革委重大固定资产投资项目社会稳定风险评估暂行办法的通知》的规定，对于与人民群众利益密切相关的重大决策、重要政策、重大改革措施、重大工程建设项目，与社会公共秩序相关的重大活动等重大事项在制定出台、组织实施或审批审核前，必须对可能影响社会稳定的因素开展系统的调查，科学的预测、分析和评估，制定风险应对策略和预案，有效规避、预防、控制重大事项实施过程中可能产生的社会稳定风险，更好地确保重大事项顺利实施。对于该类项目，必须开展独立的社会稳定风险评价。

（三）方案的比较与选优

对于方案的分析和比较分为两个方面：一是专业性分析与比较，二是公共性分析与比较。

专业性分析与比较主要是指专家对各个可行方案的优缺点按照公共项目评估的各项内容，包括经济评价、社会影响评价、环境影响评价、财务评价等，结合现有的技术、资源情况进行评价与总结。公共性分析与比较则是对项目

---

① 郭俊华：《公共项目管理》，上海：上海交通大学出版社，2014 年，第 44 页。

"公共性"的评价，确保项目实施能够以最优的方式最大限度地为公众服务。在公共性分析的过程中可采用公众参与的方法，听取社会公众对各个方案的意见和建议，并选出适合的方案。

由于公共项目的影响范围、涉及人员较广，因此，对于公共项目最终能否实施应采取谨慎、多角度征集意见的态度。在对各种方案进行比较分析之后，要对最终选择的方案进行公示，可采取网站、报纸等介质使群众、专家学者或利益相关者对最终的方案有一个明确的了解，并在方案公布的基础上进一步收集意见反馈，通过修订使方案的效果能够最大限度地满足民意、发挥效用。

（四）编制可行性研究报告

编制可行性研究报告可以认为是公共项目定义与决策收尾工作的开端，该阶段就是针对最终选出的方案，分别组织相关的专业人员编写详尽且细致的可行性研究报告。除上述评价结果外，还应包括需求分析、方案实施的流程、选址、预算和融资方案、资源需求和获得方案、财务管理等内容。技术层面，则需要绘制出工程图纸、编制预算表等。

（五）项目的审批与决策

在公共项目可行性研究报告编写完成后，应提交相关部门进行决策。决策主体应根据公共项目的政府主管部门、项目团队构成及融资方式等确定。需要强调的是，在公共项目决策过程中应始终坚持"公共性"导向。可行性报告的完成并不意味着这项报告一定会通过实施，无论其通过与否，都意味着项目定义与决策阶段的完成。如未通过，则意味着项目的终止；如果项目通过，则要进入项目的计划与设计阶段，并成为日后计划、实施、控制的合理依据。

三　常见的公共项目决策分析方法

公共项目的决策和一般项目的决策方法在选择时有很大的不同，主要是由于公共项目的范围广、涉及主体多元、影响力大、时间长，选取的方法需要综合考虑公共项目管理的整个过程和涉及的各个方面。

（一）公共项目决策方法的特性

公共项目决策方法的特性主要包括以下内容。

1. 决策方法的多样性

由于公共项目的类型、目标、实施方式等具有很大的差异，因此在决策方法选择时也具有更强的多样性。决策标准不一，决策的方法也不同。按照程序分类可分为程序决策和非程序决策；按照类型分类可分为定性分析和定量分析，其中定性分析常用的方法有头脑风暴法、德尔菲法，定量分析包括净现值法、决策树法等。

2. 决策主体的多样性

公共项目和一般项目相比，其涉及的范围广、影响力大。公共项目实施的核心目的是造福社会，为公众提供生活便利，满足人民群众日益增长的需求，因此在公共项目决策过程中公众的参与显得尤为重要，这也是与一般项目决策主体最大的差别。除此之外，政府、社会组织机构、大众媒介都是公共项目管理过程中重要的参与主体之一，制度作为保障主体决策权威性的载体也贯穿于决策过程的始终。公共项目管理决策过程参与主体间相互合作、相互补充，是减小公共项目决策的风险，减少资源浪费和提升公共项目效益的重要方法。如在杭州政府政务网站上，市民就广场喷泉设计的不同方案进行评价和选择，最终促使政府部门根据公众意见做出计划的设计和选定。

3. 决策方法的灵活性

公共项目管理的决策活动相对集中在定义决策阶段，并在后续阶段需要持续开展各种决策工作。由于公共项目管理过程通常面临更大的不确定性，因此对于不同的决策事项不能采取同一的决策方法，而是根据决策事务类型、内部资源和外部环境的变化选取合适的方法，实现决策方法的灵活性。但这并不意味着公共项目的决策是"拍脑袋"形成的，应当在科学的框架下对决策方法进行灵活的选择，避免决策的随意性。

（二）常见的决策方法

目前常见的公共项目决策方法主要有以下几个。

1. 决策树法

决策树法是运用概率统计原理并结合图例对决策的不同方案进行比较分析，从而获得最优的方案。决策树的构成有四个要素：决策节点、方案枝、状态节点、概率枝，如图 5－1 所示。

2. 头脑风暴法

"头脑风暴"最早是精神病理学上的用语，指精神病患者的精神错乱状态，如今所代表的意思则是无限制地自由联想和激烈讨论，其目的在于产生新观念或激发创新设想。头脑风暴法可分为直接头脑风暴和质疑头脑风暴。前者利用专家群体讨论尽可能激发创造性，产生大量设想的方法，后者则是对前者提出的设想、方案逐一质疑，[①] 分析其现实可行性的方法。

公共项目决策常用的是质疑头脑风暴法，从而对公共项目进行决策。过程为：（1）会前准备：参与人、主持人和公共项目决策任务三落实，必要时可进行柔性训练；（2）意见发表：由主持人公布会议主题并介绍与主题相关的

---

① 朱新林："头脑风暴法在管理决策中的应用"，《商场现代化》，No. 9，2009（104～105）。

参考情况,分别听取专家意见;(3)意见的分类与整理。通常情况下经过2~4轮的意见发表和分类整理,专家即可就公共项目的决策事项达成相对一致的意见。

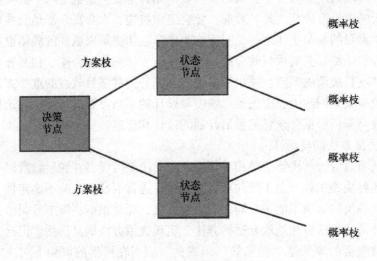

图 5 - 1 决策树方法运用图

3. 德尔菲法

德尔菲法,又称专家调查法,是一种通过邮件等通信方式分别将所需解决的问题单独发送到各个专家手中,征询意见,然后有专门人员从事回收工作,并整理出综合的意见。随后将综合意见反馈给专家,再次进行意见的征询、汇总。经过多次反复,逐步取得比较一致的决策方法。德尔菲法与头脑风暴法都属于专家决策法,其主要差别是头脑风暴法采用"面对面"的方式,而德尔菲法则采用"背对背"的方式,从而保证专家的独立性。其缺点是耗时较长,且意见回收率不易保证。

(三)程序化决策与非程序化决策

程序化决策是指在信息相对完备的情况下,根据既定的信息通过建立数学模型、开发计算机程序等方法把决策目标和约束条件统一起来,进行优化的一种决策方式。而非程序化决策是指在信息不完备,变量与变量之间的关系模糊、不确定,约束条件多样且不断变动的情况下,依靠专家技能进行判断和决策的方法。二者的区别如表5-1所示。

表 5 – 1　程序化决策与非程序化决策对比表

决策类型	问题性质	组织层次	决策制定技术	
			传统式	现代式
程序化的、经常发生的、解决方法是重复的、例行的程序	例行问题（重复出现的，日常的）	下层	惯例 标准操作规程 明确的信息通道	运筹学结构分析模型 计算机模拟 管理信息系统
非程序化的，不经常发生的新的解决方式	例外问题（新的，重大的）	上层	判断、直觉和创造性 主观概率法 经历的遴选和培训	探索式解决问题 培训决策者 编制人工智能程序

需要注意的是，公共项目通常无法单独使用程序化决策或非程序化决策，二者应是相互交叉、相互配合，针对不同的决策事项采用不同的决策方法。

第二节　公共项目计划与设计

不同于企业、第三部门的一般项目，大部分公共项目需要使用公共资源，其主要目的是满足公共利益，促进社会发展以及公民生活水平提升。因此，公共项目的运行必须有更加严格和明确的计划，以保证对公共利益负责。随着现代治理理论的引入，公共部门绩效评估的重视和公民政治参与程度的提高，对公共项目的计划与设计也有了更多的要求。

一　公共项目计划与设计的定义

在管理学中，计划具有两重含义，其一是计划工作，是指根据对组织外部环境与内部条件的分析，提出在未来一定时期内要达到的组织目标以及实现目标的方案途径。其二是计划形式，是指用文字和指标等形式所表述的组织以及组织内不同部门和不同成员，在未来一定时期内关于行动方向、内容和方式安排的文件。

公共项目的计划是根据确定的公共项目目的和方案拟定具体工作内容、步骤，并最终付诸文本，面向项目团队和社会公众进行公示的全过程。公共项目设计主要指的是具体实施方案设计，包括工艺设计、工具方法选择、技术指标设定等。公共项目设计是对公共项目计划的补充与完善，二者共同作为项目实施与控制和完工与交付阶段开展管理工作的依据。

（一）公共项目计划与设计的特点与性质

公共项目计划的特征主要有以下几个方面。

1. 公共性

公共项目始于公共需求，项目实施不同程度地依靠公共资源，项目的实施是为了产生公共效益，项目的最终效果依赖于公共评价。因此，公共项目的计划与设计工作必须始终关注项目的公共性，脱离了公共利益，其合法性上就会引起分歧和质疑。

2. 目的性

与其他类型项目一样，公共项目的计划与设计工作的目的是实现公共项目的既定目标。所不同的是，公共项目的目标更关注社会需求而非盈利能力。

3. 系统性

公共项目的设计与计划通常与政府或地区的发展规划以及项目主管部门的发展规划有着系统性关联，并与中央政府一定时期的政策规划等有着明显的相关。如高速公路的修建一般与当地运输业、旅游业等经济发展规划相关。

4. 职能性

公共项目的决策与实施，一般与相关部门的职能有着密切关系。项目的开展及效果，也会与该部门的职能履行有直接的关系。例如由人社部门主导开展的公益创投项目在很大程度上促进了人社部门职能的发挥。因此，公共项目具有职能性，其运行过程与政府部门的职能履行密切相关。

（二）公共项目计划与设计的目的与作用

总的来说，公共项目计划与设计的目的在于整合可利用的现实条件、明确所需资源、指导项目开展。具体来说，公共项目计划与设计的目的包括：确定并描述项目各项任务的范围，确定负责执行项目各项任务的全部人员，确定各项任务的时间任务表，确定每项任务所必需的人力、物力、财力、预算。

公共项目计划与设计的作用主要有以下几点。

1. 指导项目有序实施

有序、确定、科学的计划有利于公共项目的高效实施。前期计划越周密、越完善，在项目实施中就能越好地避免项目进行过程的间断、变更等，提高公共项目成功的概率，同时也最大限度地以科学规范的管理赢得公民的信任，保障项目的进展。

2. 促进项目相关利益主体之间的沟通，使项目工作协调一致

公共项目往往需要开展跨部门、跨组织的资源协调，如跨部门公共项目、跨区域公共项目、跨边界公共项目、部门内部公共项目等，因此通过科学和详

细的公共项目计划，有利于项目相关利益主体更好地开展协调和对话，减小公共项目执行中的人员和资源调动阻力，并更好地开展各种合作。

3. 为项目实施过程中的管理和监督提供基础和依据

首先，对于项目管理团队来说，项目计划和设计是项目实施过程中对项目进度、成本等进行管控的依据，通过项目实施状况与计划的对比才能发现各种偏差并及时开展各种管理控制工作。其次，由于公共项目的实施与控制较普通项目有着更多公共性特点，因此应接受公民与社会的监督，接受相关政府部门的监督和检查，而这些监督检查活动同样需要以项目计划与设计为依据。因此，以完善的公共项目计划与设计的形式，正式做出可查的项目实施章程，对于公共项目有着十分重要的作用。

4. 明确项目成员职责

公共项目计划的开展，需要调动不同部门的人员，因此通过公共项目计划的形式，可以帮助项目及时获取所需人力资源和组织支持，同时可以对相关项目成员的职责加以规范，有利于相关人员更好地开展合作和提升工作效率。

5. 成为组织发展的经验与借鉴

通过正式的公共项目计划文本与章程，可以将公共项目实施前的准备工作、项目开展的相关信息等保存下来，为之后相关项目的决策与计划提供经验借鉴。

二 公共项目计划与设计的流程

公共项目的计划与设计是项目经理及项目管理团队组织开展的，为项目未来的顺利实施做出的计划安排。由于计划与设计工作具有"隐性化"特征，其成果不易被相关利益主体看到，因此在实践中往往会出现"重实施，轻计划"的问题。这样的结果是在项目实施过程中缺乏管理控制的依据，从而使项目实施过程失控，带来各种资源的浪费和工期的拖延。因此公共项目应充分重视计划与设计工作，即所谓的"磨刀不误砍柴工"。

（一）收集和整理有关信息

收集和整理有关信息需要考虑以下几个因素。

1. 公众需求

公共项目在进行计划和设计之前，首先要就公共性项目相关民众的意愿、意见、需求等信息进行完善的收集。公众需求不仅是项目计划科学合理的基础，同时也是公共项目获得合法性的基础。

2. 舆论信息

公共项目的计划和设计阶段，应该主动收集媒体网络的舆论信息。提升公共项目计划期间的舆论收集能力，可以有效改善公共项目的合法性基础和实施环境。

3. 限制条件

公共项目与其他一般性项目相比有更多的限制条件。相关限制条件如：类似项目的实施情况、公共部门财政状况、公共项目的目的性和功能性等。分析公共项目的限制条件可以有效避免公共项目的盲目性，避免政绩倾向和"拍脑门"决策。

4. 支撑条件

除了了解公共项目的限制条件，也应当明确和充分利用公共项目的支撑条件。公共项目的独特优势在于可以整合相关部门，有充足的组织资源，可以调动相关社会公众的积极性。此外，公共项目的成功也可以成为政府绩效的一部分，从而调动相关官员的积极性。此外，自然资源、政策措施等都可以成为项目实施的支撑条件，在制订公共项目计划时应充分利用这些支撑条件为项目顺利实施服务。

（二）细化公共项目目标

在定义与决策阶段已经确定了公共项目的目标，在制订计划时需要进一步对目标体系的合理性进行分析，并将目标进行分解和细化，为后续工作的展开提供清晰的方向。

1. 设计项目专项计划目标与主要指标

公共项目在计划阶段要将项目目标进行科学合理的划分，围绕公共项目的产出物进行专项目标的确定，同时明确衡量项目产出物合格的主要标准。例如进行高速公路的修建，首先，要确定高速公路的起始点、服务区、线路设计等主要目标；其次，需要就高速公路的具体评估指标进行确定，包括提供服务的互补性、完善线路、增加交通便捷度，同时兼顾最小损失原则，确定占用农田较少、尽量减少扰民等指标。

2. 围绕总体目标分解阶段目标

由于公共项目一般涉及范围广，工期较长，因此，明确和分解各个阶段目标可以保证公共项目及时进行阶段性成果和问题反馈，避免公共项目的拖延、烂尾。可以根据公共项目的总体目标，结合以往或类似公共项目的经验，进行阶段性目标的划分。仍以高速公路的修建为例，若工期为一年，则应确定每一季度公路建设里程目标；此外，还应确定各要素管理的具体目标，包括工期管理目标、成本管理目标、质量管理目标等。

（三）工作分解与进度安排

公共项目阶段目标确定以后，需要对完成阶段目标所需的工作进行识别，并安排各项工作的先后顺序，从而确定工作进度及工期。

1. 工作分解

根据确定的项目目标及其分解，运用工作分解结构法（Work Breakdown Structure，WBS）具体识别需要完成的各项工作。

2. 估计完成活动需要的时间

预估各项工作需要的时间，可以为人员的安排调配、工期的明确与布置打下基础。无论长期或短期的公共项目，明确各项工作的时间，可以更有效地提高人员的效率；相反，若一个公共项目的活动时间不确定或反复更改，则容易造成人员的懈怠或拖延。

3. 进度安排

对识别的各项工作进行排序，合理安排各项工作之间的关联关系。在确定进度计划的过程中不仅需要考虑各项工作之间的逻辑关系，还应当考虑项目组织与人员结构、项目工期要求等。

4. 组织分工

根据项目实施团队的构成和项目实施的需求，合理安排项目团队的组织结构，并将各项工作在组织内部进行合理分配。

（四）公共项目预算编制

在公共项目计划中，预算的编制十分重要，预算科学准确，则实施阶段可以避免反复修改、申请追加资源的审批流程以及预算资金的浪费现象。应当根据公共项目所确定的工作和工期，估计其对资源和资金的需求，从而计算出公共项目的总体预算及各阶段预算。公共项目的资源、资金预算等，应当按照科学、合理、适当原则进行编制，充分保证公共资源使用的效率，同时还应该通过项目预算的公开、公示制度使各方对公共项目的预算编制和使用进行监督。

公共项目计划与设计阶段的预算编制方法主要有以下三个。

1. 类比估算法

公共项目在预算编制阶段，可以借鉴项目性质、项目规模类似的公共项目的预算情况，通过类比的方法估算公共项目的成本和预算。

2. 历史经验法

本地区或本部门以往开展的公共项目可以为本次公共项目的预算设计提供参考。参照以往经验，可以根据原有项目的实际开展情况进行修订，计算得出本项目的预算。

3. 专家判断法

公共项目管理专家具有较为丰富的公共项目管理经验，在项目预算使用和规划方面可以给出更为实际的意见和建议，由于公共项目在计划与设计阶段存在较大的信息缺口和不确定性，通过已有的模型和软件无法对这些不确定性进行很好的判断。因此，在项目计划的预算编制过程中，咨询专家的意见和建议，可以使公共项目的预算编制更加贴近实际情况。

（五）公共项目的组织及人力资源计划

根据公共项目的各项工作及工期要求，可以对其所需人力资源的种类及数量进行估计，并形成公共项目的人力资源需求计划。针对公共项目的人力资源构成，项目经理及管理团队应结合项目的具体情况和管理需要对公共项目的组织结构进行合理安排，并对人力资源的获取进行计划和安排。

公共项目人力资源获取的方法主要包括以下三个。

1. 借调

公共项目的实施经常需要从各个公共部门借调人员在一定时期内为项目团队工作。在公共部门内进行公共项目的人员准备和调配，优点是可以对项目的实施情况进行更好的管控，并确保项目的"公共性"，降低项目成本。同时公务人员也可以将公共项目实施中的知识经验累积下来，成为公共组织内部的资源；但缺点是公务人员的项目管理专业知识和经验不足，并且参与项目团队可能中断其在原部门的工作，并对其在原部门的绩效评价和晋升产生不利影响。

2. 专职招聘

这一方式可以保证人力资源的专业性，有利于吸引专业人才，提高公共项目的质量；但同时也存在一定缺陷，如成本较高，引进人才在公共项目完成后的安置问题等。

3. 聘请专家

相比于专职人员的招聘，专家的吸纳可以避免项目结束后人员的安置问题。聘请的专家可以专职为项目团队工作，也可以兼职工作，还可以以独立第三方的身份为公共项目提供意见建议。近年来，我国公共项目在环评、安评、稳评等工作中逐渐重视专家学者的作用，也确实起到了一些正面的促进作用。

（六）汇编形成最终项目计划书

经过以上几个步骤，公共项目计划应当形成翔实、具体、充实的书面形式的计划书。公共项目的计划书应当进行公示，接受意见和建议，并及时进行修改和完善，最终确保公共项目的实施与完成可以按部就班、循序渐进。

三　公共项目计划与设计的组织

公共项目的实施主体多元，影响多样，因此在计划与设计阶段也应当采用多元主体参与的方式，使公共项目的计划与设计更加完善。常用的组织形式包括：项目团队会议、公共部门会议、行业专家会议、公众意见整合。

（一）项目团队会议

项目团队是公共项目计划制订的主体，在计划与设计阶段，项目团队的规模较小，主要由项目经理和核心管理人员构成。通过现有项目团队成员的讨论和分析，可以形成公共项目的计划文本，供相关主体讨论完善。

（二）公共部门会议

政府是保证公共项目"公共性"的主要责任主体，因此有责任和义务对公共项目的计划进行讨论和把关，尤其是以政府部门为主开展的各类公共项目，应当组织相关部门对项目计划进行论证。对于由市场主体负责实施的各类公共项目，可根据实际情况决定是否由公共部门会议对项目计划进行讨论。

（三）行业专家会议

行业专家会议主要是指项目相关行业的专家学者，经项目团队或主管政府部门邀请对项目计划进行分析与论证工作。公共项目，尤其是专业性较强的公共项目更应该重视专家学者的参与，使公共项目的设计与计划更具科学性，并奠定更广泛的合法化基础。

另外是要注意专家学者不仅限于参与项目计划与设计，还应根据公共项目的需要对公共项目的进展持续关注与参与，避免公共项目的实施偏离原有计划与设计，使前期工作不能落到实处。

（四）公众意见整合

公共项目的计划与设计过程中，还应根据项目的实际情况，吸纳公众的意见，并对公众意见进行整合和利用，以增加计划的合法性和科学性。

四　公共项目计划的方法

公共项目计划的主要方法与一般项目类似，但是在具体应用过程中，应充分注意公共项目周期长，相关利益主体众多等特征。

（一）工作分解结构

WBS 是工作分解结构的英文（Work Breakdown Structure）的缩写，即把项目可交付成果和项目工作分解成较小的、更易于管理的组成部分的过程。WBS可以由树形的层次结构图或者行首缩进的表格表示。

WBS 是项目管理重要的专业术语之一。其基本定义为以可交付成果为导向对项目要素进行的分组，它归纳和定义项目的整个工作范围，每下降一层代表对项目工作的更详细分解。WBS 总是处于计划过程的中心，也是制订进度计划，资源需求、成本预算、风险管理计划和采购计划等的重要基础。

WBS 的创建方法主要有以下两种。

（1）类比法。参考类似项目的 WBS 创建新项目的 WBS。虽然每个项目都具有一定的独特性，但很多公共项目在某种程度上与另外一个项目存在相似性，所以可以利用以前类似项目的工作分解结构作为模板，来减少项目分解的工作量，提高项目工作分解的准确性。在许多专业应用领域，都有标准化或半标准化的工作分解结构，可以以此作为模板，根据具体项目的具体情况和要求进行必要的增加或删减得到项目的工作分解结构。

（2）自上而下分解法。从项目的目标开始，逐级分解项目工作，直到参与者满意地认为项目工作已经充分得到定义。该方法可以将项目工作定义在适当的细节水平，并准确做出项目工期、成本和资源需求的估计。

　　案例：南宁市应急联动系统升级改造项目的工作分解结构①

　　城市应急联动系统（City Emergency Response System，CERS）是在一个城市中，通过采用统一的接处警平台用于公众报告紧急事件和紧急求助，并整合城市各种应急救援力量及市政服务资源，实现多警种、多部门、多层次、跨地域的统一接警，统一指挥，联合行动，及时、有序、高效地开展紧急救援或抢险救灾行动，从而保障城市公共安全的综合体系及集成技术平台。南宁市城市应急联动系统于 2000 年 9 月开始建设，2001 年 11 月基本建成并投入运行。随着数字化城市的建设，南宁市原有系统的运行已超过 10 年时间，硬件设备性能明显降低，损耗增大，存储容量趋近饱和，以磁带存储录音数据的技术相对落后，服务器频繁出现硬盘损坏的重大故障，软件系统运行速度明显降低，软件和硬件维护成本增高，已远不能适应经济发展、建设和谐社会的需要。

　　2009 年 3 月，经南宁市发改委批准立项，同意南宁市应急联动系统升级改造项目的建设，项目总投资概算为 1.165 亿元，采用公开招标方式建设。新系统按照"以业务流程为主线，以硬件基础为支撑，以软件平台为核心，以系统集成为手段"的思想进行设计，最终实现资源整合、信息共享、互联互通、一呼百应以及科学决策、合理处置。

　　图 5-2 所示的是南宁市城市应急联动改造项目的工作分解。

---

① 根据相关报道整理。资料来源："南宁市城市应急联动新系统正式启用"，http：//cerc. nanning. gov. cn/zwdt/t220885. html。

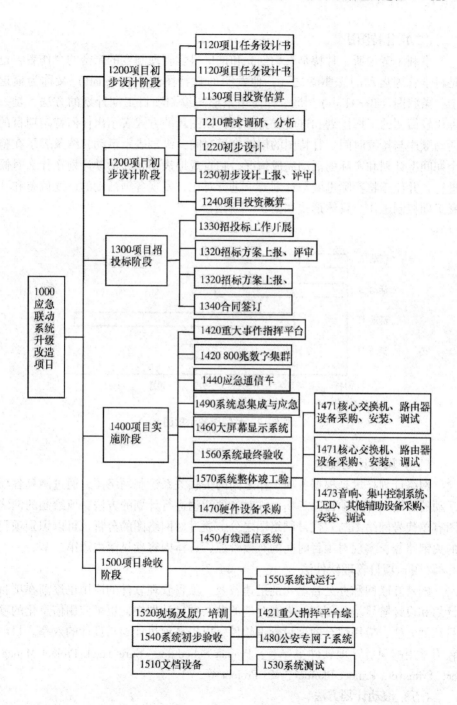

图 5-2 南宁市应急联动系统升级改造项目基于工作流程的工作分解结构图

（二）甘特图法

亨利·劳伦斯·甘特是泰勒创立和推广科学管理制度的亲密的合作者，也是科学管理运动的先驱者之一。他发明的甘特图（Gantt chart）又称为横道图、条状图（Bar chart），是一种使用条形图编制项目工期计划的方法，是一种比较简便的工期计划和进度安排工具，以图示的方式表示出任何特定项目的活动顺序与持续时间。甘特图的横轴表示时间，纵轴表示活动，线条表示在整个期间上计划和实际的活动完成情况。它直观地表明各项活动计划在什么时候进行，并便于将实际进展与计划要求进行对比，发现各项活动的进度偏差和开展工期控制工作。具体形式如图 5-3 所示。

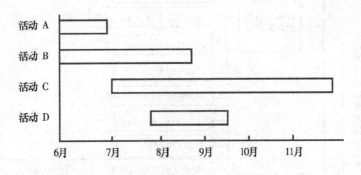

图 5-3　甘特图的示意图

（三）网络计划技术

网络计划技术是根据各项工作之间的关联关系绘制网络图，通过测算各项活动的工期来计算项目总工期，并对各项活动进行计划的方法，所绘制的网络图有单代号网络图与双代号网络图之分，通过对网络图的分析，可以识别项目的关键路径，实现对项目时间的有效管控，具体内容参见第六章第二节。

（四）项目管理软件法

随着互联网和办公自动化的迅速普及，项目管理软件的应用也逐渐在项目计划和设计阶段呈现创新。在新时期的公共项目计划中，也可应用信息化的项目计划方法，应用适合的项目管理软件，以提高项目计划与设计的效率。目前较为常用的项目管理软件主要有：Project Scheduler、Sure Track Project Manager、Primavera Project Planner、MS Project 等。

（五）滚动计划方法

滚动计划（也称滑动计划）是一种动态编制计划的方法。它是在每次编制或调整计划时，均将计划按时间顺序向前推进一个计划期。这种方法尤其适用于工期较长的公共项目，由于项目管理者对项目远期的预见能力有限，因此很难在项目初始计划与设计阶段对整个项目期的活动进行合理计划。在这种情况下使用滚动计划法，对保证项目的顺利完成具有十分重要的意义。另外，跟踪计划还可以监督过程执行的费用支出情况，跟踪计划的结果通常还可以作为向承包商部分支付的依据。具体操作形式如图5-4所示。

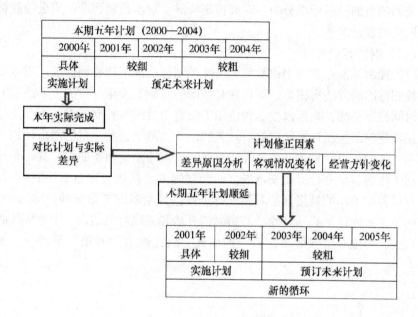

图5-4 滚动计划方法图

第三节 公共项目实施与控制

这一阶段是公共项目定义与决策以及项目计划与设计实现的阶段，其最终成果是全面生成项目的产出物。这一阶段的工作是依据项目总体计划和专项计划以及项目实施方案设计进行的，主要工作任务包括公共项目控制标准的制定，公共项目实施工作的开展，公共项目实施的指挥调度以及阶段性检测和纠偏行动。

一 公共项目控制标准的制定

控制标准指的是各种控制工作启动的标准，也就是说，当项目实施过程中发生的偏差超过控制标准时就需要及时采取相应的控制措施。当项目实施的实际情况与计划之间只存在微小偏差，未达到控制标准时，则暂时不需要采取控制措施。由于项目都具有信息不完备的特性，因此在项目实施过程中，完全避免偏差产生几乎是不可能的。这就要求项目控制标准的制定必须适当，若控制标准设定过于严格，则项目团队将花费大量时间对项目进行管控从而带来资源的浪费和时间的消耗；若控制标准设定过于宽松，则无法达到对项目实施过程进行控制的目的。

公共项目的控制标准分为：时间控制标准、成本控制标准、质量控制标准以及风险控制标准等。

（一）时间控制标准

时间控制标准在实践中也被称为进度控制标准或工期控制标准。制定项目时间控制标准的方法有很多，可以在甘特图的基础上设定一定的上下浮动区间作为时间控制标准，也可以根据网络图等制定项目时间控制标准。香蕉曲线图法也是项目时间控制标准制定的有效方法之一。基于公共项目的网络计划，根据各项工作的最早和最迟开始与完成时间，可以绘制出两条曲线，其一是计划以各项工作的最早开始时间安排进度而绘制的 S 形曲线，称为 ES 曲线；其二是计划以各项工作的最迟开始时间安排进度，而绘制的 S 形曲线，称为 LS 曲线。两条 S 形曲线都是从计划的开始时刻开始和完成时刻结束，因此两条曲线是闭合的，形成一个形如"香蕉"的曲线，故此称为"香蕉"形曲线，如图 5 -5 所示。

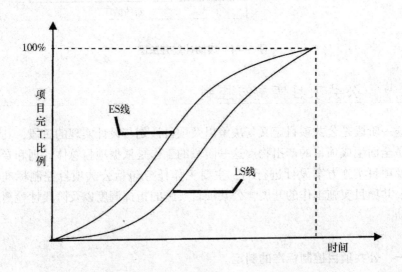

图 5 -5　项目时间控制的香蕉图曲线

图 5 -5 中的香蕉曲线构成了项目时间控制的标准，在项目实施过程中如

果超出了香蕉曲线的界限，就意味着项目无法按照预定时间完成，需要采取控制措施。

（二）成本控制标准

成本控制标准设定的依据有工程承包合同、施工成本计划、进度报告、工程变更、施工组织设计、分包合同文本等。[①] 成本控制标准应根据工作量所对应的成本计划，设定上下浮动区间作为成本控制的标准。

在成本控制标准设定中需要注意以下两点：第一，应结合项目进展情况设定动态的成本控制标准，从而在项目进展过程中及时发现成本偏差，而不是到项目完工后做事后补救；第二，成本控制标准应与时间控制标准结合，项目在某个时间点发现存在超支情况，应首先分析是进度原因还是成本控制原因造成的。例如在某一时点项目计划支出90万元，实际支出120万元，可能的原因有两个，一是进度超前，二是成本超支，应根据原因有针对性地采取相应的控制措施。

（三）质量控制标准

"质量控制"是质量管理体系标准中的一个质量术语，包括采取的作业技术和管理行为等。其中既包括可以通过市场定性的方法来描述和评价的需要，又包括用定量的指标来描述和评价的需要，通过对质量的控制以实现项目的最终目标。在工业生产中，通常根据产品的规格等标准设定上下浮动区间作为质量控制的标准，例如 ±0.1 厘米等，项目质量控制标准制定也可参考这种方法。对于无法量化的公共项目质量要求，可采用公众满意度评价等方法设定质量控制标准。

（四）风险控制标准

风险控制是指在公共项目实施过程中因不确定性发生了自然的或者人为的风险时，将风险带来的损失控制在最小化，包括启动风险专项资金对风险带来的人力的、物力的损失进行快速的整顿，以期减小风险带来的巨大损失，恢复正常运转。风险控制标准的核心就是为公共项目设置风险容忍的限度，当公共项目的风险及其影响超出容忍限度时，就应当采取相应的控制措施。

二　公共项目实施工作的开展

公共项目的实施过程包括诸多环节，只有将这些环节按部就班地展开，才能保障公共项目的实施达到最终的项目预期。

---

① 郭俊华：《公共项目管理》，上海：上海交通大学出版社，2014年，第227～228页。

（一）公共项目实施前的宣传公示

公共项目对于受惠主体具有广泛性的影响，因此，对于一些影响范围广泛的民生工程类项目来说，有必要在正式实施项目之前将有关项目的信息予以公示，例如地铁类项目，由于涉及人民群众日常生活的出行方式，需要在开始动工之前将地铁开工的时间、进度以及施工期间的路线调整、通线时间等基本信息及时向社会公众公示，以便取得群众的理解和配合，减少实施过程中不必要的阻碍。

公共项目实施前的宣传公示需要遵循以下原则：

（1）及时性原则，公共项目信息的发布者首先要将项目的有关信息及时地以各种形式公示宣传，例如可以在相关政府网站上发布信息，在街道公示栏张贴项目实施的信息，通知有关人员所在的公司单位予以宣传等；

（2）准确性原则，要求公示的项目相关信息必须准确表达其含义，是准确无误的，不带有任何歧义；

（3）完整性原则，要求公示宣传的项目相关信息在数量上和性质上，能够保证人民群众形成足够的选择判断依据。

（二）建立项目实施组织

对于重大公共项目，地方政府可设立项目领导委员会对项目实施工作进行协调和监管。项目实施的协调和监管工作由项目团队负责，具体工作可通过外包或直接组织人员的方式完成。

对于公共项目来说，通常一个项目需要涉及政府各部门、政府与企业以及政府与非政府组织等的共同参与，因此，在项目实施过程中需要各参与者的协调配合以及资源在各部门、政府与企业、政府与社会组织之间的合理分配。我国已有许多省市建立了重大公共项目的协调调度制度。[①]

（三）公共项目实施的业务工作

公共项目实施是由一系列面向产出物的具体业务构成的，这一系列的具体业务包括项目的采购、生产、财务等业务工作。每一种业务工作对于整个项目工作都发挥着重要的作用。

公共项目的业务工作具体要落实到项目团队中各种业务工作的负责人，因此随着项目实施的深入，需要对业务人员进行不断的培训，提高其业务水平，更好地完成预定的公共项目。

---

① 曹新平、朱民：“曹新、平朱民在调度重大项目时要求：加强协调调度，加快项目推进”，http://jsnews. jschina. com. cn/system/2012/09/04/014410550. shtml，2015 – 12 – 10。

（四）公共项目实施的管理工作

项目实施过程中的管理工作核心内容包括公共项目时间管理、成本管理和质量管理，也被称为项目管理的"铁三角"。

公共项目的进度管理是指在项目实施过程中根据预先制订的进度计划不断地进行追踪、调整、控制其进展情况，以确保公共项目能按照预期的进度计划顺利地进行，按时完工、交付使用，这对于发挥公共项目的预期效益发挥着重要的作用。

公共项目的成本管理针对的是公共项目资金的使用。由于公共项目规模比较庞大，因此需要在保证工期和满足质量要求的情况下，利用组织措施、经济措施、技术措施、合同措施把成本控制在计划范围内。

公共项目的质量管理是指满足质量目标条件下通过行动方案和资源配置的计划、实施、检查和监督来实现预期质量目标的过程。公共项目质量要求与一般项目相比具有"双重性"的特点，既包括法律法规、技术标准和合同等明确规定的质量要求，也包括不易量化的社会需要，不易量化的社会需要主要涉及项目产出物的适用性、可靠性、安全性、经济性以及环境的适应性。

除了时间、成本和质量管理之外，公共项目管理的内容还包括范围管理、采购管理、人力资源管理、沟通管理、风险管理和集成管理等内容，具体详见第六章。

三　监测和采取控制措施

公共项目的独特性决定了其信息的不完备性，从而使公共项目在实施过程中必然产生各种各样的偏差，即所谓的"计划赶不上变化"。因此公共项目管理团队必须按照公共项目实施前制定的控制标准，定期地对项目实际实施工作的绩效进行度量和报告，以此来分析和给出项目实施情况与项目控制标准之间的偏差、造成偏差的原因，以采取纠偏措施。

（一）项目实施情况评价

项目实施情况评价是在整个项目实现过程中对项目进展总体情况的评价。按照评价时间可以分为定期评价和不定期评价两种，其中定期评价是按照一定的报告期给出有关项目各方面工作的进展情况的评价，属于公共项目进展过程中的常规性评价工作。不定期评价则主要是根据政府主管部门的要求或项目管理团队的要求，在某些特殊情况发生时或者在公共项目实施出现显著偏差时对项目进展情况的评价。主要包括以下内容。

1. 公共项目进展报告

进展报告介绍的是项目组在某一特定期间所完成的工作。在公共项目实施过程中应定期开展项目进展报告工作，项目经理应设定固定的报告期，如每月、每季度、每年等。项目进展报告除了为项目管理提供依据外，还是项目相关利益主体了解项目进展情况的重要途径。例如，公共项目的政府主管部门、业主或监管主体可以根据需要听取项目进展报告。项目进展报告根据项目利益相关者的需要有不同的格式，其内容包括已经花费多少资金、完成某项任务要多长时间、工作是否如期完成等。

具体来说，项目进度报告的内容有以下几点。

（1）自上次报告以来的项目进展情况。项目实施过程的进展情况报告包括各个阶段的项目时间、成本、质量等项目管理要素的具体报告，每一阶段的进度报告都应从对上次进度报告以来取得的成果予以报告。

（2）项目实施的计划完成情况。项目实施计划中包括项目投入资金的预算、进度的计划、质量的要求等。在项目实施各阶段需要对本阶段各项工作的计划完成情况进行分析，从而发现项目实施中存在的各种偏差，为后期采取管理控制措施提供依据。

（3）前期偏差控制的情况。项目的各个阶段可能会出现偏差情况，偏差措施采取后是否解决了偏差问题，需要在本阶段的项目进度报告中记录。

（4）本阶段偏差及成因。在公共项目阶段性进度报告中应针对本阶段出现的各种偏差及成因进行分析，同时也应当对潜在的问题进行分析，作为管理控制措施制定的依据。

（5）计划采取的控制措施。针对本阶段存在的问题及潜在的问题提出管理控制的措施，如果偏差产生的原因是项目计划本身存在问题，或者当前的偏差已经造成项目无法按照原计划完成时，也可以对项目未来的进度计划进行调整。

（6）下一阶段要实现的目标。本阶段的进度报告需要为下一阶段制定目标，以此指导下一阶段各项工作的实施。

2. 公共项目预测

项目预测是指在过去资料和发展趋势的基础上，预测项目未来的进度、成本、质量等，包括根据目前项目的进展情况，预测完工时间、项目总成本及项目完工质量等。

3. 项目进展状况评审会。项目进展状况评审会议是项目实施过程中常用的一种评估项目绩效的办法。评审会的目的有两个：一是对项目进度报告、项目预测等结果的审核与确认；二是就公共项目的实施情况向项目团队成员及相关利益主体交换重要项目信息，沟通协调，激励员工，解决难题，以确保项目顺利进展。

（二）采取控制措施

完成相应的项目报告后，各方可以根据报告内容有针对性地开展管理控制工作，即采取各种纠偏措施，纠正公共项目中存在的偏差。

1. 公共项目中的偏差

所谓偏差，是指公共项目实施的实际情况与计划不相符的情况。公共项目的偏差管理是指针对公共项目中产生的偏差，采取各种纠偏措施确保项目完成既定目标的各项管理活动。

公共项目应建立偏差处理的操作规程，规定偏差的报告、记录、调查、处理以及所采取的纠正措施，并有相应的记录。根据偏差的性质、范围以及对项目的影响程度将偏差进行分类，如重大、次要偏差，并根据偏差的类型组织不同范围、不同层级的项目团队成员参与纠偏行动。例如对于质量偏差，公共项目的质量管理人员应当负责协同其他相关成员进行彻底调查，对涉及重大偏差的产品进行稳定性考察。

2. 控制措施

公共项目一旦发现偏差，应立即采取控制措施纠偏。需要注意的是，偏差对公共项目的影响分为两类：一类是正向的，即偏差对公共项目目标的实现有积极作用；另一类是负向的，即偏差对公共项目目标的实现有负面作用。无论哪一类偏差，都应当对其进行分析，如果通过分析后认为不需要采取进一步的控制措施，也可以决定继续按计划执行，"无须纠偏"也是一种控制措施。

如果需要采取纠偏措施则应制订纠偏计划，根据计划采取相应的纠偏行动，主要分为纠正措施、预防措施与矫正措施三种。纠正措施是指为了消除公共项目中已发现的不符合或其他不期望现象的根源所采取的行动。预防措施是指为了消除公共项目中潜在的不符合或其他不期望现象的根源，防止事情的再发生所采取的行动。矫正措施是指采取行动立即消除直接的质量问题和不符合法规的有关问题。

控制措施的主要内容包括以下方面：

（1）组织措施，分析由于组织原因而影响项目目标实现的问题，并采取相应措施，如调整项目组织结构、任务分工、管理职能分工、工作流程组织和项目管理班子人员等；

（2）管理措施，分析由于管理原因而影响项目目标实现的问题，并采取相应措施调整进度管理的方法和手段，改变施工管理和强化合同管理等；

（3）经济措施，分析由于经济原因而影响项目目标实现的问题，并采取相应措施落实加快工程实施进度所需的资金等；

（4）技术措施，分析由于技术原因而影响项目目标实现的问题，并采取相应措施调整设计、改进施工方法和改变施工机具等。

公共项目的控制工作应特别强调"上医治未病"的原则，即提前采取控制措施，防患于未然方是上策。这就需要项目经理及项目管理团队在项目实施之前对实施过程中可能出现的各种情况进行充分的信息收集和预测，并提前制订管理控制计划。在公共项目实施过程中，也应及时发现偏差并尽早采取控制措施，从而使损失降到最低。

第四节 公共项目完工与交付

公共项目的最后一个阶段为项目的完工与交付，标志着公共项目的终结。然而在项目完结并交付使用后，还必须对项目有一个后评价，有些学者也称为项目后评估，指的是在项目完工一段时间以后开展的，对公共项目的目标实现情况、可持续性和各要素管理情况等进行的评价。本节所探讨的完工与交付不包括公共项目后评价的相关内容，而是项目的结项过程，是在公共项目实施工作完成后开始的一项工作，标志着公共项目的终结。

一 公共项目的完工与交付概述

公共项目的完工与交付表明为完成某一项目的所有过程均已完成，项目产出物已经生成，标志着公共项目的正式结束。

（一）完工与交付的定义与目的

公共项目完工与交付是公共项目管理的最后一个阶段。PMBOK 将该阶段定义为收尾过程组，包括为完结所有项目管理过程组的所有活动。[①] 这种定义是基于项目管理过程提出的。公共项目的完工与交付的内容包括为完结公共项目而进行的所有活动，主要包括项目产出物的验收与交付、合同终结、结项总结、人员和机构解散等工作。

公共项目完工与交付阶段的主要目的与意义包括四个方面，一是完成公共项目产出物的验收，使其开始为社会公众服务。公共项目与一般项目的不同就在于项目产出物不是私人所有，而是为社会公众利益服务的，在完工交付后公众将可以使用项目产出物或者享受相应的服务。二是对项目过程中出现的失误进行总结，保存有益的经验，为以后类似的公共项目管理提供参考。三是释放项目资源，对人员进行合理的奖惩，解散项目团队并对项目物资进行处置，防

---

① ［美］项目管理协会著，许江林等译：《项目管理知识体系指南》，北京：电子工业出版社，2013 年，第 57 页。

止"不封口"现象，造成财政资金的浪费。四是实现对责任和义务的划分，项目产出物一旦交付，就意味着责任的转移，项目团队仅对项目期的各项工作负责，后期运营维护则由运营维护团队负责。

（二）完工与交付的分类

公共项目的完工有很多情形，从不同的角度可以将其划分为不同的类型。从结束的原因上可以分为正常结束和意外结束；从结束的时间上可以分为提前结束、按期结束和延期结束；从项目层次上可以分为子项目结束和整体项目结束。

1. 正常结束和意外结束

公共项目正常结束是指公共项目按照原计划开展实施，完成产出物的验收交付而结束。意外结束有多种情况：一是由于自然灾害或社会灾害使项目不能再进行下去，必须进行终结，如突然出现地震或 SARS；二是由于遇到新的技术难题，原来的项目无法进行下去，必须终结；三是由于政策改变①，比如"人走政息"现象。

2. 提前结束、按期结束和延期结束

按完工时间来分，公共项目有的因为中间实施过程加快，使项目提前完工结束，有的是按照预定时间结束，有些因为施工拖延或者对产出物质量不满而必须重新施工导致公共项目未能按期完工，不得不延期结束。在公共项目实施过程中，能尽早完工可以节省时间资源，但必须保证施工质量。

3. 子项目结束和整体项目结束

许多公共项目规模较大，包含了许多子项目，从层次上可以分为子项目的完工结束和整体项目的终结。只有整体项目完工并且成功交付，公共项目才能顺利终结。

二　公共项目完工与交付的程序和步骤

有学者将该阶段概括为项目的管理终结工作和项目的合同终结工作，项目的管理终结工作主要包括由项目团队或项目实施者从项目管理的角度对项目各项工作进行完工和总结，项目合同终结工作涉及项目总包、直接分包或供货等合同的终结工作，包括项目产出物的验收与交付工作以及项目产出物的产权或所有权的交付和终结工作。② 还有学者认为该阶段主要包括获得客户或发起人

---

① 吴浙文："对建设工程项目全寿命周期终结阶段管理的探讨"，《工程建设与设计》，No. 3, 2014（138～142）。

② 戚安邦等:《项目管理学》第 2 版，北京：科学出版社，2012 年，第 42～43 页。

的验收、项目后评价或阶段结束评价、记录经验教训、对组织过程资产进行适当更新、对团队成员进行评估以释放项目资源等。① 结合这些学者的观点，考虑到公共项目具有项目公共性、效益的外部性和项目运转的系统性和协调性特征，公共项目的完工与交付大致可分为以下几个步骤。

（一）公共项目产出物的验收与交付

在项目过程的最后一个阶段，必然始于对项目产出物的验收。在项目终结过程中，如果业主或者用户根据约定对项目产出物不满意，提出整改要求，项目团队需要采取行动满足这类要求直到业主或用户接受最终工作成果。如何确定产出物是否能通过验收，大体上有以下几个方面。

一是与先前制定的标准进行对比。项目过程第一个阶段，决策方会提出对项目产出物的一些具体要求，在完工时与其对比可以发现产出物是否符合验收标准，并找出产出物还需要改进的地方。

二是聘请相关专家参与验收工作。项目产出物的质量有时不能明显判断出来，因为对产出物的质量评价需要有丰富的专业知识，这时就需要聘请专业人士对其进行评价。在公共项目的产出物评价中，还要注意专家的真实性和独立性，保证评价结果的客观性。

三是群众意见反馈。有些公共项目，比如便民设施的建设，其受众是广大群众，目的也是提高群众生活水平，这些设施是否真的方便群众生活，最有发言权的应该是这些享受服务的群众。

完成对产出物的全面检验后，就需要对产出物进行交付。对于不同的公共项目，其产权或所有权交付方式不同。比如在代建模式下，项目完工时产出物的所有权即移交给政府部门，而 BOT 模式下，在协议规定的特许期限内，许可私人企业融资建设和经营特定的公用基础设施，并准许其通过向用户收取费用或出售产品以清偿贷款，回收投资并赚取利润。政府对这一基础设施有监督权和调控权，特许期满，签约方的私人企业将该基础设施无偿或有偿移交给政府部门。

（二）公共项目合同的终结

当项目产出物被顺利验收与交付后，相关的合同就应该及时终结。这里的合同包括项目总包、直接分包或供货等合同，只有正式终结这些合同，才能表明相关方履行了自己的义务，同时产权和所有权也有了比较明确的归属，防止日后出现纠纷。这里还需要注意的一个问题是有些公共项目的产出物，比如道

---

① ［美］项目管理协会著，许江林等译：《项目管理知识体系指南》，北京：电子工业出版社，2013 年，第 58 页。

路桥梁，使用寿命较长，但是在现实中经常会出现在寿命期内坍塌或损毁等问题。因此应当探讨建立项目全生命周期责任追究制度，以此防范相关人员为了自身利益通过不正当手段，例如偷工减料等影响公共项目产出物的质量，使公共项目产出物不能发挥应有的作用。

案例：哈尔滨阳明滩大桥坍塌事故①

阳明滩大桥位于哈尔滨市西部松花江干流上，因主桥穿越松花江阳明滩岛而得名，工程于2009年12月5日开工建设，2011年11月6日建成通车，估算总投资18.82亿元，为哈尔滨市首座悬索桥，全长7133米，其中桥梁部分长6464米，接线道路长669米，每小时车流量可达9800辆，桥面宽度41.5米，双向8车道，主桥跨度427米，主塔高80米，桥下通航净高不小于10米，可满足松花江三级航道通航要求。

2012年8月24日5时30分左右，哈尔滨机场高速由江南往江北方向，即将进入阳明滩大桥主桥的最后一段被四辆重载货车压塌，四辆货车冲下桥体，造成3人死亡5人受伤。之后，哈尔滨市政府召开新闻发布会通报称，事故发生后7人专家组立即成立对坍塌匝道进行认定。随后发布的认定结果是由于车辆超载造成匝道坍塌，间接原因为执法疏漏。2012年9月18日晚，多位路桥专家对哈市政府发布的调查结果表示不认同，普遍认为应该从桥梁的设计上追根溯源，而不应该把问题简单地归咎于超载。他们主要提出了三个疑问：一是为何不解释更改桥梁结构原因？二是为何定性为交通事故？三是设计是否存在缺陷？

基于项目合同的特有属性，发生合同纠纷是比较常见的。比如最常见的经济纠纷，在施工过程中，一旦遇到特殊地质状况，施工方会提出索赔要求，需要追加项目预算。处置合同纠纷的主要方式有四种：一是协商解决，也称友好协商；二是调解解决；三是仲裁解决；四是诉讼解决。只有妥善地解决好合同纠纷，才能正式签署合同终结文件，这些文件必须归档保管，便于日后查阅，这时项目合同终结工作才正式结束。

（三）公共项目结项总结

项目结项总结是积累项目管理经验的最佳手段，项目结项总结形成的项目总结报告应该作为项目重要文件之一进行归档保管，方便后来人的学习、借

---

① 根据相关报道整理。资料来源："哈尔滨阳明滩大桥引桥垮塌"，http://news.sohu.com/s2012/haerbindaqiaokuata/。

鉴。项目结项总结可以分为团队总结和个人总结两类，其中团队总结是由公共项目管理团队通过集体讨论方式做出的，而个人总结则主要是由公共项目经理和项目进度管理、质量管理、成本管理等的负责人撰写的，这些总结是公共项目管理"吃一堑长一智"的有效方式。

公共项目总结报告应包括的内容有：本次项目存在的典型或比较突出的问题及解决措施；本项目采用效果最有效的预防措施，包括技术方面、沟通方面、业务处理方面等；其他方面的总结可根据项目实际需要进行补充。

(四) 人员和机构的解散

在完成前面所有工作的情况下，项目纠纷也都得到妥善处理，项目过程就进入了最后一个程序——人员和机构的解散。对于在此次项目中表现突出的人员给予物质和精神奖励，行为不当的人员进行惩罚，即对团队人员进行评估以释放项目人力资源。此外，为建设该项目而成立的特定工作机构，由于项目的完成也应该及时解散，以节约财政资源。

思考题：

1. 公共项目决策方法的特性是什么？常见的分析方法及其优缺点都有哪些？

2. 公共项目计划与设计的过程一般包括哪几个过程？

3. 公共项目计划与设计的常用工具有哪些？

4. 公共项目实施过程中出现的偏差有哪些？应采取哪些偏差管理措施？

5. 在公共项目完工与交付阶段，如何保证专家能独立公正评估项目成果？

第六章 公共项目管理的知识体系

项目管理知识体系指南（PMBOK）将项目管理知识体系划分为九大要素，即范围、时间、成本、质量、采购、人力资源、沟通、风险和集成管理。新版的项目管理知识体系中还增加了项目干系人管理，这部分内容主要是从组织层面对项目相关利益主体的协同问题进行研究，相关内容将在本书第七、八章中详细介绍。

第一节 公共项目范围管理

项目范围管理的目的是为项目的实施勘边定界，必要的工作和产出物必须保证不缺不漏，从而保证项目实现预定目标，非必要活动则应坚决排除，从而减少资源浪费。

一 公共项目范围管理概述

公共项目范围指的是为了成功地完成项目并实现项目的目标，所必须完成的全部项目工作和各项活动。公共项目的范围包括两个方面的含义：一是产出物范围，即是项目目标规定的项目产出物的模样和大小；二是工作范围，即是为了交付满足产出物范围要求所必须完成的全部工作的总和。

（一）公共项目范围管理定义

目前学术界并没有专门对于公共范围管理进行定义，主要是针对普遍意义上的项目范围管理进行了定义。在项目管理知识体系（PMBOK）中，项目范围管理被定义为：用以保证项目包含且只包含所有需要完成的工作。① 屠梅曾认为，项目范围管理是一种管理职能，是对项目应该包括什么和不应该包括什么进行定义和控制。② 戚安邦认为，项目范围管理就是对一个项目所涉及的产出物范围和工作范围两方面所做的计划、管理和控制工作。③ 姚玉玲、马万里认为，范围管理是指保证项目范围所规定的工作得以顺利实施所需要的所有管理过程和活动。④

结合项目范围管理的定义，我们可以将公共项目范围管理定义为：确认完成公共项目所必需的全部工作和产出物，并在公共项目实施过程中进行管理、控制等工作的总和。公共项目范围管理主要是划清哪些活动是完成公共项目所必需的，确保所开展的活动与项目的要求一致。

（二）公共项目范围管理的意义

对公共项目范围进行管理的主要意义有三个方面：一是为项目实施提出产出物和工作范围的框架；二是为项目实施过程中的有效控制提供依据和标准；三是明确项目各方分工并厘清责任范围，戒除分工不清造成的推诿纠缠。

二 公共项目范围界定

范围界定是将项目的主要可交付成果进一步分解为更小、更便于管理的单元。其目的在于提高估算成本、时间和资源的准确性，为绩效测量和控制确定一个基准线，使工作变得更易操作、责任分工更加明确。⑤

恰当的公共项目范围界定对项目成功是十分关键的。当范围界定不明确时，就会不可避免地出现变更，并破坏项目实施的节奏，从而造成项目的成本提高与公共利益受损，公共项目的范围管理不当还会导致公众对政府公信力的下降。

（一）范围界定的依据

范围界定的主要依据包括在范围规划中形成的范围说明书，项目开展的制约因素和项目假设条件。考虑到可能对当前项目范围界定的影响，应对已完成的类似公共项目的范围界定进行回顾，与此同时，相关公共项目管理计划及公共项目管理的后评估意见也应当纳入公共项目范围界定的依据中。

（二）工具和技术

范围界定主要是通过工作分解而得出工作分解结构（Work Breakdown

① 蒋景楠：《项目管理》，上海：华东理工大学出版社，2006年，第98页。
② 屠梅曾：《项目管理》，上海：上海人民出版社，2006年，第50页。
③ 戚安邦主编：《项目管理学》，北京：科学出版社，2007年，第146页。
④ 姚玉玲、马万里：《项目管理》，北京：中国计量出版社，2005年，第82页。
⑤ 郭俊华：《公共项目管理》，上海：上海交通大学出版社，2014年，第121页。

Structure，WBS）。WBS 是按照特定原则，把一个特定项目分解成不同层级的任务，据此再分解成具体工作活动单元，进行系统化的、相互关联和协调的层次分解，越往下层则项目组成部分的定义越详细，工作包是 WBS 最低层次的项目可交付成果。WBS 最后构成一份层次清晰、可以具体作为组织项目实施的工作依据。具体操作方法见第五章第三节。

（三）范围界定成果

公共项目范围界定成果主要包括工作分解结构、工作分解结构字典和产出物范围三个方面。

1. 工作分解结构

范围界定一项最重要的结果就是项目工作分解结构，它对项目进行了由粗到细的分解，确定了整个项目范围。需要注意的是，任何项目并不是只有一种工作分解结构，根据分解的出发点和依据不同，公共项目有可能会有多种可行的项目工作分解结构。通常人们需要判断的是一个工作分解的结果是否可行和满意，而不是工作分解结构是否正确或唯一。

2. 工作分解结构字典

这是对工作分解结构进行说明的文件，它详细说明了工作分解结构中所有工作包的重要情况。一般来讲，工作分解结构字典应该包括下列基本信息：工作细节、先期工作投入、工作产出、人员联系、持续时间、需用资源、紧前工作、紧后工作等。

3. 项目产出物范围

根据工作分解结构，识别各项工作的产出物和公共项目最终的产出物，对其性质、特点进行描述。同时还应当将项目产出物范围与公共项目目标进行比较，以确定二者之间的匹配性。如果通过项目工作分解方式识别出的项目产出物与项目目标设定之间存在差异，则需要寻找原因并进行调整，直至二者相互匹配为止。

三　公共项目范围确认

范围确认是项目的利益相关主体对于界定的项目工作范围和产出物范围的正式认可和确定的工作过程。

（一）范围确认的依据

范围确认的依据包括：项目的工作分解结构、项目产出物范围、项目各种文件与公众意见书。

（1）工作分解结构。即项目范围界定的结果，包括工作分解结构字典。

（2）项目产出物范围。即在项目范围界定中识别并确认的项目产出物的内容、要求等。

（3）项目的各种文件。范围确认工作需要依据各种已有的项目文件，包括项目章程、项目可行性研究报告、项目合同等已有的项目文件。

（4）公众意见书。公共项目的涉及面较一般项目更广，将公众对项目的意见书纳入到项目范围的核实中来，有利于在项目管理的过程中评估公共项目的工作范围和产出物范围可能会对公众造成的有利和不利影响，为项目的顺利实施打下基础。

案例：如何破解"邻避效应"①

"上有天堂，下有苏杭。""天下西湖三十六，就中最好是杭州。"殊不知，这些年，天堂杭州也一直面临着"垃圾围城"的窘境。长期以来，杭州垃圾处理，基本靠填埋，杭州环卫部门有个形象描述：过去全城产生的垃圾，6 年能填满整个西湖；如今，只需要 3 年。经过专家一次又一次论证，解困的路径指向垃圾焚烧。

经过反复筛选，专家将新建垃圾焚烧厂的地点定在了余杭区中泰街道的一个废弃的采矿场。但是，工作进入操作层面后，另一个问题马上衍生了出来——"邻避效应"。"为什么建在我这里而不是他那里？"这些年，提起"邻避效应"，恐怕任何地方的干部都会连连挠头。在群情汹涌中，PX 项目被叫停，垃圾焚烧项目流产……类似情形在国内不少地方重演。涉及环境的重大工程项目不断陷入"一上就闹，一闹就下"的窘境。

如何化开不信任的"坚冰"，打破项目停滞的僵局？杭州采取的办法是让事实说话。此前干部好多次到村民家走访交流，有的村民"听听有道理，想想还是不放心"，想法仍没完全扭过来。"有毒没毒，眼见为实。"2014 年下半年，余杭区和中泰街道拟组织干部群众外出考察，实地看看国内先进的垃圾焚烧发电项目是什么样子。第一轮试点考察，街道干部和当地 12 个村的村党委书记、村委会主任先去。"不看不知道，一看放心了。"干部用现身说法"传染"群众。终于，有部分群众鼓足勇气跟着考察组走出了家门。2014 年 7 月至 9 月，中泰街道共组织了 82 批、4000 多人次赴外地考察。垃圾焚烧发电项目周边的 4 个核心村，80% 的农户都有人参加了考察。政府因势利导召开了中泰垃圾焚烧项目答辩会，村民代表的问题一个接一个，像垃圾存哪里、怎么烧，二噁英和飞灰怎么控制、怎么处理，

---

① 根据相关报道整理。资料来源："社会治理创新：杭州解开了'邻避'这个结"，http：// sd. people. com. cn/big5/n2/2017/0327/c172837 – 29919129. html。

方方面面问个底儿掉。看清楚了，问清楚了，村民的心里也就清楚了。

由于"把发展当作硬道理"，中泰垃圾焚烧发电项目现在真正成了"惠民工程"，一批批项目争先恐后在这里落户：房车营地、山顶酒吧、自行车俱乐部、精品民宿这些旅游项目，一个个在春风中破土动工。最终，该项目在消除了群众顾虑并实现多赢的情况下得以原址开建。

（二）工具和方法

公共项目范围确认主要应用的工具和方法包括项目范围检验表与工作分解结构检验表。

（1）公共项目范围检验表。主要内容包括：公共项目目标、公共项目指标可靠性；公共项目假设前提条件合理性；公共项目范围带来的风险可接受性等。

（2）工作分解结构检验表。主要内容包括：公共项目目标描述的明确性；公共项目产出物的各项成果描述明确性；公共项目目标层次的描述明晰性；公共项目工作分解结构的层次划分与公共项目目标层次的划分和描述的统一性；项目工作、项目产出物与公共项目目标之间的关系的一致性；公共项目目标的衡量标准的可度量性；公共项目目标的指标值与项目工作绩效的度量标准的匹配性；公共项目工作分解结构的层次合理性等。

（三）范围确认成果

范围确认的成果是公共项目相关利益主体对公共项目工作范围和产出物范围的正式认可，并通过签署正式的文件加以确认。确认后的公共项目工作范围和产出物范围将作为公共项目实施的依据。如果公共项目范围无法得到确认，则意味着公共项目本身或实施计划等存在缺陷，应进一步根据各相关利益主体的意见进行调整，如果各相关利益主体的意见存在冲突且无法达成一致，公共项目将宣告终止。

四　公共项目范围变更控制

公共项目范围变更控制是指在范围计划实施后，因项目自身以及各种条件和环境的变化，对项目范围进行的必要控制。一般来说，客观因素是公共项目范围变更控制的主要原因，包括国家的政策法规、公众意见、自然环境、社会环境等。

（一）范围变更控制的依据

范围变更控制的依据主要包括项目范围确认文件、实施进度报告、范围变更要求。

（1）项目范围确认文件。即经过相关利益主体确认的公共项目工作分解结构、工作分解结构字典和公共项目产出物范围等。

（2）实施进度报告。这部分主要由直接承担公共项目的实施主体提供，包括公共项目的实际完成状况以及公共项目范围、资源、成本、进度以及质量等要素当前的实际进展情况。将公共项目实际完成的工作与确认的工作分解结构进行比较即可发现公共项目已经存在的工作范围偏差；将公共项目未来工作需要与确认的工作分解结构进行比较即可发现需要开展针对公共项目未完成部分的项目范围变更需求。如果实际任务与确认的公共项目范围不一致，就意味着需要开展公共项目范围变更，需要重新调整和修订工作分解结构和产出物范围。

（3）范围变更要求。考虑到公共项目的影响范围较广，涉及利益方较多且公众意见表达渠道较多，因此变更要求可以采取很多形式，口头的或书面的、直接的或间接的、从内部或外部开始的、法定批准的或项目团队自行决定的。

（二）工具和方法

范围变更控制使用的工具和方法主要包括范围变更控制系统、绩效测量与范围管理补充计划。

（1）范围变更控制系统。规定了公共项目范围变更的基本控制程序、控制方法和控制责任，包括范围文件系统、公共项目执行跟踪系统、偏差系统、公共项目范围变更申请和审批系统等。

（2）绩效测量。绩效测量技术可以帮助公共项目团队评估发生偏差的程度，分析导致偏差产生的原因，并做出相应的处理。一般包括偏差分析、绩效审查、趋势分析等技术。

（3）范围管理补充计划。由于公共项目具有独特性和信息不完备性，因此很少有公共项目能完全按其初始计划运作，因此就要根据范围的变动随时调整、补充原有的工作分解结构图，并以此为基础，调整、确定新的公共项目范围计划，经相关利益主体确认后，再根据新的公共项目范围计划要求，对公共项目范围的变更进行控制。

（三）范围变更控制的成果

范围变更控制的成果主要包括范围变更、纠偏措施与经验总结。

（1）范围变更。范围变更是对已确认的公共项目范围的修改，首先需要判断公共项目范围变更的内容和具体要求，其次需要对成本、时间、质量和其他项目目标进行判定，最后根据程序对技术信息和规划文件进行更新，并以有效的方式通知项目相关利益主体。

（2）纠偏措施。纠偏行动有两种情况：一是根据公共项目的实际执行情况，采取措施消除偏差的不利影响，使公共项目的进展情况与计划相一致；二是根据经过审批后的公共项目范围变更要求采取纠偏措施，对公共项目未来的进展状况进行管控。

（3）经验总结。公共项目范围变更后，应当把产生偏差的原因、采取纠偏措施的理由以及从范围变更控制中得出的经验教训等用书面的形式记录下来，将其作为历史资料的一部分，为本项目或以后执行其他项目提供参考。

第二节　公共项目时间、成本与质量管理

时间、成本与质量管理也被称为项目管理的"铁三角"，是项目管理工作的重要组成部分，并且这三个要素之间具有十分密切的关联关系，例如当工期缩短时，可能带来成本的增加和质量的下降等。所以在公共项目管理实际中，应当充分考虑其关联关系。

一　公共项目时间管理

公共项目时间管理又被称为公共项目工期或公共项目进度管理，是指为确保公共项目按时完成所开展的各项管理工作。与一般的项目管理相比，公共项目通常对于时间或工期的要求更为严格，工期拖延或提前都可能影响公共项目的实施效果或效率，并对公共项目各相关利益主体和社会带来影响。良好有效的项目时间管理就是将公共项目任务科学分解，在逻辑顺序和资源条件等诸多因素的基础上做出最优的进度安排，通过阶段性进度控制，实现总进度控制，从而保证公共项目按照预定的时间完成。

（一）公共项目时间管理的特殊性

公共项目时间管理的特殊性主要包括以下四个方面。

1. 动态性

与一般项目时间管理比较而言，公共项目时间管理具有更强的动态性特点。由于共该项目的参与主体较多，因此公共项目时间管理中的活动排序，工期估算等的依据、条件和资源等都是随着时间动态变化的。因此，公共项目的工期计划制订和实施控制是一个动态的过程，项目工期计划要随着环境和外界条件的变化进行相应的调整。

2. 阶段性

公共项目管理历经定义与决策、计划与设计、实施与控制、完工与交付等阶段，且各阶段工作均应充分协调各相关利益主体，并根据需要开展公民参与

工作，因此通常比起一般项目所耗费的时间更长，需要分阶段开展时间管理工作。各阶段应当有明确的计划进度表，明确工作内容的开始和完成时间。在每个阶段的实施过程中以及完成之后对其进度控制进行评价，以便确定或调整变更下阶段的进度安排。

3. 不均衡性

公共项目实施难度、强度和内容等容易受外部条件、人为因素和环境因素的干扰，时间管理工作的内容和强度往往会出现不均衡现象。在公共项目实施的不同阶段，时间管理的重点和强度都有所不同。

4. 复杂性

公共项目所涉及的部门多，相关利益主体多元，且各方考虑的重点各异，要由大到小，由粗到细，以小保大，不同层次间的公共项目时间计划安排应相互独立又有密切的联系。[①]

（二）影响公共项目时间的因素

影响公共项目时间的因素主要有项目因素、人为因素与意外事件等。

1. 项目因素

项目的复杂程度会影响公共项目的完成时间，比如公共项目所涉及的领域越复杂，实施难度就越大，花费的时间就越多。公共项目的复杂性和公共性决定了其实施过程往往需要多元主体共同参与，实施主体越多，专业化分工越详细，则沟通与协调花费的时间越长，造成公共项目进度的相对缓慢。此外，由于一些独特性强的公共项目，几乎没有经验可以借鉴，需要在实施过程中进行摸索，也给项目的时间管理增加了难度。

2. 人为因素

人为因素不仅包括业主、承包商与分包商的管理水平，实施人员的技术和经验，还包括社会公众对项目的影响。在公共项目实施过程中，公众对项目提出变更要求是十分普遍的现象，大部分是由于在项目决策阶段和方案设计阶段未能有效开展需求调查和听取社会公众意见，从而导致工期的拖延。各种"邻避效应"是这方面十分突出的例证。此外，政府在项目实施过程中不合理干预，监管不力，处罚不到位等现象对公共项目进度也会产生较大的影响。

3. 意外事件

意外事件对公共项目时间的影响广泛存在。主要有项目参与人员违约或与其他参与人员发生争议；项目设计变更不及时或项目设备故障频发；项目人员

---

① 刘权厚："城市轨道交通项目建设进度控制探讨"，《城市公共交通》，No. 11，2009（20~21）。

需要参与其他工作；项目参与人员需要临时完成项目以外的工作，例如参加员工会议等；① 社会性突发事件，例如游行等；不可抗拒的灾害发生等。

（三）公共项目时间管理的内容

公共项目时间管理的内容主要包括项目活动分解与界定、项目活动排序、项目活动资源估算、工期预算、工期计划制订与工期的计划控制。

1. 公共项目活动分解与界定

项目活动分解是在工作分解结构（WBS）的基础上，进一步分解各项工作所需完成的具体活动，并列出活动清单（Activity List）的过程。项目的工作分解可用滚动计划的方式进行。由于公共项目一般都有长期性特征，前期计划过程中存在信息不足、不确定性因素多等问题，因此，这种渐进明细的计划方式适用于复杂程度较高、周期较长的公共项目。具体操作方式为根据公共项目实施过程的阶段划分，将近期即将实施的工作包分解到具体的活动中。

2. 公共项目活动排序

识别和记录公共项目活动之间的依赖关系并以文字或图表形式进行记录，具体可以选择甘特图、项目进度网络图或者项目进度计划表等。其中项目进度网络图能够较好地反映各项活动之间的关联关系，如图 6 − 1 所示。

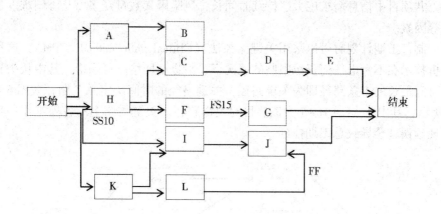

图 6 − 1　项目进度网络图示意

图 6 − 1 所示为单代号网络图，其中节点代表活动，箭线代表活动之间的关联关系，箭线上所标注的时间为关联关系之间的等待时间，例如 SS10 表示两项活动之间的关系为开始—开始型，期间需等待 10 天，FS15 则表示两项活

---

① 陈旭清、金红磊、吴雅杰：《公共项目管理》，北京：人民出版社，2010 年，第 62 页。

动之间的关系为结束—开始型，期间需等待 15 天。

3. 公共项目活动资源估算

估算完成确定时间的活动所需要的资源种类和数量。在这一过程中可用项目管理软件法，如进度规划软件，有助于规划、组织与管理资源库，以及编制资源估算。利用项目管理软件，可以确定资源分解结构、资源可用性、资源费率和各种资源日历，从而有助于资源优化使用。

4. 公共项目活动工期预算

根据上一阶段资源估算的结果，估算完成单项活动所需时间。可采用三种估算值来界定活动持续时间，即最可能时间（tM）、最乐观时间（tO）与最悲观时间（tP）。基于持续时间在三种估算值区间内的假定分布情况，使用公示来计算期望持续时间 tE。基于三角分布和贝塔分布的两个常用公示如下：三角分布 $tE = (tO + tM + tP) / 3$；贝塔分布（源自传统的 PERT 技术）$tE = (tO + 4tM + tP) / 6$。

5. 公共项目工期计划制订

在分析活动顺序、持续时间、资源需求和进度制约因素的基础上，编制各进度计划，并制定进度控制的工作细则。编制的计划要合理可行，要充分考虑到公共项目中信息需求庞大、持续时间长、风险因素数量众多以及协调难度加大等因素。

制订工期计划时可以采用关键路径法（Critical Path Method, CPM），这种分析技术在不考虑任何资源限制的情况下，沿进度网络路径顺推，其中从头到尾时间最长的一条路径即为关键路径，关键路径的时间决定总工期。如图 6 - 2 所示，其中 A - E - H - I 为该项目的关键路径。关键线路上的各项工作一旦出现延误就会导致总工期拖延。

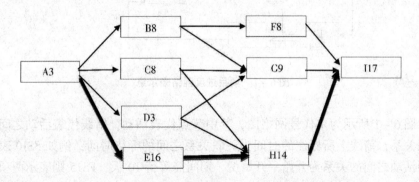

图 6 - 2 关键路径法分析示意

在公共项目工期计划制订的过程中，要考虑到项目时间的变更与优化问题。项目时间的变更是指受活动、任务、排序等因素的影响，项目在进度方面做出的调整。一般会涉及项目时间的估算、计划和资源等内容的变更。而时间优化则指在原计划确定的前提下，为满足一定约束条件，通过活动之间的关系以达到压缩时间、实现新计划要求的过程，一般通过压缩关键路线的持续时间来达到其目的。[1] 公共项目活动所涉及的资源、人员、时间等方面的不确定性因素众多且存在相互博弈的情况，项目时间并不是越短越好，而应当在满足公共项目目标的情况下，在资源合理安排的基础上积极探索时间优化的方法，达到公共项目活动低成本高收益的目标。

6. 公共项目工期计划控制

公共项目实施阶段就是根据项目计划完成各项工作的过程，应对项目的进度情况进行监控并及时发现偏差，因客观原因导致进度偏差的，应分析产生偏差的原因并综合考虑进度调整对安全、质量、资源等因素的影响，及时采取措施修正偏差，或者根据最新情况调整计划，根据调整后的计划开展后续工作。

工期计划控制主要包括检查和调整两个方面，检查就是比较实际进展与计划之间的差距，若工期提前，则应分析是否会因此带来成本增加、质量受损等问题，通过综合分析决定是否需要采取纠偏措施。若进度滞后则需采取措施赶工或调整计划。进度偏差产生的主要原因可以分为主观因素和客观因素两类。主观因素包括人力、技术、资金、材料和设备因素，客观因素包括地质、气候、环境等因素。客观因素很难预料和控制，但主观因素多数可以提前采取措施予以控制。

二　公共项目成本管理

在完成一个公共项目的过程中，必然会发生各种物化劳动与活劳动的消耗，其耗费的货币表现就是公共项目成本。公共项目成本管理又被称为公共项目造价管理，包括公共项目成本和公共项目价值两个方面的管理，是为保障以最小成本实现最大价值而开展的公共项目专项管理工作。

公共项目的成本管理则不仅仅体现在对公共项目的经济成本和价值的管理上，还包括对项目展开的社会成本的管理与控制上，其成本管理范围更广，所需的管理方法也更加多元。

（一）公共项目成本的分类

按照全生命周期成本理论（Life Cycle Costing，LCC），公共项目成本包括

---

① 陈旭清、金红磊、吴雅杰：《公共项目管理》，北京：人民出版社，2010 年，第 77～79 页。

计划、设计、实施、运营、维护和报废等所有成本。除上述成本之外，公共项目还包括设计管理成本、可行性研究成本、间接成本以及社会成本与安全成本等。① 与一般项目不同，公共项目成本管理还包括环境成本与社会成本方面，其中环境成本可以采用环境恢复所需费用进行测算，而社会成本则包括公共项目实施过程中社会公众所付出的各种代价，包括可以用货币衡量的成本，例如市政工程施工带来的交通费用增加，也包括无法用货币衡量的成本，例如政府公信力的下降等。对于不能用货币衡量的成本，应当以定性的方式进行评价和衡量，并作为公共项目决策的依据。

（二）公共项目成本管理的原则

一是追求项目成本最低的原则。其目的在于通过运用成本管理的各种手段，不断降低项目成本，在确保项目目标实现的前提下实现目标成本最低。同时要使公共项目以较少的投入获得最大的产出，以最少的人力和财力完成较多的管理工作，提高工作效率。

二是实现全面成本管理的原则。综合考虑公共项目从开始到结束再到运营、维护或报废等过程中全生命周期成本，相关内容见第一章第三节。

三是保护公共环境的原则。公共项目的建设与展开一般会对环境造成一定影响，应尽量降低此部分成本，做到在项目管理过程中妥善保护环境。对于生态环境等不可恢复的环境影响，应采取极贵无价原则，避免公共项目给自然和生态环境带来不可逆的影响。

四是落实经济成本与社会成本并重的原则。公共项目的监视不能只考虑对经济方面的成本，还应当考虑在项目建设过程中的社会成本，如项目开展对社会观念是否有正向影响，是否会造成社会公众的心理波动等，将经济与社会综合考虑并计算出综合成本。

（三）公共项目的成本构成

公共项目的成本构成主要分为三个大的方面：经济成本、环境成本与社会成本。

1. 经济成本

公共项目的经济成本主要指的是公共项目所消耗的各种资源的成本，包括人力资源、物质资源、融资成本和各种外包成本等。从公共项目的阶段划分来看，经济成本包括定义与决策、计划与设计、实施与控制以及完工与交付各阶段的成本。其中定义与决策、计划与设计阶段虽然成本消耗不高，但对于整个项目的成本控制却有着十分重要的意义。设计合理可以节约项目成本，而设计

---

① 陈旭清、金红磊、吴雅杰：《公共项目管理》，北京：人民出版社，2010 年，第 132 页。

缺陷则会增加成本。

狭义的公共项目成本仅包括项目期的各项成本，而广义的公共项目成本则包括建设期、运营期和报废拆除期的所有成本。由于公共项目服务对象较广，运营时间较长，运行过程中维护难度较大且投入维护费用较高，因此在建设过程中不仅要考虑降低项目期成本，也要考虑后期运营维护成本，目标是公共项目的全生命周期成本最低。

2. 环境成本

公共项目实施对于环境的影响可能是正面的，也可能是负面的。在分析和计算环境成本时，应对环境进行分析、甄别、剔除不属于成本的系列。如青藏铁路，为不破坏藏羚羊的生存环境，铁路采取高架桥的形式，虽然增加了建造成本，但却减少了环境生态损失。

3. 社会成本

经济学中所指的社会成本更多的是指企业或个人行为对社会经济造成的负面影响。社会成本是指建设公共项目从项目构思、产品建成投入使用直至报废全过程中对社会经济造成的不利影响。由于公共项目的目的是为社会创造价值或提供公共服务，因此应当特别注意对社会成本的分析和控制。同时还应当注意分析社会成本承担主体与公共项目社会效益享受主体之间的关系，当上述两个主体不一致时，比较容易发生社会冲突，应当对补偿机制进行合理设计。例如应对邻避设施周边居民给予合理补偿，从而使公共项目更好地达到为公众服务的目的。

（四）公共项目成本管理的内容

公共项目成本管理的内容包括资源计划编制、项目成本估算、项目成本预算与成本的控制和预测。

1. 资源计划编制

资源计划编制是指通过分析和识别项目的资源需求，确定项目需要投入的资源种类（包括人力、设备、材料、资金等）、项目资源投入的数量和项目资源投入的时间，从而为项目的成本估算提供信息，制定出项目资源供应计划的项目成本管理活动。[①] 本过程的主要作用就是在整个项目中为如何管理项目成本提供指南和方向。编制资源计划的主要方法是根据项目的 WBS 及活动清单进一步识别所需资源。此外，项目团队可用规划会议的方法来制订成本管理计划。参会人员可能包括项目经理、项目发起人、选定的项目团队成员、选定的相关利益主体、社会公众代表，以及其他必要人员。

---

① 陈旭清、金红磊、吴雅杰：《公共项目管理》，北京：人民出版社，2010 年，第 138 页。

2. 公共项目成本估算

成本估算是指根据已知信息，对完成公共项目活动所需资金进行近似估算的过程。成本估算的主要方法有两种，一种是类比估算法，即根据已经完成的类似项目的成本对本项目的成本进行估算。另一种是自下而上的估算，即根据资源计划，先对单个工作包或活动的成本进行最具体、细致的估算，再向上滚动加总得到项目的总成本。

3. 公共项目成本预算

在实践中，公共项目成本预算通常是公共项目融资的主要依据。从精度来看，公共项目成本预算的精度高于估算。预算的概念可以从两个角度理解，其一是指业主有能力和意愿在本项目上投入的总成本；其二是基于项目实际情况自下而上计算出的项目成本。当这两种预算总额基本一致时公共项目将更容易成功。公共项目预算包括经批准用于公共项目的全部资金，而成本基准是经过批准且按时间段分配的公共项目预算，不包括各种预备费。除了根据公共项目的时间计划、活动清单和资源计划计算出公共项目的总成本外，公共项目管理团队还应根据项目的独特程度，即信息的完备程度预留准备金，项目独特性越强，准备金的比例应当越高。例如抗震救灾项目，由于信息具有高度不确定性，因此必须预留充足的准备金。

4. 公共项目成本控制与预测

公共项目成本控制是指在公共项目实施的过程中监督公共项目状态，以对所消耗的成本进行管理控制，使公共项目的实际成本限定在预算范围内的一项工作。主要作用在于发现实际与计划的偏差，以便采取纠偏措施。

采取纠偏措施前，必须要对成本偏差产生的原因进行分析。造成成本超支的原因主要有两种，一是成本管理不当，二是项目进度超前。其中对于成本管理不当造成的成本超支应及时采取控制措施，对于进度超前造成的超支则需要综合分析项目的目标、项目融资方式等因素，在确保资金链安全和项目目标实现的情况下，可以不采取控制措施。

对成本和进度进行综合分析的有效方法是挣值管理法（Earned Value Management，EVM），它是把费用和进度综合起来考虑，通过分析项目目标实施与项目目标期望之间的差距，使项目进展得到有效控制的方法。项目挣值分析体系主要由三个成本指标、两个绝对偏差指标、两个相对偏差指数指标构成，三个成本指标包括项目计划作业量的预算成本 BCWS，项目已完成工作量的预算成本 BCWP，项目已完成工作量的实际成本 ACWP，其中 BCWP 即为挣得值，如图 6 – 3 所示。

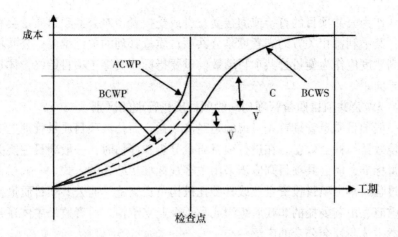

图 6 – 3　挣值分析示意图

两个绝对偏差指标包括项目进度差异 SV（SV = BCWP – BCWS）和项目成本差异 CV（CV = BCWP – ACWP）。其中 SV 大于 0 说明进度超前，小于 0 则代表进度拖延；CV 大于 0 说明成本节约，小于 0 则代表成本超支。两个相对偏差指标包括项目进度绩效指数 SPI（SPI = BCWP/BCWS）和项目成本绩效指数 CPI（CPI = BCWP/ACWP）。其中 SPI 大于 1 说明进度超前，小于 1 则代表进度拖延；CV 大于 1 说明成本节约，小于 1 则代表成本超支。

三　公共项目质量管理

在项目管理中，质量是指产品户服务能够满足明确和隐含需求的能力和特征的总和。① 项目质量管理包括确定质量政策、目标与职责的各过程和活动，从而使项目满足其预定的需求。项目质量管理是指在项目管理中使用政策和程序，实施组织的质量管理体系并以组织的名义，支持持续的过程改进的活动。② 质量标准包括两个维度的内容，一个是技术检验的客观标准，一个是用户眼中的主观标准。

客观标准方面，项目被证明为符合质量要求和标准的过程即为项目质量管理的过程，测量方法和技术需要根据项目的可交付成果类型而定。在这个意义上，项目质量是作为一种客观的测量过程与结果而存在的。主观标准方面，社

---

① 陈旭清、金红磊、吴雅杰：《公共项目管理》，北京：人民出版社，2010 年，第 91 页。

② ［美］Project Management Institute：《项目管理知识体系指南（PMBOK 指南）》，北京：电子工业出版社，2013 年，第 227 页。

会公众作为公共项目的直接或间接受益者或受损者，对公共项目质量会有较高要求，其中利益相关方的满意度是公共项目质量管理的关键维度。公共项目中公众满意度应作为衡量公共项目绩效的重要指标而贯穿于项目始终，体现公众满意导向。①

（一）公共项目质量管理与一般项目质量管理的区别

一般项目质量管理首先考虑的是经济效益，而公共项目质量管理更应该注重环境效益与社会效益。在进行项目质量分析和评估时，一般项目主要关注客观质量标准，而公共项目则应当采用主客观标准相结合的方式。一般项目质量监督过程通常由项目投资企业或其委托机构负责实施，而公共项目质量监督一般由政府、由其委托的非政府组织或私营企业来承担。后者监督主体还包括相关利益主体与社会公众的广泛参与。

（二）公共项目质量控制的分析方法

公共项目质量控制的方法主要有以下几种。

1. 因果分析图

又称鱼骨图或石川图。问题陈述放在鱼骨的头部作为起点，用来追溯问题来源，回推到可行动的根本原因。它能直观地反映出项目质量问题的结果以及导致其产生的原因及其因果关系，如图6-4所示。

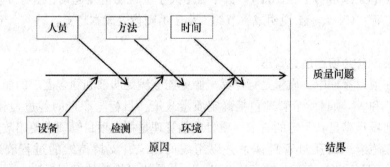

图6-4　项目质量控制的因果分析图

2. 流程图

流程图是显示系统中各要素之间互相关系的图，用来显示在一个或多个输入转化成一个或多个输出的过程中所需要的步骤和可能分支。公共项目质量控

---

①　郑方辉、王珺：“基于满意度导向的政府公共项目绩效评价”，《广东社会科学》，No. 2，2010（13-19）。

制的流程图法是指分析项目流程中各环节所存在的项目活动或项目产品的质量问题并进行成因分析，以此进行质量纠偏与补救的项目质量控制过程，如图 6 - 5 所示。

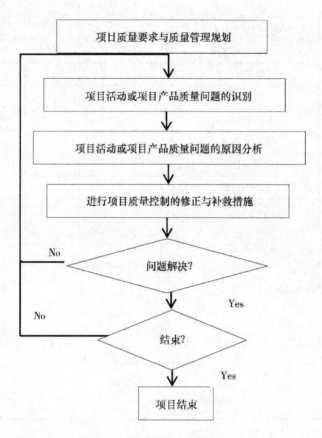

图 6 - 5 公共项目质量控制流程图

3. 核查表

核查表包括测量、检查和测试等活动，目的是确定公共项目结果与要求是否一致，分析公共项目质量问题的成因，提出改进与完善措施。核查表又称计数表，用于收集数据的查对清单，如表 6 - 1 所示。核查结果要通知项目活动实施方，以便于改进工作提高质量。在开展检查以识别公共项目缺陷时，用核查表收集属性数据就非常方便。

表 6-1　园林工程质量控制资料核查表①

序号	项目	资料名称	份数	施工单位		监理（建设）单位	
11		中间验收单		核查意见	核查人	核查意见	核查人
12		分部、分项自评记录					
13		桩位记录竣工图					
14		沉降观察记录					
15		施工日记					
16		质量事故报告					
17		预、决算书					
18		竣工图					
19		工程合同					
	其他控制资料						

结论（监理或建设单位填写）：

施工单位技术负责人：　　　　　总监理工程师：
施工单位项目经理：　　　年　月　日（建设单位项目负责人）　年　月　日

4. 帕累托图

帕累托图用于识别造成大多数问题的少数重要原因。横轴显示原因类别，涵盖100%的可能观察结果。横轴上每个特定原因的相对频率逐渐减少，直至以"其他"来涵盖未指明的全部其他原因。在帕累托图中，通常按类别将影响项目质量的要素进行排列，测量频率或后果，以确认造成项目质量问题的诸多因素中最为重要的几个因素，如图6-6所示。

---

① 陈旭清、金红磊、吴雅杰：《公共项目管理》，北京：人民出版社，2010年，第116页。

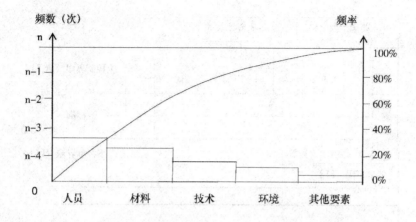

图 6 - 6　帕累托图质量控制示意图

5. 控制图

控制图又称为管理图，在工业生产中十分常用，在公共项目管理过程中可以借鉴该方法。控制图主要用于决定一个过程是否稳定或者是否可执行，是反映公共项目随时间变化而发生的质量变动的状态图形，图 6 - 7 中 x 轴代表时间，y 轴代表项目质量特性值。

（三）公共项目质量管理的内容

公共项目质量管理主要包括以下三方面内容。

1. 公共项目前期质量管理

指的是在公共项目定义域决策和计划与设计阶段，识别公共项目及其可交付成果的质量要求和标准，并书面描述项目将如何证明符合质量要求或标准的过程。

2. 公共项目中期质量控制

指的是公共项目实施与控制阶段按照质量要求和标准执行，对项目质量进行检测，并对质量偏差进行控制的过程。

3. 公共项目后期质量控制

指的是公共项目完工与交付阶段，项目负责单位制定项目质量控制实施进度报告及具体的收尾工作事项，制定工作实施细则，并且对项目质量全过程进行审计，发现隐藏质量问题，及时控制。①

---

① 王磊：“城市公共物流设施项目质量控制过程的分析”，《大庆师范学院学报》，No. 11，2013（106 - 111）。

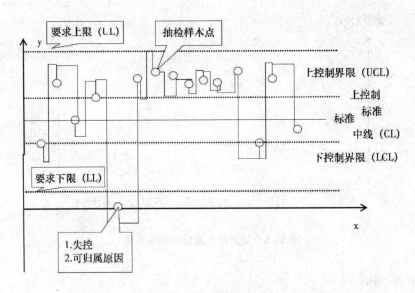

图 6 - 7   项目质量控制图示例

在公共项目质量管理过程中同样应当遵循"上医治未病"的原则，尽早采取措施确保项目质量达到项目目标要求。

第三节   公共项目采购、人力资源与沟通管理

公共项目采购、人力资源与沟通管理都与公共项目的资源获得和使用相关，其中公共项目采购管理是为项目获取所需各种物质资源，人力资源管理是为项目获取和合理配备各类人员，而沟通管理则是通过项目团队及相关利益主体间的有效沟通提高项目的资源配置效率。

一   公共项目采购管理

公共项目的采购管理主要是对采购公共项目所需资源的过程进行管理。通过对公共项目采购全过程的有效管理，可以降低项目采购的成本并提升效率，为公共项目的开展奠定基础。

公共项目采购的方式主要分为公开招标、邀请招标、竞争性谈判、竞争性磋商和单一来源五大类。[①] 其中公开招标与竞争性谈判是公共项目采购中较为

---

① 袁颖达："公共服务领域政府采购 PPP 项目采购方式优劣比较及时间限制浅谈"，《招标采购管理》，No. 3，2017 (29 - 32)。

常用且有效的方式。具体来看五种方式的优劣。

（一）公开招标

公共项目的采购中采用公开招标的方式，一般为采购主体已经明确所需要采购的主要资源，采购的物品的提供方较多且品质能够满足采购主体需求。公开招标的方式，一般由公共项目的采购主体发布采购的标书，标明为完成公共项目所需采购的物资清单、投标单位所需资质以及投标程序后公开发布，按照招标程序选择合适的投标方采购相应物资。由于公共项目的公共性的特质，采取公开招标的方式可以保证程序公开透明，因此较为常用。但公开招标的方式也有其缺陷，一是采购周期较长，二是采购成本较高，尤其是对投标单位及投标书进行评审的成本较高。

（二）邀请招标

如果公共项目采购的物资具有一定的特殊性，必须在较为特定的范围内选择采购对象，邀请招标的方式能够提升采购的效率并有效促进公共项目的进展，但是由于竞争不充分，有可能会提升采购的成本。邀请招标的方式，由公共项目的采购主体发布投标邀请，可以采用定向邀请的方式邀请相关资质的主体参与公共项目采购的投标，邀请的投标单位一般不得少于三家，招标按照既定的程序选择最佳投标方进行采购。

（三）竞争性谈判

如果公共项目所需采购物资具有一定特殊性或需求具有一定的不确定性，需要和采购对象共同商定采购的物资种类与标价，这时可以采用竞争性谈判的方式。公共项目采购涉及范围较广，采取竞争性谈判的方式可以将供求双方的需求进行快速协调，在保障采购物资品质的基础上，提升公共项目实施的效率。竞争性谈判一般由公共项目的采购主体发布采购公报并与供应商进行竞争性的谈判，按照报价与物品质量选择适宜的供应单位。

（四）竞争性磋商

当采购主体对项目所需采购物资具有一定特殊性或需求具有一定的不确定性，同时供应方的选择也在一定范围内，市场竞争并不充分时，可采用竞争性磋商方式。此种方式将招标与竞争性谈判的优势合二为一，同时避免了竞争性谈判中过于注重价格的不足。① 公共项目采购主体需要与特定的数家供应方之间就物资的范围与价格进行竞争性磋商，进而确定采购方案。但是由于供应方缺少充分竞争性，因此如果采购主体与供应商的意见与需求无法满足时，磋商

---

① 袁颖达："公共服务领域政府采购 PPP 项目采购方式优劣比较及时间限制浅谈"，《招标采购管理》，No.3，2017（29 - 32）。

可能陷入僵局。

（五）单一来源

公共项目在特殊情况下会采用单一来源的方式。由于公共项目的公共性与提升采购效率的需要，公共项目的采购通常会引入竞争的方式以提升采购效率，但是对于特殊的公共项目由于涉及保密或政策需求，或者满足要求的供应商只有一家时，可以采用单一来源的方式进行采购。以国防军事建设项目为例，由于供应单位本身较为单一，同时项目具有一定的保密性，通常会要求到固定的军事供应单位进行采购。

二 公共项目人力资源管理

公共项目人力资源管理，指在公共项目立项与启动，计划与控制及评估的全过程，对项目的人力资源的开发、规划、协调、激励等一系列活动，使人力资源在公共项目的整个过程中发挥建设性的作用，实现公共项目的社会效益。[①] 同时公共项目的特殊性要求公共项目人力资源管理不仅要关注公共项目本身，还要关注公共项目实施过程中的人力资源管理与原有的公共部门人事行政之间的关系，因此公共项目人力资源管理主要需要在人员的获得、人员聘用和评价激励方面进行有效管理，建立起适应公共项目的人力资源管理制度。

（一）公共项目的人员获得

公共项目的实施过程中需要一定的人员开展实际的工作，而公共项目的临时性要求其必须构建一套不同于一般公共部门的人员获得方式，从选择、招募与人员编制上都应当建立起适应公共项目的人员获得制度。

1. 人员的选择与招募

公共项目的人员选择与招募应当体现两个特征：一是工作性质的临时性，应当建立起以合同制与借调方式为主的选择与招募程序，在公共项目实施的初始阶段除了从政府部门和事业单位等借调人员外，还可以通过合同制的方式向社会招募人员或以劳务派遣的方式从劳务公司进行招募，此外，如果建立了职业项目经理人制度，可在职业项目经理储备库中进行选择；二是选择人员的专业性，要根据公共项目的特征来选择人员，既要从专业部门中借调到相关公共部门的人员，又要根据项目的特点从专业领域中以项目合同的方式临时招募相关专业的人员参与，保证项目的可持续进行。

---

① 蔡宁伟："项目人力资源管理的特性、误区和对策研究"，《华东理工大学学报》（社会科学版），No. 4, 2007（58～61）。

2. 人员的编制安排

人员编制管理主要针对的是参与项目工作的公务员和事业单位的人员。建立适应公共项目开展的人员编制管理，有利于在临时性的公共项目组织与原有的公共部门间建立有效的联系，促进公共项目组织中的人员积极地开展工作。公共项目的人员编制安排需要着重做好两个方面：一是稳定原有的人员编制，尽管借调参与公共项目的公务员和事业单位人员在项目团队中的工作具有临时性，但是其在原有公共部门中的编制应当予以保留；二是建立合理的评价制度，在公共项目中的工作人员所做出的工作绩效，在原有的编制体系内应当予以承认，保证公务员和事业单位人员参与公共项目的积极性。

（二）公共项目的人员聘用

公共项目实施的过程中，除合理的人员选择与招募外，还应当建立有效的人员聘用机制，这主要需要做两方面的工作，一是聘用公共项目经理，以有效开展公共项目的管理工作；二是建立起有效的临时性工作组织，以实现有效的人员配置。

1. 聘用公共项目经理

公共项目经理应当具有沟通协调能力，不仅在公共项目组织内部，同时也要与政府和社会间进行协调。同时公共项目经理的专业性要求较高，有关公共项目特别是重大公共项目需要公共项目经理具备一定的专业要求，这样在人员协调和资源调动方面发挥更好的作用。公共项目经理还要具备一定的宏观管理能力。公共项目的进度、项目规划、公共项目的团队建设、公共项目人力资源的管理、公共项目冲突应对等都要求公共项目经理具有宏观的管理能力。

2. 建立临时性的工作组织

我国学者严玲等认为公共项目的本质是一种临时性的契约组织，是在市场中形成的一组契约的缔结。公共项目则是在公共需求带动下的项目组合形成的政府投资人与项目经理、项目其他参与方的一系列契约的缔结体。[①] 因此，公共项目组织既不同于单个的企业组织，也不同于其他网络组织，而是一种独特的复合型契约组织。在该组织内部建立起合理的人员配置机制，通过合理的资源配置完成公共项目的集合体。

（三）人力资源的评价与激励

从目前我国地方政府的评价体系与激励机制的现状来看，基于传统日常行

[①] 李善波、王慧敏："基于契约视角的公共项目组织特性研究"，《建筑经济》，No. 9，2011（32 – 35）。

政管理职能的考核与评价体系已相对健全，与之相适应的各种激励机制与晋升机制也相对完善，然而对于独特性任务，往往仅在任务完成后由地方政府对整个项目的成败进行简单的定性评价，而对完成该任务的项目团队及团队成员则缺乏必要的评价体系，因此也就无法实现合理的奖惩，同时，由于项目团队具有临时性特征，导致项目团队成员没有晋升的通道，从而极大挫伤了项目团队成员的工作积极性与主动性。因此，地方政府需要建立起二元化的评价体系与激励机制，并设置专门的晋升通道。

三   公共项目沟通管理

公共项目沟通管理是指对项目实施过程中的各种形式、各种内容的沟通行为进行管理，以合理的方式产生、收集、处理、贮存和交流的过程，它是对项目沟通的内容、方法、过程等几个方面的综合管理。做好公共项目的沟通管理主要需要建立内部沟通机制与外部沟通机制。

（一）内部沟通机制

公共项目的内部沟通机制主要是保证公共项目实施团队内部的信息有效传递，以推动公共项目按照计划推动。

一是收集反馈公共项目的信息。公共项目实施过程中需要收集大量信息，由于公共项目涉及主体较多、信息来源渠道较多，信息的完备程度是公共项目决策与管理能力的保障，因此，公共项目团队成员必须将各自得到的信息及时反馈；在及时反馈信息的同时，还应当将信息统一汇总并有效地整合，形成有效的信息源以反馈给公共项目的参与人员，从而提升公共项目的管理水平。项目团队成员收集信息的内容不仅限于公共项目本身，还包括来自各相关利益主体的信息和社会公众的各种与项目相关的信息。

二是准确沟通公共项目的信息。公共项目的各项决策和管理工作都需要准确的信息支持，项目团队成员反馈的准确信息对项目进展产生重要影响，同时准确的信息沟通是项目团队成员间协调的重要前提。

（二）外部沟通机制

公共项目的外部沟通机制主要是公共项目实施的过程中，公共项目实施主体与相关利益者之间的有效沟通。由于公共项目的建设具有公共性，其有效推动不仅仅需要建设方自身的有效管理，外部的沟通效率也影响公共项目实施的效率。因此加强外部沟通机制建设，也是公共项目沟通中的重要组成部分。

一是广泛接触不同利益相关者。公共项目涉及主体较多，包括公共部门、承担项目的企业、民众等，项目团队成员应当与相关政府部门及社会公众都要进行有效沟通，保证信息的通畅性与全面性。

二是建立有效的沟通机制与程序。在与不同的利益相关者保持联系的基础上，项目团队还应建立起与不同相关利益主体间的有效沟通机制，可以将有可能影响到公共项目实施的各种意见与建议有效地传递给公共项目实施团队，以供其及时调整自身的工作方案。同时建立起固定的沟通程序，可以使项目建设方与相关利益方的不同意见能够进行有效的讨论，并通过有效沟通获取各相关利益主体对项目的支持，促进项目的正常展开。

　　案例：工程移民过程中的信息沟通机制问题与对策①
　　P 县位于金沙江下游北岸，是向家坝水电站库区重点县，涉及搬迁移民数量共 58507 人。该县移民工作始于"2003 年封库令"下达，其后的十一年间经历了实物指标调查"安置规划"、"移民搬迁"后期扶持等各个阶段。在长期的移民工作实践中，该县已经探索构建了两套信息沟通机制：以县政府为主体的信息沟通机制和以第三方为主体的信息沟通机制。这两种沟通机制都存在严重弊端，在公共项目过程中居民意见得不到反馈，没有实现有效沟通。因此造成工程移民拒不搬迁，甚至拖延工程工期的问题。有关学者提出建立三方沟通协商机制，为移民与项目业主直接对话搭建平台。县政府应建立由项目业主设计单位、县政府、移民代表三方参与的沟通协调机制，搭建移民与项目业主设计单位直接对话平台，如建立三方定期座谈会、政策咨询会等。根据工作需要临时沟通，也可以围绕某一阶段的重点工作进行"事前沟通""事中沟通""事后沟通"，这不仅能够及时发现和解决问题，更可以满足移民对原始权威信息的需求和期盼。

第四节　公共项目风险管理

　　基于对公共项目的特征属性的分析，结合项目风险管理的定义，可以将公共项目的风险定义为不确定性事件或条件对公共项目期望目标值存在的影响。这种影响包含两层含义：一是风险因素对公共项目本身的直接影响；二是间接影响，由于公共项目具有复杂性和关联性，因此各种风险因素将通过不同的传导机制对公共项目造成影响。从一般意义上讲，公共项目的风险总体上高于其

---

　　① 庄廷江："工程移民过程中的信息沟通机制问题与对策——以四川省 P 县移民过程中的信息沟通管理为例"，《三峡大学学报》（人文社会版），No. 2，2015（10～14）。

他类型的项目，并且项目风险因素造成的影响范围也较一般项目广泛，因此，在管理中需要给予足够的重视。

一　公共项目风险管理的内容

公共项目的风险源较一般项目更为广泛，主要包括政治风险、金融风险、不可抗力风险、信用风险、交付风险、环保风险、社会风险。

（一）政治风险

政治风险是公共项目所在地政治状况可能带来的风险，是一种主观的不确定事件，它主要来源于项目所在地的政治局势、政府政策的影响、政府行为的影响及社会公众对公共项目的回应性等。公共项目的建设所影响的社会范围较大，且建设成果与地方政府的政绩有较大关联，因此，项目建设前期就应当考虑公共项目相关的政治风险并采取相应的管理措施，确保公共项目的顺利实施，同时减少公共项目对地方政府公信力的损害。

（二）金融风险

项目的金融风险主要是指公共项目实施主体不能控制的金融市场的变化而对项目融资等产生的负面影响，包括影响银行贷款、债券发行等。公共项目的投资额一般较大且自身大多数不以赢利为目的，因此，在建设过程中应当控制建设资金的金融风险，保障建设过程不因资金问题而陷入停滞或中断。

（三）不可抗力风险

不可抗力风险是指公共项目所在地存在着恶劣的自然条件，如长期冰冻、炎夏暑期过长、长期降雨、台风、地震、雪崩、海啸、火山爆发、泥石流等不利的自然环境都可能给项目建设方构成潜在的威胁。在公共项目建设之初就应当考虑当地的地址与气候条件，评估不可抗力风险并慎重开展项目决策。

（四）信用风险

公共项目的建设通常需要政府与社会主体共同合作开发，在合作过程中双方的信任程度高低对项目建设能否顺利开展起到重要作用。在项目建设前期，政府通常通过招投标来招标合作建设的项目方，此时招投标程序的公开性与公正性，是控制信任风险的重要环节，政府需要科学决策并制定完善公开的程序以选择最有资质与能力的公共项目实施主体进入投标程序，并确定中标主体。

（五）交付风险

交付风险是指项目产出物无法按时交付、完工后无法达到设计运营标准以及各种原因导致的项目中止等风险。风险的大小取决于项目设计的技术要求、投资单位的资金能力和履行承诺的能力、承建商的建设开发能力和资金运作能力、承包商履行承诺的能力及法律效力、社会公众或政府的非正常的干预等。

(六) 环保风险

环境保护风险主要是指新的环保法规和政策要求对项目带来的影响。由于我国当前环境保护形势严峻，各级政府部门陆续出台环境保护的相关政策措施，这些政策措施可能影响到项目的正常实施或需要项目团队开展相应的项目变更。

(七) 社会风险

公共项目的建设亦需考虑社会风险，即如何妥善处理因项目开展而产生的社会影响。虽然公共项目从整体上对社会产生正向影响，但不排除对特定范围、特定人群产生负向影响，或因公共项目的受益不均而带来社会的不安定。

案例：吴江市垃圾焚烧发电 BOO 项目风险管理①

吴江市垃圾焚烧发电厂选址位于江苏省吴江市平望镇平西村与莺湖村之间，项目采取 BOO 模式建设，投资方为吴江丝绸股份有限公司，本项目总占地面积约 108714 平方米，总投资 32000 万元，其中环保投资 5870 万元，建设期 14 个月。对于此项目可能引发的风险，项目建设的相关方从以下几个方面采取措施。

信用风险控制。在工程招标前政府对各参标意向公司的资金能力、技术实力、管理能力、资信情况等都进行了全面、客观的考察、评价，最后确定的参标公司都是资质过硬、各项实力雄厚的公司。同时，项目公司通过与合作公司签订承包合同，将信用风险带来的损失尽量规避。建设过程中政府通过对各合作公司资金能力、技术实力、管理能力等方面进行连续动态评估，将变化因素记录，形成风险跟踪表，对变化因素进行跟踪监控，直至风险消除。

金融风险控制。由于国家宏观政策影响，在项目建设期间、经营期间，利率增加、小幅通货膨胀的概率较大，项目公司主要依据与政府协议的规定，通过政府提供垃圾收购补贴或提高居民垃圾收费标准来转移利率、通胀风险。同时，项目公司需采取风险自留的方式，提取一定的项目经营利润来应对利率增加带来的部分计划外支出。

环保风险控制。项目在建设过程中十分重视设备的选型，特别是环保方面的投入，生产过程中采用半干法中和去除烟气中的酸性气体，建设高

---

① 根据相关资料整理。资料来源：张毅："公共基础设施 BOO 项目风险管理研究"，南宁：广西大学，硕士学位论文，2008 年，第 34～39 页。

效布袋除尘器，加装活性炭喷射装置，进一步吸附、去除污染物，在同类企业比较中是先进的设备和工艺，烟气污染物排放达到《生活垃圾焚烧污染控制标准》（GB18485 - 2001），二噁英排放每立方米不超过 1.0 当量纳克。废气排放安装在线连续监测装置并与环保部门联网，实现实时监控。垃圾渗滤液收集、处理系统，分为 3 部分：生化部分、管式超滤系统和卷式 NF 系统，达到三级排放标准后接管于平望镇污水处理厂再次进行处理。

不可抗力风险是项目公司无法控制的，在其处理方式上主要采用风险转移的方式。项目公司通过与保险公司签订建筑工程综合保险、人身事故险、设备安全事故险、设备运输险等不可抗力事故保险，将不可抗力风险转移给保险公司。同时，公司应针对不可抗力因素制定一系列应急预案，保证在遇到不可抗力事故发生时，能够及时地根据应急预案做出调整，减少事故带来的损失。

近年来，我国因为邻避设施带来的社会问题频现，目前尚未形成相应的制度规范，因此，如何对社会风险进行有效控制成为亟待解决的问题。

二　公共项目风险管理

项目风险管理是指通过风险识别、风险分析和风险评估去认识项目的风险，并以此为基础合理的使用各种风险应对措施、管理方法、技术和手段，对项目风险实行有效的应对和监控，预防与控制有关风险，妥善处理风险事件所造成的不利后果，以最低的成本实现项目总体目标的实践活动的总称。公共项目的风险管理框架一般如图 6 - 8 所示。

公共项目的风险一般可以划分为四个阶段进行管理，分别是风险管理规划、风险识别、风险评估与风险处置措施。

（一）公共项目风险管理规划

根据美国国防部的描述，风险管理规划是指确定一套全面、有机配合、协调一致的策略和方法，并将其形成文件的过程。人们在进行项目风险管理时需要编制一整套计划，这个编制计划的工作过程就是项目风险管理规划，它是进行项目风险管理的第一步。其主要工作包括定义项目组成及风险管理的行动方案和方式，选择合适的风险管理方法，确定风险判断的依据等。

（二）公共项目风险识别

对项目可能面临的风险进行识别是项目风险管理的基础和重要组成部分。项目风险识别是指识别项目可能存在的风险及其产生的原因，描述这些风险的特征并对这些风险进行归类的过程。公共项目风险识别的依据有：项目风险管理计划，成果说明，历史资料，项目计划的信息，项目风险的种类，制约因素和假设条件。

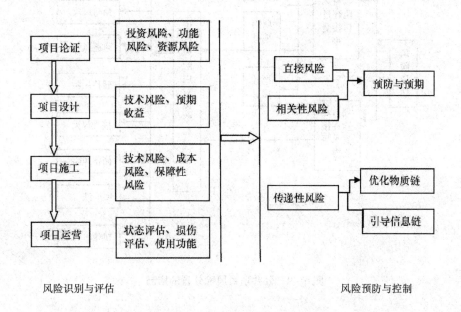

风险识别与评估　　　　　　　　　　　　　　　　　风险预防与控制

图 6 - 8　公共项目风险管理框架①

（三）公共项目风险评估

项目风险评估是在风险识别的基础上，运用概率和数理统计的方法测算项目风险发生的概率、项目风险的影响范围、项目风险后果的严重程度，并对项目风险的发生时间进行估计和评价。

（四）公共项目风险处置措施

项目风险处置就是提出处置意见和办法以应对项目风险的过程。通过对项目风险进行识别、估计和评价，综合考虑项目发生风险的概率、损失造成的严重程度以及其他因素，可以得出项目发生风险的可能性及风险的危害程度，从而决定采取何种措施加以应对。

公共项目风险处置的措施如图 6 - 9 所示。

---

① 王元明：“大型公共项目风险形成机理及管理框架”，《天津商业大学学报》，No. 2，2013（18~23）。

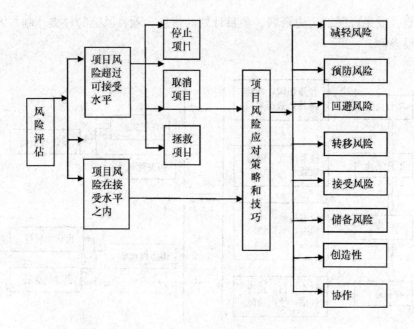

图 6 – 9　公共项目风险处置的措施

第五节　公共项目集成管理

　　在项目管理中，项目集成管理是指 "为找出和实现具体项目的各个阶段和各项活动的管理、各个专业领域或各个知识领域的管理，以及项目全体利益相关主体的要求和期望的合理配置关系，人们所开展的一系列的项目各个方面的综合平衡和关系合成方面的集成管理工作"①。

　　一些研究者在公共领域将项目集成管理定义为公共项目综合管理。平云旺认为："项目综合管理就是在各个相互冲突的目标与方案之间权衡取舍，以达到或超过项目干系人的要求与期望，它是为了保证项目各组成部分恰当协调而必须进行的过程，包括使项目的各种要素相互协调的过程。"② 而陈旭清等将公共项目综合管理定义为 "在公共项目生命周期内协调所有其他公共项目管理知识领域，确保项目所有的组成要素在适当的时间结合在一起，以成功地完成公共项目"③。

　　① 戚安邦等：《项目管理学》第 2 版，北京：科学出版社，2012 年，第 75 ~ 92 页。

　　② 平云旺：《新编常用项目管理全书》，北京：中国法制出版社，2011 年，第 119 页。

　　③ 陈旭清、金红磊、吴雅杰：《公共项目管理》，北京：人民出版社，2010 年，第 231 页。

综上所述，可以将公共项目集成管理定义为"在公共项目实施的全过程中，充分考虑公共项目的特点及其特殊性，协调整合各要素领域，进行全面集成，确保公共项目的顺利完成，更好地满足社会公众需求的管理活动"。

一　公共项目集成管理的特殊性

公共项目是一项系统性、全局性的项目管理，需要统筹考虑公共项目的各种影响因素。

（一）公共项目的复杂性

公共项目具有非营利性经济属性，且有很强的外部性，在管理过程中需要采用行政管理手段，且公共项目的资金主要来源于政府财政，使得公共项目在基金使用和工程效率管理方面都具有复杂性。从规模来看，公共项目的投资规模较大，其复杂程度和社会影响较大，在集成管理管理过程中需要根据实际情况来采用不同的管理手段和技术，并且需要集成的要素也较一般项目更多。

（二）公共项目参与主体的多样性

公共项目参与主体较为复杂，包括政府相关部门、公共项目承包方、公众以及各利益相关方等。这些参与主体不同其利益也不同，复杂的利益主体使得公共项目集成管理过程更为复杂，正所谓"众口难调"。公共项目要获得所有相关利益主体的绝对满意是非常困难的，需要通过公共项目集成管理尽可能提升相关利益主体的总体满意度。在这一过程中，可以参考帕累托原则，通过帕累托改进来提升公共项目的总体绩效。但帕累托最优是偏重效率的，公共项目集成管理除了通过帕累托改进不断提升公共项目的效率外，还需要充分考虑相关利益主体间的公平问题。

（三）外部环境的复杂性

公共项目深受其所处外部环境的影响。公共项目集成是在整个组织环境中进行，而不只是在某一个具体的项目内部进行。除了要协调、整合公共项目内部的各要素管理计划之外，还要整合公共项目的外部环境，要综合考虑公共项目是否和经济社会发展、市场竞争、政治要求、不同文化、价值观念相协调。如河南省的华夏祖龙工程，当时已经动工实施，但环保专家评估认为此项公共工程严重破坏了植被，会引起水土流失和生态破坏，最终这项工程不得不中止。

　　案例：备受争议的"华夏祖龙"①

　　1996 年，郭圣海主动找到新郑市有关部门，激情推销他的"华夏第一祖龙"项目。郭圣海的设想让许多人耳目一新，"纯用汉白玉石塑砌""龙身高 7.9 米""龙腹内可并行两辆汽车"，构想中的"华夏第一祖龙"气派非凡。于是，"华夏第一祖龙"项目被新郑市当作一个景点项目拟引进，不过细节方面断断续续谈了很多年。

　　2001 年 11 月 16 日，新郑市旅游局向当时的新郑市计划委员会提出建设"华夏第一祖龙"项目立项申请，新郑市计划委员会于当天对旅游局批复了项目建议书，但计划委员会至今也没有收到旅游局可行性研究报告。

　　2002 年 4 月 15 日，新郑市旅游局与郭圣海签订建设"华夏第一祖龙"合作协议。此时郭圣海的身份为深圳展康实业发展有限公司法人代表。协议中旅游局承诺："无偿划拨建龙所有用地，并办理土地使用证"，"最后龙的管理权归旅游局所有"。年底，"华夏第一祖龙"项目开工建设。

　　2005 年 5 月 26 日，郭圣海与李树民又签订了始祖山项目建设工程协议，郭圣海保证提供有关始祖山建设项目所需法律文书，而李树民则保证工程垫付资金的筹集。如果一方违约，须向对方赔偿经济损失 30 万元人民币。

　　2007 年 3 月 26 日，新郑市委宣传部一负责人称建"祖龙"是个人行为，与政府无关。27 日下午郑州市环保局透露祖龙项目尚未通过环保测评，28 日工程被当地政府叫停。国家林业局新闻发言人曹清尧在发布会上说，"华夏祖龙"项目是破坏森林公园的非常典型的违规项目，现在已经停建。曹清尧说，国家林业局高度重视媒体和社会舆论关注破坏森林资源和破坏生态案件的查处和查实工作，并举一反三，对媒体报道的有关问题进行了查处。

二　公共项目集成管理的内容

　　公共项目的集成管理主要包括公共项目集成管理计划编制、公共项目集成管理计划的实施、公共项目变更的集成管理这三个部分。

---

　　① 根据相关报道整理。资料来源："河南新郑'华夏第一祖龙'惹争议"，http：//news. sohu. com/20070329/n249053900. shtml。

（一）公共项目集成管理计划编制

公共项目集成管理计划编制是利用其他各要素管理计划的输出，创建一个内容充实、结构紧凑的文件来指导公共项目的集成管理工作。公共项目最终的目的是为社会服务，向民众提供安全、便捷的公共产品或服务，在公共项目集成管理计划编制时必须明确为社会服务的基本宗旨，在权衡成本与质量等因素的关系时，要树立质量优先的原则，将项目产品的功能最大化作为基本的指针。

此外，从参与的开放程度分析，商业项目往往因为商业利益的保密需求，集成管理计划编制的参与者通常局限在少数人范围内，而公共项目的集成管理计划编制的参与者通常是不受限制的，并且鼓励民众的广泛参与（涉密项目除外），项目之间不存在利益的竞争。[①]

公共项目的集成管理计划编制主要分为以下阶段。

1. 公共项目集成管理计划信息和数据的收集

公共项目集成管理计划是用于指导整个项目实施和管理的总体性依据。公共项目集成管理计划所需的数据以及信息必须全面、具有针对性，包括公共项目全过程中各种相关信息、文件及历史类似项目的经验与教训。具体包括公共项目现状、未来发展变化的预测、风险因素、相关历史数据等信息，以及项目变更时及时更新的相关信息。[②] 此外，公共项目尤其要考虑项目实施的内外部文化、价值和环境等影响因素。

2. 公共项目集成管理计划的编制

根据所收集到的信息及数据，编制公共项目集成管理计划时需要进行总体分析，包括对前期所收集的有关公共项目的资料和信息的分析；对实施公共项目的条件、公共项目的工期、质量和成本三大要素间的关系和影响进行分析；对公共项目主要风险因素及其影响进行分析。在充分分析上述信息的基础上，通过分步集成的方法确定要素间的关系，以"协同""融合"为目标，编制公共项目集成管理计划，使公共项目各要素管理之间形成一个有机的统一体，避免因为各要素管理间的冲突而导致公共项目的失败或出现不必要的变更。

（二）公共项目集成管理计划的实施

公共项目在完成项目集成管理计划之后，便可根据公共项目计划书开始实施公共项目了。公共项目计划实施的主要依据是项目计划开发阶段的成果——

---

① 陈旭清、金红磊、吴雅杰：《公共项目管理》第 2 版，北京：人民出版社，2010 年，第 257 页。

② 戚安邦等：《项目管理学》第 2 版，北京：科学出版社，2012 年，第 75 ~ 92 页。

项目计划、辅助说明，同时组织管理政策也将作为辅助文件来指导项目实施工作。① 具体来说，公共项目集成管理计划实施的主要内容有以下两方面。

1. 进一步确定任务范围，进行工作安排

项目范围是公共项目的边界。在具体实施中，公共项目由于其参与范围广泛，涉及群体复杂，需要根据公共项目集成管理计划进一步明确公共项目的范围。

2. 按公共项目集成管理计划执行

根据公共项目集成管理的计划组织好相关人力、物力、财力资源的配置，有序调动各利益相关主体的参与，在实施过程中及时进行公共项目的变更调整，特别要处理好项目实施过程中的纠偏与控制。只有计划合理，并严格按计划执行，才能最终实现项目目标。

（三）公共项目变更的集成管理

随着公共项目各项工作的开展，不可避免地需要进行变更。一旦某个方面或要素发生变化，为了将项目变更的影响降到最小，就需要采用变更的集成管理，综合调整其他相关要素。公共项目变更集成管理的主要依据有：项目计划、变更请求和提供项目执行状况信息的绩效报告。

1. 公共项目变更的集成管理与项目各要素变更管理的区别

公共项目变更的集成管理是对公共项目集成管理计划实施过程和工作的全面监督和变更控制，它能够使公共项目按照相应的控制标准来进行度量和有效的实施。公共项目变更的集成管理特别关注各要素间的关联关系，例如当项目成本管理出现偏差时，应综合考虑其对项目范围、质量、工期等的影响，对公共项目集成管理计划进行调整，在此基础上继续实施该项目。

2. 公共项目变更集成管理的步骤

公共项目计划变更应该做到以下几点：一是建立正式的公共项目变更程序；二是由变更控制领导小组负责审批或否决变更申请；三是定义正式公共项目变更的步骤；四是区别关键工作和非关键工作的调整。②

变更的集成管理主要包含以下内容。

（1）确定变更的发生。找出影响公共项目变更的因素、判断公共项目变更范围是否已经发生等，并说明变更可能对活动时间、进度和资源利用带来的

---

① 中国建筑业协会工程项目管理委员会：《中国工程项目管理知识体系》第 2 版，北京：中国建筑工业出版社，2011 年，第 66 ~ 67 页。

② 陈旭清、金红磊、吴雅杰：《公共项目管理》，北京：人民出版社，2010 年，第 238 页。

影响，以及可能导致的新风险。①

（2）确定变更的影响范围。通过综合分析确定变更对公共项目各要素的影响范围即影响程度，并提出相应的变更方案。

（3）进行变更的集成管理。主要包括公共项目变更方案的集成管理计划、实施与控制，以及根据环境的变化而及时调整的变更行动。② 变更控制的结果主要有：更新的公共项目计划、纠偏措施、经验总结。

三　公共项目集成管理的方法和工具

公共项目集成管理过程中，根据公共项目的特点不同，需要运用相应的集成管理方法和工具。下面介绍几个项目管理工具，以便更好地进行公共项目的集成管理和项目实施。

（一）公共项目管理信息系统

在美国项目管理协会出版的 PMBOK 第 4 版中，项目管理信息系统被定义为事业环境因素的一部分，是为指导与管理项目执行而提供的自动化工具。它能够帮助进行费用估算，并收集相关信息来计算挣得值和绘制 S 曲线，能够进行复杂的时间和资源调度，还能够帮助进行风险分析和形成适宜的不可预见费用计划等。例如，项目计划图表（如 PERT 图、甘特图）的绘制，项目关键路径的计算、项目成本的核算、项目计划的调整、资源平衡计划的制订与调整以及动态控制等都可以借助于项目管理信息系统。控制系统能够为项目经理提供一些控制手段，以领导和协调项目组织的各种要素，包括人力资源、项目设计、原材料和财务等。③

（二）变更控制系统

变更控制系统是由一组正式汇集的、文档化的程序组成的；它规定了正式项目文件变更需要经过的步骤；规定对项目绩效进行监测与评估的标准。创建的这个文档化程序级别必须达到权威项目文件认可的标准。

变更控制系统主要包括处理未经事前审查就已实施的变更程序，并使其可以在紧急情况下"自动"批准变更的功能，不过这些"自动"批准的变更仍须以文件形式纳入档案，以便记载基准的演变过程。许多变更控制系统还设有一个变更控制委员会，负责批准或否定变更要求。对于控制委员会的权力和责任需要进行仔细的界定，界定的结果要得到主要参与者的同意。在一些大型项

---

① ［美］Avraham Shtub、Jonathan F. Bard、Shlomo Globerson 著，汤勇力、李从东、胡欣悦译：《项目管理，过程方法与效率》，北京：清华大学出版社，2009 年，第 43 页。

② 赖一飞：《项目管理概论》，北京：清华大学出版社，2011 年，第 84～85 页。

③ 陈旭清、金红磊、吴雅杰：《公共项目管理》，北京：人民出版社，2010 年，第 252 页。

目中，可能会有不止一个控制委员会来履行不同的职责。①

思考题：

1. 如何界定与核实公共项目的范围？

2. 公共项目成本由哪些构成？

3. 如何进行公共项目的时间管理？

4. 公共项目的风险有哪些？如何进行风险管理？

5. 公共项目集成管理的包括哪些内容？可以采取何种方式进行管理？

---

① 平云旺：《新编常用项目管理全书》，北京：中国法制出版社，2011 年，第 126～127 页。

第七章 公共项目管理的多元主体协同

随着经济的发展，社会日趋成熟，社会多元主体开展协同治理的意愿及能力也在不断提升，并日益成为中国民主政治发展的时代要求。党的十八大报告中明确提出：要强化企事业单位、人民团体在社会管理和服务中的职责，引导社会组织健康有序发展，充分发挥群众参与社会管理的基础作用。这一目标是未来我国政府强化协同治理理念的集中体现。

有关协同治理理论的研究中，埃莉诺·奥斯特罗姆（Elinor Ostrom）以"共用性资源"（CPR，Common-pool Resouroes）的理论模型和分析框架所开展的研究工作具有较强的代表性，其研究深入阐释了以强有力的中央集权或者彻底的私有化来解决公共事务的悲剧原因，① 从而找寻出了一条真正解决公共事务困境之道。20 世纪 60 年代到 80 年代，随着耗散结构理论、协同学、超循环理论与突变论为代表的"自组织"理论的兴起，为治理理论的研究注入了新的活力，提供了重要的科学思维方式，特别是哈肯的协同学，作为一门以研究完全不同的学科中共同存在的本质特征为目的的新的理论，突破了以往线性科学着眼他组织的局限，探讨在突变点上系统如何通过内部子系统之间的协同、竞争、自组织而形成结构的内在机制思想。②

在公共项目实施的过程中涉及主体类型众多，利益诉求复杂

---

① 杨志军："多中心协同治理模式：基于三项内容的考察"，《地方政府发展研究》，2010（112~121）。

② 李曙华：《从系统论到混沌学》，南宁：广西大学出版社，2002 年。

多样，引入协同治理的理念将有助于促进项目相关利益主体之间的有效合作和提升公共项目的实施绩效。

第一节 公共项目决策的多元主体协同

决策的科学性是公共项目目标实现的前提，从西蒙的观点"管理就是决策"可以看出决策对管理工作的重要性。由于公共项目的目标是实现公共价值最大化和提升社会公众的总体满意度，因此，在决策阶段充分吸收各相关利益主体的意见建议对于公共项目的科学决策具有十分重要的意义。

一 公共项目决策的特征

公共项目决策，主要是指由公共项目的决策主体，通过规定的决策程序对公共项目的实施和结果进行决策的过程。[①] 公共项目的决策应特别强调两个方面的内容：一是决策的政府主导和多元主体参与；二是必须经过一定的法定程序进行决策。

公共项目的决策过程特征如下。

一是公共项目决策的影响广泛。公共项目决策的影响范围较一般项目广泛，决策的失误会带来较为严重的损失。

二是公共项目决策参与主体多元。由于公共项目的影响广泛且涉及的利益主体较复杂，加之公民对公共项目的关注度与参与度都相对较高，不同类型的主体可以通过各种渠道参与项目的决策并影响项目决策的过程。

三是公共项目决策过程复杂。公共项目决策一方面要经过诸多的法定程序，从调研论证、征询意见到项目决策评估、方案审议才能够表决通过，每一步都有诸多的法律和规定限制，因此其较一般的项目有着更加有序而严格的规定；另一方面公共项目的决策过程受到各主体间相互博弈的影响，有可能因各方意见与力量相左导致决策停滞，也有可能出现各方意见反复博弈导致的决策结果反复变化。

由于项目决策的影响广泛、主体多元、过程复杂，因此在项目决策的过程中更加强调多元主体的协同配合，只有通过各主体在项目决策中的各司其职与多元主体协同机制的有效运转，才能保证项目的决策的科学性与可行性。

---

① 王喜军、王孟钧、陈辉华："政府投资项目决策体系及决策机制分析"，《科技管理研究》，No. 7，2009（107~109）。

二 公共项目决策中的主体及其目的

公共项目的决策主体较多，其在决策过程中的互动行为主要与其决策目标息息相关，本部分将分门别类地梳理公共项目决策过程中的各主体及其目标。

（一）政府

公共项目的决策大部分是由政府部门牵头完成的。参与项目决策的主要部门包括政府主导部门、相关职能部门和参与项目实施的下级政府及其部门。项目的主导部门负责牵头整体项目的决策、规划与协调各主体，相关职能部门负责提供决策信息或资源、下级政府及其部门负责提供自身的建议与意见。政府跨部门与跨层级的协同有助于在公共项目决策过程中充分考虑到不同部门的管理目标及其对公共项目的需求，并对项目的可行性提供保障。

（二）相关利益主体

项目的相关利益主体也称干系人是指项目的直接或间接参与者，是利用各种知识、技能、工具技巧的应用者，他们的活动会直接或间接地影响到整个项目。[①] 公共项目的相关利益主体应当包括涉及项目建设的企业、受项目影响的民众和相关社会组织等。它们为了实现自身目标并保护自己或其代表的利益团体的利益而参与决策过程，提高项目决策的民主化程度。

（三）非相关利益主体

非相关利益主体主要指未因公共项目获得利益或遭受损失的主体。[②] 公共项目所涉及的非相关利益主体主要包括与项目非直接相关的社会公众。公共项目的非相关利益主体尽管在项目本身所涉及的范围内没有直接的利益或损失，但对公共项目给予关注或预期到其他类似的公共项目可能对自身带来影响，因此对参与项目决策产生动力，以保证自身的基本权利和间接利益，满足自身参与社会活动和公共事务的要求。

（四）媒体

媒体被称为现代社会的"第四权力"，在公共项目决策中一方面作为决策的参与者，通过记者的调查采访与报道为决策者提供相应的信息与监督，进而参与并影响决策过程；另一方面媒体作为各类主体间的连接渠道，能够成为各类观点交流的平台，通过筛选与明辨各类信息、观点等提高决策的科学性。

需要注意的是，随着自媒体的发展，每个人都可以成为信息发送者并在社

---

① 张恩荣、史洪静、司静波："土地整理项目中项目干系人管理分析"，《北方经贸》，No. 5，2009（144~145）。

② 朱旭峰："中国社会政策变迁中的专家参与模式研究"，《社会学研究》，No. 2，2011（1~27）。

会中形成一定的影响，网络舆情对公共项目解决的影响能力不断提升，因此，应当以更加主动的方式对网络舆情进行监测，使其为公共项目决策服务。

（五）专家

项目决策过程中的专家，主要是指在独立或各类咨询机构中为项目决策发挥作用的专业分析人员。在当前的项目决策过程中专家主要来自民间智库、学术智库、部门智库、最高智库四大类机构中。[①] 民间智库与学术智库主要承接政府的委托项目，通过自身在研究方法与研究经历方面的优势，为政府项目决策的科学性提供帮助。部门智库主要通过为本部门的工作提供调研数据和资料支持，帮助政府主导项目决策的部门更加了解项目及环境信息，提高项目决策的可行性。最高智库的专家主要通过整理各地的信息数据，直接为最高决策者或各地项目的宏观决策提供科学的引导。

三　主要主体在公共项目决策中的作用及特征

根据各主体参与公共项目决策的目标，本部分进一步分析其参与方式与特点，为决策过程中的多元互动分析做铺垫。

（一）政府在公共项目决策中的作用及特征

各级政府是公共项目决策的主体，其在决策过程中的地位与作用在现有的决策体系下是极为重要的。

1. 政府在公共项目决策中的作用

政府参与项目决策主要是指各级政府或政府部门间通过各种形式的参与，在项目决策中发挥作用的过程，具体来看主要包括以下三种方式。

（1）组织开展公共项目决策

政府在公共项目决策中最直接的作用就是组织开展公共项目的决策。对于政府内部组织实施的项目，通过部门提出方案，组织方案论证的方式进行决策，并列入部门预算。对于政府财政支持，由社会主体参与的项目，通过招投标的方式，依据相关法律法规进行决策。其中，涉及民生社会发展的项目，例如重大投资项目应当广泛征求民众的意见，并将其纳入决策过程。对于完全由社会出资的公共项目，政府应当依据部门职责范围和相关规定，在项目决策过程中履行监督管理职能。

（2）参与政策研讨

各级政府的职能部门通过参与决策部门举行的相关项目决策研讨活动来参

① 王绍光、樊鹏："政策研究群体与政策制定——以新医改为例"，《政治学研究》，No. 2，2011（40）。

与到实际项目决策中。一方面各级政府按照决策部门的要求，通过研讨活动收集决策方案与建议。如国家发展和改革委员会组织人员赴浙江省开展专题调研并主持召开了经济形势座谈会和"十三五"规划基本思路研究座谈会，听取了黑龙江、上海、浙江、河南、湖北、广东、广西、陕西、新疆9省（区、市）关于"十三五"规划基本思路前期研究情况的汇报，9省（区、市）报送了当前经济运行情况分析材料。① 另一方面各级政府以对决策方案提出建议与意见的方式参与决策。如"十三五"规划项目在决策时，由国家发改委规划司组织召开"十三五"规划专题座谈会，有来自教育部、工业和信息化部、民政部、环境保护部、商务部、文化部、卫生计生委、质检总局、新闻出版广电总局、体育总局、旅游局等11个部委的相关司局负责同志参加座谈。与会同志对国家"十三五"规划编制工作提出了意见和建议。②

（3）提供决策信息与资源

在项目决策部门进行项目决策时会要求各级政府为项目的决策提供信息，相关政府机构会利用决策部门提供信息的机会，通过报送信息与资源的方式引导和影响公共项目的决策。以国家行政副中心建设项目为例，在进行初期决策时，天津、河北都积极上报自身可选址为副中心的信息，天津有关部门计划，积极承接首都功能转移，加强武清、宝坻规划建设，完善基础设施，重点发展电子商务、现代物流、科技创新等产业，并上报了"建设国家行政副中心的方案"③。河北省则在出台的《河北省委、省政府关于推进新型城镇化的意见》与《河北省新型城镇化规划》中，明确"保定市作为畿辅节点城市，利用地缘优势，谋划建设集中承接首都行政事业等功能疏解的服务区"④。

除通过政府内部体系上报相关决策信息，各级政府还推动政府体系外的人员向项目决策者提供信息来参与项目决策，如中国房地产开发集团理事长、幸福人寿保险股份有限公司董事长孟晓苏于2015年11月20日在北京的"小康论坛"上表示，"武清是中国行政副中心最佳选址，北京向东、向南发展才是

---

① 发展规划司："徐宪平副主任赴浙江开展经济形势和'十三五'规划基本思路专题调研"，http://ghs.ndrc.gov.cn/gzdt/201409/t20140924_626505.html，2015 – 12 – 3。

② 发展规划司："规划司组织召开'十三五'规划专题座谈会"，http://ghs.ndrc.gov.cn/gzdt/201509/t20150906_750130.html，2015 – 12 – 3。

③ 于祥明："'副中心'博弈白热化，新入局者天津：打造'国家行政副中心'"，http://news.cnstock.com/news/sns_yw/201406/3069839.htm，2015 – 12 – 3。

④ 曾建中："北京市政府或东迁通州，保定梦碎副中心！"，http://www.21ccom.net/articles/china/ggcx/20150609125590.html，2015 – 12 – 3。

唯一选择，与天津武清、河北廊坊的联结带上构建出一条黄金发展通道"①。

2. 政府在公共项目决策的特征

政府参与公共项目决策主要有以下特征。

（1）主导部门负责

公共项目的决策一般由项目的主导部门负责，相关的各级政府及其部门通过参与研讨、提供信息等方式参与到决策过程中。公共项目的主导部门负责吸收相关信息与意见，进行筛选与判断进而做出项目的决策。如各地规划项目，按照《城乡规划法》的要求实施"一级政府一级规划"，规划部门结合相关部门和各级政府的意见建议制定整体规划，其他职能部门与下级政府都只能按照上级政府的上位规划来制定自身的规划。②

（2）主导部门制定决策目标

公共项目决策的主导部门对公共项目的决策目标会严格控制，各级政府参与决策的活动必须为决策目标服务。如中央提出的妇女小额贷款项目，2012年在四川省全省获贷妇女总人数只有9118人，贷款总额4.7亿元，不到预期目标的一半。2013年全省21个地市（州）中有5个地区贷款额度为0，还有6个地区两年时间贷款总额不到500万元。中央政府改变项目的目标，将贷款的妇女范围扩大后，项目规模极度膨胀，几乎出现失控局面。③ 由此可见，地方各级政府虽然积极提供信息完善决策，但最终的项目决策权与决策目标仍由主导项目的部门掌握，主导部门按照自己的决策权力来安排项目的决策目标，各级政府在既定目标下适当参与决策。

（二）社会公众参与项目决策的方式及特征

社会公众参与项目决策过程，是其表达自身的意见与诉求的一种方式，在当前的项目决策过程中显得越发重要。社会公众既包括公共项目的相关利益主体，也包括非相关利益主体，二者在参与公共项目决策的方式和特征方面具有较强的共性。

1. 社会公众参与项目决策的方式

社会公众参与项目决策主要有以下两种方式。

（1）直接参与项目决策

---

① 孟晓苏："武清是中国行政副中心最佳选址"，http://i.ifeng.com/news/sharenews.f? aid = 93795754，2015-12-3。

② 熊健："控制性详细规划全过程管理的探索与实践——谈上海控制性详细规划管理操作规程的制定"，《上海城市规划》，No.6，2011（28~34）。

③ 陈家建、张琼文、胡俞："项目制与政府间权责关系演变：机制及其影响"，《社会》，No.5，2015（1~24）。

社会公众直接参与该项目的决策方式主要有社会听证会、项目的环境评估与社会稳定风险评估等方式。

社会听证制度是针对需要通过协商、整合才能最终做出决策的特定事项，以采取座谈会等形式从目标群体中选取部分成员，听取他们关于讨论话题的观点和意见进而做出决策的一项制度。[①]《中华人民共和国环境影响评价法》和《中华人民共和国城乡规划法》中明确规定在涉及环境影响较大的项目和规划项目决策时必须采用社会听证制度，社会公众可以通过座谈会、听证会来听取项目决策信息并发表自身的意见与建议以此参与到项目决策中。

参与项目的环境影响评估与社会稳定风险评估是社会公众参与决策的另一种方式，环境影响评估主要是听取社会公众对项目可能造成的环境影响的意见，[②] 社会稳定风险评估主要是听取利益方对项目可能带来的社会影响的意见。决策部门通过问卷调查、座谈会、实地走访等方式征集相关意见并进行分类汇总，在综合分析的基础上编制风险影响评估报告书，以此作为决策的重要依据。[③]

（2）间接参与项目决策

社会公众可以通过人大、政协等制度化的表达途径影响项目决策，也可以通过新闻媒体、社会组织或其他手段参与到公共项目的决策中。社会公众通过人大代表与政协委员在项目决策的过程中发声，能够将自身意见表达给主导决策的相关部门。新闻媒体能够以较低的成本与较快的速度，完成意见的收集与反馈工作，并将相关主体的意见整合后有效地传递给决策部门。社会组织在自身相关的领域，通过专业的意见收集与整理和统计分析等方式，表达社会公众的意见。此外，社会公众参与项目决策的方式还有很多，例如自媒体、组织游行等。

2. 社会公众参与项目决策的特征

社会公众参与项目决策主要有以下特征。

（1）参与程度与自身利益相关

社会公众参与公共项目决策的积极性与其自身的利益直接相关，利益相关性越大，参与的积极性越高，利益的相关性降低则会导致相关主体参与决策的积极性降低。例如在苏州规划项目中，涉及苏州全城人民的轻轨建设项目，公众参与比例在40%以上，而相对较偏远的工业园区规划项目，公众参与比例

---

① 魏建新："利益视角下的行政决策听证"，《广西社会科学》，No. 2，2015（114~118）。

② 王达梅："公共政策环境影响评估制度研究"，《兰州大学学报》，No. 5，2007（83~88）。

③ 唐钧：《社会稳定风险评估与管理》，北京：北京大学出版社，2015年，第10~33页。

仅有 12. 1%。①

（2）参与效果与自身知识背景相关

社会公众参与公共项目决策时，对公共项目的决策结果影响的程度与其对项目相关知识与背景的了解程度直接相关。当公共项目决策参与主体对项目所需信息了解较少，专业知识相关性不强时，社会公众其在项目决策中的影响力较小；当公共项目决策参与主体对项目所需信息了解较多时，其社会公众在项目决策中的影响力则较大。

在 2003 年左右开始的云南怒江水电站建设项目，在十年多的时间中经历了三轮博弈，第一轮博弈中政府与 NGO、相关民众围绕开发水电项目与环保是否矛盾进行辩论，最终相关主体的意见影响决策使水电站项目停止建设。而第二轮博弈时，政府邀请了相关专家参与项目建设论证，在 2006 年就得到先行建设四级水库的批准。第三轮博弈中支持与反对的专家相互辩论，对项目是否正常开展进行讨论，而作为社会公众的民众和社会组织由于缺乏相关专业知识致使在决策中的作用十分有限。②

（三）专家参与项目决策方式及特征

专家通过自身的专业知识为项目决策提供必要的辅助，这是公共项目决策科学化的重要保证，其参与项目决策的主要方式与特征如下。

1. 专家参与项目决策的方式

（1）直接参与项目决策

专家根据自身所掌握的知识可以直接参与到项目的决策过程中，主要包括三种方式：一是参与项目的规划论证，项目决策时项目主导部门邀请相关领域的专家，参与项目的规划论证活动，为项目的方案设计、决策目标等提供科学的信息支持。如国家发改委在制定"十三五"规划项目时成立了由 55 名专家组成的"十三五"规划专家委员会，为发改委的项目决策提供直接支持。

二是参与项目意见征询，当项目决策方案完成后，项目的主导部门可以邀请专家针对方案提出相应的意见，如山东省政府就"十三五"期间实现"市市通快铁、县县通高速"规划目标召开座谈会征求专家代表意见，来自国家和省有关研究机构的专家对"两网两通"规划目标提出了意见和建议。③

---

① 徐善登、李庆钧："公众参与城市规划的态度分析与政府责任——以苏州市和扬州市为例"，《城市问题》，No. 7，2009（73 – 77）。

② 朱春奎：《政策网络与政策工具：理论基础与中国实践》，上海：复旦大学出版社，2011 年，第 20 – 63 页。

③ 山东省政府："省政府就'两网两通'规划目标征求专家代表意见"，http：//www. shandong. gov. cn/art/2015/11/18/art_ 322_ 69171. html，2015 – 12 – 3。

三是参与项目的评审，在项目立项时一般都需要通过专家评审会，确定项目的可行性与合理性，我国《中央预算内直接投资项目管理办法》等政府投资项目规定以及《国家自然科学基金资助项目资金管理办法》等科研项目管理规定，都明确了专家要通过项目评审的方式，对项目的目标、实施方案、可行性等决策内容进行评估，以防止项目决策的失误。

（2）间接影响项目决策

专家还可以通过间接的方式向相关部门表达对项目决策的意见以影响最终的决策结果，主要有两种方式：一是通过媒体向项目决策部门提供信息，专家可以注意到项目主管部门所忽视的问题，并通过媒体等方式影响决策。如甘肃学者张正春在游览圆明园时，他意外地发现圆明园的防渗项目，张正春认为这是一次毁灭性的生态灾难和文物破坏，于是他向北京地球纵观环境科普研究中心主任李皓博士等多人通报了情况，《人民日报》科教文部主任记者赵永新收到北京地球纵观环境科普研究中心主任李皓博士发来的邮件后，联系张正春一同去圆明园进行了实地考察，次日，赵永新就圆明园铺膜防渗工程做了《内参》并刊发通讯。[①] 圆明园的防渗项目是否应当建设迅速进入讨论议程，项目预先的决策目标也被迫暂停。[②] 二是专家通过发动公众影响项目决策，专家利用个人影响力号召公众进行社会运动，通过此种方式间接地参与到项目的决策中或促进项目的立项与实施。如 2011 年初于建嵘通过微博打拐的方式，号召公众发起的一场网络打拐运动，促进了相关社会基金会建立专项公益性项目，将网络打拐活动转变为一场公益项目。

2. 专家参与项目决策的特征

专家参与项目决策的特征主要有以下几点。

（1）参与能力与自身掌握的信息有关

专家参与项目决策的能力与专家掌握的项目决策信息和知识成正比。一方面在项目决策中，政府将自身的项目信息向专家开放得越多，越有利于专家了解决策内容，从而给出更有针对性、科学性的决策建议。[③] 另一方面如果专家的专业知识与项目要求相符合，则参与项目决策的能力就越高；如果专家的信息与知识和项目本身要求并不对应，则很容易对项目决策造成误判。

---

① 赵永新："圆明园湖底正在铺防渗膜：保护还是破坏——有专家认为后果不堪设想"，《人民日报》，2005 年 3 月 28 日。

② 吴人韦、杨继梅："公众参与规划的行为选择及其影响因素——对圆明园湖底铺膜事件的反思"，《规划师》，No. 11, 2005（5～7）。

③ 张慧颖、王佳、张颖春、齐欣原："决策专家咨询中的信息不对称问题探析"，《天津大学学报》（社会科学版），No. 4, 2015（319～323）。

(2) 参与能力与利益主体有关

由于公共项目的利益主体更加复杂多元，在公共项目决策咨询时还要考虑到利益主体对项目的影响大小。专家参与公共项目决策的能力，与公共项目本身所涉及的利益主体的稳固性有关，当项目所涉及的既得利益主体较为稳定时，专家参与项目决策的能力就会减少，当项目所涉及的既得利益主体较小或比较松散时，专家的意见就很容易影响决策。①

四 各主体在项目决策中的协同

在项目决策过程中，各主体由于自身的地位与作用而采用不同的手段发挥差异化的作用，这使得一些公共项目在决策过程中陷入多主体相互角力的情景。摆脱此种情景，应努力实现各主体间通过协同与互补的方式与参与决策的过程，促进各主体在项目决策过程中协同并进。

(一) 各级政府间的决策协同

各级政府间进行公共项目的决策协同需要从以下几个方面入手。

1. 提升各级政府参与决策的意愿

在项目决策过程中实现政府间的协同，首先应提升各级政府参与决策的意愿。在各级政府的日常工作中，基于职能分工的逻辑，各部门往往只对自己职责范围内的工作负责，并且下级政府及部门对上级政府及部门的决策以服从和执行为主，这就造成了政府间决策参与的意愿不强。基于这种情况，应当首先在政府内部对日常工作和项目进行区分，对不同类型的工作采用不同的工作方式，在日常工作中保持职能分工的工作方式，在项目工作中则采用跨部门合作的工作方式。在区分工作方式的基础上，进一步调整思维方式，对于项目工作应不断强化合作精神和合作意识，增强各部门的参与意愿。

2. 规范各级政府参与决策过程的方式

各级政府参与公共项目的决策主要通过提供信息、意见，参与决策多主体互动等方式。因此，规范各级政府提供信息的渠道与完善多主体互动机制，有助于规范整个项目的决策过程。对于各级政府提供的信息，首先，主导部门应规范信息收集的种类、渠道和方式，涉及统计信息的应明确统计口径；其次，要对各级政府提供信息的时间节点做出规定；最后，相关部门应采取一定的方式监督并检查其他部门提供信息的真实性与合理性。对于各级政府互动机制，主导部门应当建立决策联席会议制度，让不同部门在同一平台上开展良性互

---

① 朱旭峰："中国社会政策变迁中的专家参与模式研究"，《社会学研究》，No. 2，2011（1～27）。

动，并在联席会讨论的基础上做出决策。

（二）政府与专家间的决策协同

政府与专家间的协同需要专家与政府对决策过程进行规范。

1. 提升专家参与项目决策的独立地位

在现实的公共投资项目决策过程中，决策主体的自由裁量权仍然较大，项目决策中"长官意志"和"独断专行"现象仍较为常见，强势利益集团对项目决策的影响较大，专家参与往往为形式主义。① 在专家地位得不到保障的前提下，政府与专家的互动往往流于形式，因此只有提高专家的独立主体地位，完善专家评议与评审制度，才能够实现政府与专家间在地位平等的基础上开展互动与协同工作。

2. 规范专家参与项目决策的制度

在提升专家独立性的基础上，规范专家参与决策的制度，有效发挥专家在项目决策中的作用，保障专家咨询对项目决策产生正效应。一方面应当完善专家咨询制度，如制定明确项目评审会中的专家数量、结构的规定，明确专家意见在项目评审体系中的比重等。另一方面要建立起专家咨询的约束机制，通过健全道德自律机制，培养专家的社会责任感和使命感；建立专家信用档案，将专家咨询论证意见的可靠程度和决策的实施效果记入专家信用档案；建立奖惩机制，将有不良咨询行为的专家果断解聘，甚至对其进行责任追究，以激发专家的创新潜能并督促专家慎重表态。②

3. 专家专长与决策内容相匹配

由于咨询机构性质不同，专家擅长的重点与研究方向也有所差异，因此决策部门应当全面掌握专家的信息，促进专家特长与决策咨询活动的特点相匹配，进而促进各种咨询机构的优势互补，推动项目决策的科学化。③ 如学术智库的专家擅长研究方法且在决策时能够相对中立，在决策咨询时应当更多地让其参与到项目数据整理挖掘与实地调研的总结整理中来，提出项目咨询的整体方案与规划；部门智库的专家更加擅长文字的处理，对部门工作的实际更加了解，因此可以让其参与到项目决策报告的整理和项目最终实施方案的制定中。

（三）政府与社会公众的协同

政府与社会公众间的协同需要以下程序规范。

---

① 杨飞虎："公共投资项目决策专家参与研究"，《学术论坛》，No. 3，2011（58~64）。

② 杨静娴："健全公共决策专家咨询制度的对策分析"，《领导科学》，No. 20，2011（54~56）。

③ 王绍光、樊鹏："政策研究群体与政策制定——以新医改为例"，《政治学研究》，No. 2，2011（36~51）。

1. 加强公众参与权利的相关立法

目前我国仅有几部法规及部门规章明确了公众参与的合法地位，包括《中华人民共和国环境影响评价法》和《中华人民共和国城乡规划法》两部法律以及《环境影响评价公众参与暂行办法》和《环境保护行政许可听证暂行办法》两部规定。在目前的法律体系中，缺少对于公共项目的公民参与权利和程序的规定，因此，公民能够合法合规地参与公共项目的种类与渠道仍然十分有限，不利于项目决策的民主化。

建立并完善公众参与项目的一般程序，进一步明确我国公众参与公共项目决策的权益，约定其参与过程中的权利、义务的界限，并在实体法和程序法方面，明确公众参与公共项目决策过程中的途径、方式以及具体程序，如此才能够保障公众参与的基础并规范公民参与的行为。

2. 公众参与决策渠道多样化、具体化

在公共项目的决策过程中，现存的沟通方式与通道难以满足各主体参与决策的实际要求，因此在一些主体难有合理的、正常的渠道表达自身意见时，就会选择激进的方式表达意见，使政府与社会公众间沟通机制失效。为社会公众建立更多、更优化的意见表达渠道，能够促进项目决策的稳步开展。

对目前规定的公众参与决策的途径应当做更细化的处理，使各种参与途径更加具体化、可操作化。如当前的项目听证制度，法律法规与地方规章中一般只规定公众参与听证制度，对参与公众的人数、结构、参会过程、形式等都缺少明确的规定，因此就会出现一些听证会活动人员内定等现象。[①] 通过完善法律与规章，将公众参与决策机制规范化、具体化并落实成为管理规定，有利于推动公众参与决策渠道发挥作用，提高公共项目决策过程的民主化。

（四）专家与社会公众间的协同

专家与社会公众间的决策协同优化主要依靠以下环节。

1. 妥善借助专家影响决策

当前的项目决策日益复杂化，且社会公众参与项目决策的能力受到知识与信息不对称性的影响，其作用很难有效发挥。因此社会公众可以将自身的意见与要求提供给相关领域的专家，由其做出判断并提供给主导项目决策的部门来间接地影响决策。如怒江水电站建设项目，NGO 组织与地方政府从直接互动逐步变为环境保护专家与地方经济发展规划专家之间代表 NGO 与政府互动，提供不同方案的专家对多种方案进行科学的整合，最终形成的项目决策能够保

---

① 陈朝兵：“重大建设项目决策中的公众参与障碍及对策论析——以近年来数起地方重大建设项目事件为例”，《科技管理研究》，No. 22，2014（156~161）。

障多方利益的吸纳与项目决策质量的提高。

2. 规范专家与媒体间关系

专家通过各类媒体平台表达自身意见，并提高社会公众对项目的认知程度，有利于决策部门及时注意到决策层以外的专业意见，并提高社会公众参与项目决策的有效性。但是专家与媒体之间的互动应当在一定的规范下进行，尤其通过媒体表达的意见必须是客观中立、依据事实的，不能将自身的偏见与利益带入其中甚至影响公众对项目的判断。同时应当按照相关规定对于专家的言行进行一定的规范，发挥专家与媒体间积极的互动作用。

第二节　公共项目实施的多元主体协同

在一项公共项目经过了一个较长的酝酿准备阶段，制订了相应的计划，形成了书面文件——项目计划书、进度安排表、成本计划书、资源配置表及项目多元主体名单等后，为了实现项目的目标，使公共项目的受众满意，还需要实施主体带动整个项目实施团队共同努力，完成公共项目的各项工作任务。公共项目的实施阶段就是这样一个从无到有的实现过程。

一　公共项目的实施过程

为了实现公共项目的目标，公共项目的管理者应当调动多元主体的积极性，使其以最大的热情投入到公共项目的实施过程中，并运用一些技术手段与方法，使既定的项目沿着正确的轨道运行。公共项目的实施过程是指根据公共项目决策期所制定的目标、步骤与阶段，由实施主体组织、指挥、协调与控制，以实现项目所制定的特定目标的过程。

（一）公共项目实施过程的内涵

公共项目的实施过程一般包含三个阶段，即准备阶段、落实阶段及评估验收阶段。在准备阶段，包括思想准备、组织与人力的准备、财务准备等；在落实阶段，包括组织实施、跟踪评估、纠偏活动措施等；在评估验收阶段，包括公共项目实施的效果检验与过程中的绩效考核。公共项目的实施过程中要解决的问题包括"由谁来做""做什么""在什么时间段做""在什么地点做""通过怎样的方式去做"等。

（二）公共项目实施过程的特点

公共项目实施过程主要有以下特点。

（1）"一次性"，目标具体。公共项目的实施是一次性的，为完成某个特定目标而开展的临时性活动。公共项目在实施过程中，应具备特定的目标，目标是可实现与衡量的。公共项目实施各个环节均必须以整个项目的成功作为工作中心，并以达到预期所取得的成果为导向。当目标实施过程中面临问题时，需要协调多方由某一特定主体牵头，以更加严格、精确、有效的目标导向控制取代松散的个体执行，以期完成目标整合为一。

（2）主体多元，相关性强。在公共项目的实施中，存在多个主体参与其中的情况。实施主体在项目实施前是分属不同组织或部门，但在实施过程中每个主体与其他主体存在相互作用关系。公共项目实施过程中各主体处于相互监督、制约中，一些公共项目也会单独设立监督委员会以保障正常运行。为达成共识和完成目标，一般会推动监督人员的角色从评判者变成协助者，以减少主体间角色冲突。

（3）投资大、周期长。公共项目投资大、周期长，参与者众多，其成败不仅关乎政府的声誉和人民的切身利益，也会对公共资源的公平分配和地区经济产生深远的影响。

（4）评估严格。各方主体在评估中所扮演的角色不仅仅是被评估者，同时也应是评估主体。在实施管理过程中，通常会建立严格的评估制度、机制，推进多元主体会发挥自我评估作用，使主体负责人能够主动控制实施过程，将这种自我控制转化为强烈的动力，带领整个团队尽自己最大的努力将所负责的环节做好。

（三）公共项目实施过程的基本原则

公共项目实施过程应当遵守的基本原则如下。

（1）互不兼容原则。公共项目的实施过程应当是根据项目实施方案具体落实的，各个项目子方案是相互独立的，在同一阶段不应出现两个或多个主体多头负责的情况，亦不应出现既定方案实施的同时启动备选方案的情况。

（2）相互依托原则。在公共项目实施过程中，多主体在实施过程中联系紧密，相互依存。同一子项目在实施时，由于目标具有一致性，所以并不是彼此孤立的，可能遇到相互嵌套的情况。

（3）权责对等原则。在公共项目实施过程中，多主体所拥有的权力与所应承担的责任应当是相互适应且对等的。在承担某个子项目时，职务与工作应当是匹配的，相关主体负责人应具备能够承担整个实施过程的素质和能力。

二　公共项目实施过程的主体

公共项目的计划中，已经为各主体分配了任务，明确了相应的权限和职责。但仅仅将完成项目所需的各项工作事宜落实到具体人员负责，还不能算是创建了实施主体团队。因为此时各主体之间的关系还是彼此独立的，可是项目中一项工作往往需要很多主体协同完成，并且会涉及其他主体的工作结果，因此项目各主体仅仅孤立地完成"本职工作"不符合公共项目的特殊要求。

公共项目是一个复杂系统，各项工作的关联性很强，它要求各主体具有很强的团队合作精神。特别是公共项目通常都需要持续数年才能够完成，项目主体需要能够长期共事，彼此互相融合。因而，公共项目实施主体核心应当构思采用何种方法能够增强公共项目主体间的协同，其基础是确定目标、分配角色任务并安排各主体应如何共同开展工作。

为了保证公共项目实施过程能够始终有条不紊、高效率地进行，要明确都有哪些主体的存在，以及其工作职责都有哪些。公共项目实施过程的主体，指的是与公共项目实施具有相关关系的主体，包括政府、社会公众与相关利益主体、非相关利益主体和市场主体等。

（一）政府

公共项目实施过程的"项目经理人"或管理人员通常是整个项目负责主体，作为公共项目实施至关重要的环节，决定整个公共项目实施的成败，它可能是一个公共项目的领导者、组织者、管理者和决策的制定者，也可能同时是公共项目实施的执行者。作为公共项目的"经理人"，政府常需要做好整个公共项目实施的计划、组织、实施与控制，是全体相关主体的核心。

（二）社会公众与相关利益主体

一个公共项目的实施会涉及许多组织、群体或个人的利益，这些组织、群体或个人都构成了项目的相关利益主体。这些相关利益主体可能与公共项目的实施直接相关，也可能与公共项目的实施间接相关。通常，在一个公共项目实施过程中，相关利益主体包括社会、公众及社会组织等。

（三）非相关利益主体

非相关利益主体指那些在公共项目实施中，并未有所收益，却对整个过程产生影响的主体。这里将公共项目实施过程的非相关利益主体归纳为公众和媒体。

（四）市场主体

公共项目实施过程的市场主体，是指在公共项目实施过程中在市场上从事经济活动，享有权利和承担义务的个人和组织体。具体来说，就是具有独立经济利益和资产，享有民事权利和承担民事责任的可从事市场交易活动的法人或自然人，包括市场、投资方、代理方、企业等。

三 公共项目实施中的多主体协同类型

公共项目实施中的相关主体之间的关系在很大程度上决定着公共项目的成

败。通常，主体间的关系有相互一致的一面，这使得公共项目各主体间最终能够形成一种规定的关系。同时，各主体之间的关系也有利益相互冲突的一面，因为各主体都有自己独立的利益和目标，这种利益冲突也会影响公共项目的顺利实施。

若在公共项目实施中不能正确处理好各主体间的利益冲突，最终就会形成公共项目实施过程中的断档，甚至可能导致项目终止及结果出现问题的后果，因而，项目实施相关主体之间，除了要通过签署各种合同去保障双方的利益以外，还要使用友好协商的方法，调整多主体的利益冲突和利益关系，最终实现协同关系。

（一）各级政府间的协同

各级政府间的协同主要有以下几种方式。

1. 同级政府联席会

为加强公共项目实施，由中央政府批示同意建立由发展改革委员会牵头建立同级省际政府联系会，联席会议由多部委组成，各成员单位按照职责分工，加强协作、互通信息，主动研究项目实施有关问题，认真落实联席会议议定事项，扎实开展工作，合力发挥联席会议作用，形成反应灵敏、配合密切的长效工作机制。联席会议根据工作需要定期或不定期召开会议，原则上每年召开一次例会，由主召集人或副召集人主持。可根据工作需要，邀请相关部门参加会议。由联席会议办公室及时向各成员单位通报工作进展情况。联席会议以会议纪要形式明确会议议定事项，经与会单位同意后印发有关方面。重大事项要及时向中央政府报告。

2. 中央统筹规划授权，地方政府包干

中央政府负责统一的统筹规划，地方政府协同开展相应的公共项目。此种协同关系下，中央政府负责对项目实施过程进行全程的规划及检查，对项目的目标与项目完成的结果提出相应的要求，在资源方面给予一定的配套或相关政策扶持。地方政府通过自身的资源配套与相应的项目建设，完成中央政府交予的相关任务，通过完成任务来提升自身的地方竞争力。

3. 政府主导，职能部门负责

政府为保证公共项目实施的顺利开展，成立指挥部，协调各职能部门参与到公共项目筹办工作中，建立密切的协作关系，改变传统的计划管理模式，更新依赖纸质媒介和工作汇报系统的管理方式，针对项目实施的不同阶段，建立脉络清晰、覆盖全部项目实施过程的"战略作战图"，并形成完善的管理信息系统。

如北京市政府为保证奥运场馆建设、城市运行等多项工作的顺利开展，成立2008工程指挥部和2008环境指挥部，市委其他委办局，如市建委、市交通委、市公安局、市规划委、市体育局、市政管委、市卫生委、市园林绿化局、市环保局、市教委、市旅游局、市信息办等也全面参与到奥运场馆的筹办工作中（见图7-1）。自2005年以来筹办工作全面展开，矛盾日益突出、资源冲突不断，造成进度无法按期完成、进程变化更频繁、管理效率低下等诸多管理问题。为解决这些管理难点，北京市政府调整协调管理方法，识别实施过程中的跨部门工作借口，提前明确落实职责，运用信息系统，加强多部门沟通协调意识，提高沟通效率。①

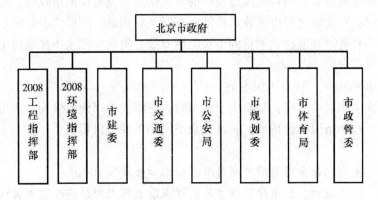

图7-1　北京市政府"奥运城市运行"结构图

（二）政府与社会间协同

政府与社会间协同主要有以下几种方式。

1. 政府购买公共服务

政府购买公共服务是指政府通过公开招标、定向委托、邀标等形式将原本由自身承担的公共服务转交给社会组织、企事业单位履行，以提高公共服务供给的质量和财政资金的使用效率，改善社会治理结构，满足公众的多元化、个性化需求。政府购买公共服务是指将原来由政府直接提供的、为社会公共服务的事项交给有资质的社会组织或市场机构来完成，并根据社会组织或市场机构提供服务的数量和质量，按照一定的标准进行评估后支付服务费用，即"政府承担、定项委托、合同管理、评估兑现"。随着服务型政府的加快建设和公共财政体系的不断健全，政府购买公共服务将成为政府提供公共服务的重要方式。

---

①　强茂山、王佳宁：《项目管理案例》，北京：清华大学出版社，2011年，第121～124页。

2. 政府主导媒体宣传

新闻媒体是一个能充分容纳民意的表达平台。在这个平台上，它既可以表达国家的意愿，也可以表达"多数人"的意见，还可以为那些"缺少声音"的公众讲话，形成一个信息的集散地。公众通过媒体新闻舆论，一方面能够得知事件进展，另一方面可以了解各种观点意见，同时还可以表达自己的建议，有利于整个社会的沟通和交流，也有利于公共项目实施过程的全面把握。

3. 公众提出需求，社会组织汇总协调信息

社会组织充当政府与民众间沟通的桥梁，利用便于植根社会基层的优势，快捷有效地收集公共项目实施过程中的有效信息，及时反馈给政府，并向政府提出建议，在实施过程出现背离决策方案时及时纠偏，降低政府收集信息的成本。如一些省市开通公共项目的市长电话专线，促进多元主体在危机的隔离与控制上形成合力。

4. 政府组织，社会组织参与

民众需求多种多样，政府由于人力财力有限，难以面面俱到，多停留在宏观层面。社会组织结合特长，满足民众不同需求并提供帮助。

案例：社会组织参与彩票公益金法律援助项目①

法律援助，是由政府设立的法律援助机构组织法律援助人员和社会志愿人员为某些经济困难的公民或特殊案件的当事人提供免费的法律帮助，以保障其合法权益得以实现。2009 年 12 月，经国务院批准，中国法律援助基金会获得了中央专项彩票公益金的项目资助，财政部、司法部联合颁发了《中央专项彩票公益金法律援助项目实施与管理暂行办法》（以下简称《办法》）。《办法》规定：中国法律援助基金会受财政部、司法部的委托，负责项目实施的管理工作。《办法》规定的援助对象主要是"农民工、残疾人、老年人、妇女家庭权益保障和未成年人"，与原先的规定相比，彩票公益金法律援助项目实际上降低了此五类对象的求助门槛。《办法》也规定了严格的"项目案件办理"的程序。同时，项目资金被要求"完全用于办案补贴"，不得用于除此之外的其他支出。2009 年和 2010年，中央专项彩票公益金项目安排的法律援助项目的资金各为 5000 万元，2011 年和 2012 年增加到 1 亿元。与其他专项彩票公益金项目相比，彩票公益金法律援助项目资助的项目经费直接补贴到具体的项目实施人——具

---

① 唐钧："社会组织参与法律援助的实践——彩票公益金法律援助项目研究"，《新视野》，No. 1，2014（99~102）。

体提供法律援助的律师或其他法律工作者，是其一个显著特点。

5. 社会组织主导，政府协调民众与社会组织关系

政府占主导地位，给社会组织提供一定的政策指导和资金支持；社会组织作为项目的实施主导和具体操作人来完成政府交予的任务。

> 案例：北京地球村与政府协同共建援助灾后社区①
> 北京地球村是参与灾后重建的典型非政府组织，它的主要作为就是红十字乐和家园项目。乐和家园的经营按照"统一规划，集中管理，分户生产，多元经营"的原则，三方联席共同制定乡村发展的规划。以三方联席组成的管委会为最高管理及执行机构，对乐和生态旅游产业做集中管理；种植养殖业等生产为分户进行，拥有开展旅游业、集体农家乐条件的村民可自愿加入。乐和家园不同于"公司＋农户"的外来型开发模式，以当地村两委（政府派出机构）、村民自治组织（生态协会）、民间机构（地球村）三方联席，坚持本土化与社区参与，共同推动乐和家园项目。以政府为主导和政策支持主体，非政府组织（地球村）及村民自治组织（生态协会）为经营管理主体，农户为利益主体的原则，调动村民的参与积极性，推动多方参与。
> 北京地球村与大坪村村委会之间合作和互补，对于冲突，北京地球村和政府双方都进行积极的协调。比如在大坪山两个矿山关闭与否的问题上，北京地球村与大坪村村委会产生了矛盾：北京地球村主张关闭矿山，而大坪村村委会反对关闭矿山，因为关了矿山很多村里人就没有了经济来源，双方为此僵持不下。在这种情况下，如果这个问题得不到解决，双方都不会满意，合作就难以进行。因此，在通济镇政府对双方的沟通协调下，北京地球村和大坪村村委会达成了一致的协议：先关闭其中的一个矿山。

（三）政府与市场间协同

政府与市场间协同主要有以下几种方式。

1. 市场主导政府指导、监督

国有企业为主直接运营管理，如公交系统政府控制票价与线路规划，与国

---

① 根据相关资料整理。资料来源：廖熙义："汶川地震灾后社区重建中政府与非政府组织的互动关系研究"，成都：西南财经大学，硕士学位论文，2011（32～37）。

有公共交通企业签订服务合同，按区域授予线路经营权，企业按合同要求提供公共交通服务，对票价收入不足，运营亏损部分由政府出资承担。

政府有效利用转移支付，强化对公共服务的宏观调控和指导，提高其有效性转移支付制度是实现基本公共服务均等化、调节收入再分配和实现政府政策目标的重要手段。一般性转移支付是最具有均衡地方财力作用的转移支付形式。

2. 政府主导企业承包代理

政府主导企业承包代理，即政府直接把控制权授予市场主体的项目管理公司作为政府业主代理人，由其负责项目的全过程管理，选择项目实施队伍，最终向业主交付公共项目产品。运营收支分离，政府布局，企业竞标。

案例：大型体育场馆运营①

全国第五次体育场地普查情况表明：我国大多数大型体育场馆的经营状况很不理想，主要的收入来源依然是场地出租和房屋出租，这两项的收入占场馆总收入的 60% 以上，场馆的经营仍是靠场馆地理位置、场馆可利用场地、场馆的基本器材等固有资源，其经营水平仍处于初级阶段，收不抵支。大型体育场馆直接由国家投资，其建设周期长，投资额度大，后期管理复杂，维修费用高，而自身"造血"功能差等因素，致使国家蒙受巨大的经济损失和沉重的经济负担。但随着我国体育事业市场化的进一步发展，大型体育场馆也逐步向市场化、企业化方向发展。如，2008 年奥运会国家体育场馆的建设与运营，就采用了招投标的方式，投资、经营、设计三方融为一体对项目进行全面的操作，经营者和投资方可参与到体育建筑设计中的全过程，经营者对临时座席赛后功能转换、看台下空间的综合利用等方面做准确可靠的市场调查分析，并进一步制定赛后利用的策划蓝图，给设计方提供一个较为全面的设计指导。这是一种经营策划和建筑策划合理有效结合的方式，有效地填补了体育建筑设计和经营之间的空白，避免了建筑师的盲目性，为体育场馆赛后的顺利运营奠定了坚实的基础。

3. 政府主导委托市场运营

政府主导委托市场运营指的是公共项目的实施由政府授权，委托市场全权

---

① 郭敏刚："论政府在大型体育赛事的场馆运营过程中应发挥的积极作用"，《首都体育大学学报》，No. 5，2007（25~29）。

进行运营管理。如公交系统建设，政府控制票价，将一部分政府职责授权国有公共交通企业，委托其统一经营和管理其他公共交通运营企业，委托职能包括制定线路规划，确定公共交通服务标准，监督运行质量，实行线路经营权招投标管理等，政府通过委托企业对亏损线路进行运营补贴。

四　公共项目运营的多元主体协同机制

公共项目的运行过程中也需要有多主体开展相互协同，才能够妥善地完成项目的实际运营，与多主体决策的过程不同的是，在项目运营过程中多主体间的共同利益与目标更多，因此达成共识较决策过程更加容易，其协同主要在完善相应机制以提升多主体在同一个目标下展开合作的空间。

（一）信息协同

信息协同主要是指各项目参与方在信息方面进行有效的交流沟通与共享，使项目进程减少因信息不对称而造成的阻碍。这主要需进行两方面的活动。

1. 依法公开信息

项目信息的公开在项目运营过程中能够起到提升运营主体效能的作用。如社区养老服务项目的实施，在运营过程中政府如果能够将自身所掌握的老龄人口数量、特征、分布等信息提供给运营主体，相关主体将根据人口信息的变化，及时调整服务供给方向，有针对性地对不同类型老龄人口提供差异化的服务。因此，政府应当在项目运行中依据现行的《中华人民共和国政府信息公开条例》，对自身掌握的信息进行分类，依法可以公开的信息要主动公开并及时提供给运营主体，以保证运营过程的高效。

2. 建立信息沟通平台

在大数据时代，项目运行中的信息沟通不仅包括项目主导部门与运营主体间的沟通，还包括涉及公共项目的数据收集、加工、保管方与政府主导部门间的沟通。在现有体制下，由于部门利益的存在，实现政府内部的信息与数据对接难度很大。因此，在政府各部门间、各地方间建立联席会的基础上，适度增加更高层级的政府协调，由更高层次的政府主导建设的信息沟通平台负责项目信息的协同工作，才能有效地实现项目运营数据与信息的完整化，保障运营主体有效地采用信息完善运营过程。

（二）激励协调

建立并协调针对不同主体的激励机制，使得各主体既能够发挥自身的能动性，又能够减少不同主体间激励机制矛盾而导致多元主体相互掣肘的现象，这主要需要开展以下活动。

1. 完善涵盖多主体的绩效评价制度

现有的项目建设过程中，项目主导部门的激励来源，一是基于项目完成的政绩以促进晋升的激励，二是对项目剩余的非正当获取。[①] 市场主体的激励主要在项目运营过程中的市场盈利。社会主体更多地希望通过项目运营提升自身组织的社会认可度与公民生活质量。不同主体的激励动力不同，要求项目的绩效评估制度的设计必须考虑主体间的差异，给予不同主体合理的绩效激励，如对项目主导部门人员合理的职级升迁、绩效工资奖励，市场和社会主体的荣誉表彰等，否则合理的激励无法正常满足，各主体在缺少监督的情况下就会利用项目运营过程的漏洞，寻找可寻租空间破坏项目的运营。

2. 注重收益分配和绩效考核平衡

项目运营主体的收益一方面来自项目的盈利，另一方面来自项目绩效奖励，在公共项目建设中除了增加项目主体的收益外，还要通过激励机制的设计对运营主体进行公平考核，并给予一定的绩效奖励与监督。在当前运营环节中政府一般对运营主体实施监督却忽视绩效考核，使得运营主体只关注项目的相关盈利收益而忽视公共项目的运营责任，因此，收益分配与绩效考核在激励机制中的平衡有利于有效地监督运营主体的运营过程，保障项目的运营质量。

第三节　政府购买公共服务的理论与实践

一　政府购买公共服务相关理论

当前对政府购买公共服务的主要理论集中在四个方面，本部分对四个理论进行逐一梳理。

（一）新公共管理理论

20 世纪 70 年代末，西方国家奉行的"福利国家"制度出现危机，经济滞胀、政府扩大支出产生高税收、政府公共服务无效率，造成社会普遍不满，最终导致意识形态变革。

20 世纪 80 年代，新公共管理运动应运而生，西方国家陆续开展了政府改革。"重塑政府""企业型政府""国家市场化"等都只是这场改革的不同称谓。新公共管理运动以经济学理论和私营部门的管理方法为基础。[②] 一方面，这些经济学理论的共同特征是强调市场机制的优越性，提倡政府减少对市场的

---

① 李善波："公共项目治理结构及治理机制研究——基于互联契约的视角"，南京：河海大学，博士学位论文，2012（150～190）。

② 柳云飞、周晓丽："传统公共行政、新公共管理和新公共服务理论之比较研究"，《前沿》，No. 4，2006（170～171）。

干预。所以，新公共管理理论崇尚大量地依靠市场机制去引导公共项目，并"相信市场和私营企业的管理方法用经济理性主义的语言表达的种种理念"①。这为政府购买公共服务奠定了坚实的基础，使得市场在提供公共服务中发挥积极作用成为可能。另一方面，新公共管理提倡者认为公共部门和私人部门之间不存在本质上的区别。私营部门中卓有成效的管理方法如绩效管理、战略管理、目标管理、灵活且具有弹性的组织模式、顾客至上、结果控制等都被纷纷引入公共部门的管理之中。这使得政府可以在借鉴私人部门成功经验的同时进行改革，逐渐向社会和市场放权，重视"顾客"的需要，借助市场力量向公民提供便捷高效的公共服务，提高公民满意度，同时减轻政府的负担。

（二）公共产品理论

根据公共经济学理论，社会产品分为公共产品和私人产品。纯粹的公共产品或劳务是这样的产品或劳务，即每个人消费这种物品或劳务不会导致别人对该种产品或劳务消费的减少。而且公共产品或劳务具有与私人产品或劳务显著不同的三个特征：效用的不可分割性、消费的非竞争性和受益的非排他性。

公共产品的存在给市场机制带来了严重的问题：即使某种公共产品带给人们的利益要大于生产的成本，私人也不愿提供这种产品，因为公共产品非排他性和非竞争性的特征，在公共产品消费中使人们存在一种"搭便车"动机，每个人都想不付或少付成本享受公共产品，只好政府出面担当此职能，但是单独由政府提供公共产品或者单独由市场提供都存在"失灵"的情况。

随着市场机制的逐步完善、公共产品相关理论的不断创新，越来越多的私人力量和民间组织参与到公共产品供给中，公共产品供给主体从单一主体垄断供给逐步发展为由政府与公民、私营部门及第三部门多元主体互动的供给模式。② 为了提高公共服务的效率和质量，政府可以利用财政资金向一些符合条件的企业或社会组织购买相应的公共服务，政府在这一过程中主要起管理和监督作用。采取政府购买公共服务的形式，一方面可以将市场机制引入公共服务领域，为各类市场主体提供公平竞争的机会，促进市场经济的发展；另一方面可以提高公共服务的质量，减轻政府的负担，增强公民满意度。

（三）治理理论

治理理论中最具代表性的是以奥斯特罗姆为代表的制度分析学派提出的多

---

① Hood. Christopher. The New Public Management in the Eighties Accounting. Organization and Society. 20, （3）: 93 – 109.

② 刘佳丽、谢地："西方公共产品理论回顾、反思与前瞻"，《河北经贸大学学报》，No. 5, 2015 （14）。

中心治理理论。① 多中心的治理结构要求在公共事务领域中国家和社会、政府和市场、政府和公民共同参与，结成合作、协商和伙伴关系，形成一个上下互动，至少是双向度的，也可能是多维度的管理过程。

在治理理论之下，多元主体为实现共同利益而主动参与公共事务管理并开展合作，这种合作是建立在市场原则、公共利益和相互认同基础上的。它和政府购买公共服务主体间关系存在着一些天然的契合点。

首先，治理的目的性明确，是为了实现公共利益，满足公众需求。构建政府购买公共服务主体之间动态的关系体系首要的目标就是通过优化政府购买公共服务，使之成为满足公民需要而选择的一种有效供给方式。处理好政府购买公共服务主体间关系的目的也正是提高公众对公共服务供给的满意度，最终的落脚点仍然停留在公众利益上。

其次，治理具有主体多元性特征，治理主体的选择，采取市场的原则，择优选取。而政府购买公共服务，政府通过市场向第三方购买公共服务，改变了政府单一供给公共服务的垄断状况，给各主体提供了公平竞争的机会。企业等营利部门，社会组织等非营利部门都可以成为公共服务的生产者，促使公共服务供给主体向多元性发展。

再次，治理主张政府职能转变，政府分权和放权，政府与其他治理主体是平等的地位，通过平等对话、协商合作，资源共享，建立伙伴关系。同时权力共享是政府购买公共服务的前提条件。政府作为公共服务的买方，需要和公共服务的卖方建立相互依赖的伙伴关系，需要和公共服务的消费者建立相互沟通的合作关系。

最后，治理是一种主动参与公共事务管理的过程，公民由被动到主动地进行自主治理。随着民主意识的增强，公民作为政府购买公共服务消费主体的地位和作用显现得更加明显。公民对公共服务生产者的要求越来越严格，不但承担和履行自身的责任，还监督政府责任的实现。政府作为买方主体与卖方主体通过契约明确买卖双方的责任，以满足公民多样化的公共服务需求，提高公民满意度。

（四）服务型政府理论

服务型政府就是为人民服务的政府，用政治学的语言表述是为社会服务，用专业的行政学语言表述就是为公众服务。它把为社会、为公众服务作为政府存在的、运行和发展的基本宗旨，是在社会本位和公民本位理念指导下，在整

---

① ［美］埃莉诺·奥斯特罗姆著，余逊达等译：《公共事务的治理之道》，上海：上海三联书店，2000年，第10－11页。

个社会民主秩序的框架下，通过法定程序，以公正执法为标志，按公民意志组建起来的以为人民服务为宗旨并承担责任的政府。

根据服务型政府理论，政府以服务为宗旨，行使权力的目的是为公众提供更好的服务，以市场和公众需求为导向，不断提高资源配置效率。政府要以建设职能科学、结构优化、廉洁高效、人民满意的服务型政府，满足人民群众多元化的公共服务需求为目标。

公共服务的供给要充分发挥政府、市场、社会各自的优势，逐步形成公共服务供给多元主体合作机制。这就要求政府在公共服务领域引入市场机制，采取购买公共服务的形式，打破政府垄断并使用现代先进的管理手段和方法。政府采取购买公共服务的方式，在提供公共服务的过程中借助市场和社会组织等的力量，为各种市场主体提供良好的发展环境与平等竞争的条件，有利于为公民提供更加优质高效的公共服务，满足公众多元化的公共服务需求，切实提高人民群众的生活水平。从而提升公共服务的质量，降低服务成本，推动政府职能转变。

二　政府购买公共服务分析

政府购买公共服务依据现有的理论不断展开丰富的实践，在国内外的公共管理过程中都有较多的体现，本书选取国内外两个对政府购买公共的具体实践进行介绍，以此明晰当前政府购买公共服务的理论在实践中如何展开。

（一）英国政府外包养老项目

英国的社区老年服务实行"契约制"，即政府出资购买公共服务，把原来由政府承担的一些服务移交给社会组织，政府在项目运营过程中购买由社会组织提供的养老服务。在"契约制"下，社会组织主要参与养老服务项目的运营，提供具体的养老服务。社会组织想要承接项目，必须先与其他组织公平地竞争和评估，政府在众多的参选组织中选择具有资质的社会组织，出资购买其服务。政府虽然不具体参与项目运营过程，但是要定期检查监督组织运营和服务供给过程，分期验收服务质量和数量；还要不定期地审查社会组织的资金状况，包括资金的收入与支出状况，确保收支有理有据，经费的使用有高效率的回报；同时还安排义工进行监督等。契约是在法律上具有约束力的协议，明确各个主体的责任和奖惩，被委托在公共项目运营过程中提供公共服务的社会主体必须履行合同内容，按期完成合同中签订的服务项目，没有履行合同就要承担法律责任。

此外，英国还有专门治理和监督公共服务的社会组织，帮助政府机构在服务外包的过程中对社会组织进行有效的监督和评估。政府制定监管要求要以结果为导向，促使服务提供者甄选具有资质、专业化的服务人员；制定监督形式和制度安排，使服务人员可以集中关注提供服务活动；监管依据绩效评估，并让服务对象参与到评估过程中；当外包服务没有达到协议目标时，政府应与服务提供者共同商策，并找到可以达到预期目标的方法。

（二）苏州市沧浪区政府运营居家养老项目

苏州沧浪区居家乐养老服务中心①是一家在民政局注册登记的民办非企业社会组织，在以社会化形式服务居家养老方面，艰苦探索五年，形成了"苏州模式"，虚拟养老院依托中国电信苏州分公司，整合优秀的社区服务企业加盟，且能够覆盖全区老人需求的新型养老机构。

1. 资金划拨

虚拟养老院的运营资金主要来源于政府资金划拨，有偿服务的收费和社会募集，政府将养老服务纳入苏州社会发展总体规划，在 2008 年明确了政府购买养老服务的财政支出，由多社会主体参与公共养老服务项目的具体运营并提供养老服务，政府给予提供居家养老服务的虚拟养老院经费补贴和运营经费补贴，同时地税和工商等部门提供政策支持。沧浪区建立专门的养老基金，保障每年 25 万元的经费，又投入 200 多万元为居家乐、养老服务系统开发及养老服务中心站维护、购置、升级设备。从 2007 年 10 月至今，政府共投入了 371.4 万元用于购买居家养老服务，并给予了 106.2 万元的运用经费保障。在政策支持方面，地税部门对养老院类的养老机构提供养老服务免征营业税，对各类非营利性养老服务机构免征自用房产、土地的房产税、城镇土地使用税等政策。工商部门在办理虚拟养老院加盟商时开辟登记绿色通道，强化行政指导服务及时有效地指导企业健康和谐发展。

2. 社会组织的选择

虚拟养老院作为提供养老服务这一公共项目的主体，实施清晰的产业化运作思路，组建了一个紧密的社会化养老服务体系，建立企业化家政员工队伍，吸收具有良好信誉的社区经营户加入。苏州沧浪区选择鼎盛物业管理有限公司承接虚拟养老院，并吸纳沧浪区 27 家社会福利性质组织进入虚拟养老院服务队伍。政府委托中国电信苏州分公司开发居家乐 221 服务系统，为居家老人提供标准化、专业化、亲情化的养老服务。

参考题：

1. 请简述公共项目决策过程的参与主体、方式及其特征。

---

① 即苏州市沧浪区虚拟养老院，沧浪区现已与其他几个区合并为"姑苏区"，该中心暂时沿用旧名。

2. 请分析决策过程的各协同类型的利弊。
3. 请简述公共项目实施中的多主体协同类型。
4. 请分析实施过程中多主体协同的各类型的利弊。
5. 请简述政府购买公共服务的理论依据。

第八章　地方政府公共项目管理的组织模式

现阶段，我国正处于非常重要的转型时期，地方政府管理的大型公共项目日益增多、建设创新型国家、建设服务型政府以及管理和应对突发事件都对我国政府提出了更高的要求。随着地方政府组织需要管理的公共项目活动日益增多，很多项目尚未达到预期的管理效果，其根本原因是组织管理模式与管理能力不适应管理活动的要求，因此从地方政府组织层面建立适合于临时性的、独特性的公共项目管理活动的组织管理模式，提高地方政府项目导向型组织的管理能力是非常有必要的。

第一节　地方政府项目导向型组织模式模型的构建

通过对项目导向型组织的分析发现，这种组织模式能够较好地与当前地方政府的任务结构相匹配。既然项目导向型组织与当前地方政府所面临的任务结构变化具有较强的适应性，那么地方政府项目导向型组织究竟如何构建呢？本节将尝试建立地方政府项目导向型组织的基本模型，从而将这种组织模式以显性化的方式展现出来。

一　地方政府项目导向型组织模式设计的原则

在当前中国地区发展过程中起突出作用的是地方政府，地方政府能否成功转型对于区域稳定可持续发展与否具有重要的影响，同时地方政府组织变革的"试错"成本也远高于其他组织，因此更加需要以系统性的思维方式针对地方政府项目导向型组织提出系统化的解决方案。在提出地方政府项目导向型组织模式模型时，应特别注意遵循以下原则。

（一）保持稳定原则

政府的组织建设是对政府提出的一项整体要求，其所涉及的不是政府中的某一个、某一些机构或者某一个、某一些部门，而是涉及政府的所有机构和部门。而且又以行使政府行政审批与政府管理职能的传统部门为主，而这些机构与部门是中国地方政府的主体组成部分，因此在组织模式设计的过程中，必须始终坚持保持这些部门稳定的原则，要在保持稳定的基础上，对这些机构与部门的组织模式进行设计。这样做也是为了更好地保持地方政府行政工作的稳定性，从而使政府的组织模式变革不对地方的稳定与发展产生负面影响。

（二）系统性原则

地方政府组织变革是一项系统性工程，在方案设计的过程中也应当充分重视方案的系统性，主要体现在三个方面：一是地方政府项目导向型组织模式自身的系统性，包括组织主体、组织结构、组织规模与边界以及组织工作流程等要素之间的系统性；二是地方政府项目导向型组织与外部环境之间的系统性，需要保持地方政府组织与外部环境之间具有高度的匹配关系，从而使这种组织模式适应社会的发展并且能够充分实现资源整合的目标；三是各层级、各地区地方政府项目导向型组织模式的系统性，要保持不同层级与地区的地方政府间模式的相对一致，因此需要这种组织模式具有较强的适应性，而并非仅适用于某一特定的地方政府。

（三）顾客导向原则

这里的"顾客"是一个广义的概念，不仅仅指那些到地方政府办事的人，而是指所有地方政府"服务"的对象，顾客导向原则是与"官本位"相对应的，在组织设计过程中应更多地考虑市场与社会的各种需求，并通过组织模式设计来满足这些需求。顾客导向原则是中国服务型政府以人为本的基本体现，也是服务型政府的基本要求，因此在组织模式设计过程中，将以顾客的需求为出发点，根据顾客需求对地方政府组织模式进行设计，即通过地方政府的组织模式设计，使地方政府的组织模式能够更好地满足顾客的需求。这就需要对顾客的需求进行分析，进而分析顾客需求所涉及的地方政府组织机构与部门，并对所涉及部门的特征进行分析，根据顾客需求所涉及地方政府机构或部门在地方政府中的层级等特征，具体开展地方政府组织模式设计，其主要目标是解决地方政府机构间或部门间的协调问题。

（四）可行性原则

在进行政府组织模式的设计时，由于政府组织的形成与发展都有较长的历史，而这些历史原因造成了地方政府组织行为等具有惯性，要通过改变政府组织模式而改变政府组织成员的行为方式与行为理念就必须考虑这些惯性问题，使新的组织模式设计在现实环境中具有较强的可行性。同时，经过各国学者的研究发现，政府的组织模式变革具有较强的路径依赖性，这就要求在组织模式设计的过程中必须考虑到后续改革如何进行的问题，从有利于组织模式改革顺利开展的角度对中国地方政府的组织模式设计进行再思考，使其符合中国国情的需要。

二 地方政府项目导向型组织模式模型

在地方政府系统性的组织构成中，地方政府项目导向型组织模式是地方政府组织变革方向与目标的集中体现。我们可以通过对组织模式的描绘与刻画，来进一步地理解地方政府组织变革问题。

（一）地方政府项目导向型组织的基本模型及其构成

为了更好地完成地方政府的各种常规性与独特性两类任务，我们基于项目导向型组织的定义和特征，结合中国地方政府运行的实际特点和需要，可以对地方政府项目导向型组织的基本模型加以勾画，如图 8 - 1 所示。

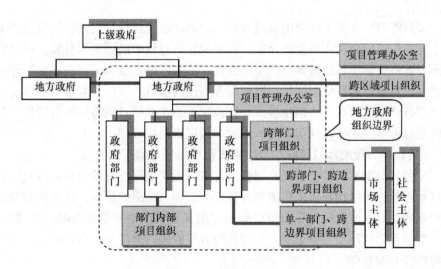

图 8 - 1 地方政府项目导向型组织的模型①

———————————

① 翟磊："项目带动战略下的地方政府组织变革研究"，《中国行政管理》，No. 10，2013。

在图 8-1 中，虚线代表地方政府的组织边界，白色框所表示的是传统的条块分割的政府组织，灰色框所代表的是项目型组织。其中除了项目管理办公室应为常设机构，负责协调和统一管理各类跨组织项目外，其他五类项目组织均为临时性组织，为项目的实施而组建，在项目完成后即宣告解散。

在五类项目组织中，如果项目组织呈现出典型的横向型特征，则需要开展跨部门甚至是跨越政府边界的资源配置工作，包括人力、财力、物力等。而部门内部项目组织则不需要开展跨部门的横向资源配置。项目组织将根据项目的需要确定所需资源，并由该项目组织以及项目管理办公室联合协调资源的配置。但部门内部的项目组织也同样具有横向型的特点，只是其所跨的只是政府部门内部的各个处室，其资源配置同样需要跨越不同处室的界限。以人员配置为例，在项目团队成立时，需要从各处室甚至各部门抽调人员，当某一政府公务员被抽调到某一项目组织时，其在该时间段内将只接受项目经理的领导，从而避免双头领导带来的各种弊端。因此，传统组织与项目组织之间是相互独立的，即"非嵌入式二元组织"。需要说明的是，对于原单位确需补充人员的，可通过聘用制的方式招募临时性雇员。

在项目组织中，项目经理是项目的主要责任人，项目经理的选任将以"专家技能"为首要条件，而非以行政级别为标准。在跨越政府组织边界的项目团队中，项目经理可以由政府公务员担任，也可以由企事业单位、NGO 或专家担任。

项目管理办公室主任应由该地方政府的副职领导担任，使其从行政级别上高于各工作部门，从而在协调跨部门资源配置的过程中能够更为有效。项目管理办公室将根据项目的需要，以不同方式、不同程度参与到项目实施与管理过程之中。对于自运行机制顺畅、资源配置到位的项目，可以采取备案与登记的方式进行管理，而对于协调难度大、资源配置不足的项目则需要项目管理办公室以项目专员、联席会议等深度嵌入的方式进行跟踪管理。

（二）地方政府项目导向型组织模式模型与任务的匹配关系

项目导向型组织改变常规，结合了传统的适于完成重复性的日常行政工作的日常运营组织结构与适于完成独特性任务的项目型组织结构，成为新型政府组织模式。地方政府项目导向型组织模式的基本模型中两个主要的组成部分，即日常运营组织与项目型组织，分别与地方政府的两类任务，即常规性任务与独特性任务相对应。

1. 日常运营组织的任务与范围

地方政府项目导向型组织中的日常运营组织是政府组织结构的基础，也就是那些承担政府日常行政管理职能的组织。日常运营组织的任务就是开展政府的各项日常行政管理工作，包括政府的税收、工商管理、行政审批等。

政府组织结构中的大部分是以日常运营组织的形式出现的，根据政府日常行政管理工作的内容可以分为不同的政府部门，下设各个处室；根据管辖的范围可以分为各个不同的层级，包括中央与地方各级政府，通过这些日常运营组织间的分工负责地区的日常行政管理工作，并形成监督与制约机制，有相对完善的规章制度约束，绩效考核与奖惩制度也相对完善。

2. 项目组织的任务与范围

地方政府项目导向型组织中的项目组织就是指地方政府在开展各种项目的过程中所形成的横向型的项目团队，其任务是完成重点工程建设项目、危机应对项目、政府服务项目、改革创新项目等各种政府项目。

地方政府项目导向型组织中的项目组织主要有五种不同的类型：当独特性任务需要由政府部门中某一处室的两个以上人员共同完成时，就由该处室的相关人员组成临时性的项目团队，共同完成该任务；当独特性任务需要由政府部门中两个以上不同处室的成员共同完成时，就由这些处室的相关人员组成临时的项目团队；当独特性任务需要由地方政府两个以上不同部门共同完成时，就由这些部门组成临时的项目团队；当独特性任务需要不同层级政府共同完成时，就由这些政府协调人员共同组成项目团队；当独特性任务需要协调政府与市场、社会的资源共同完成时，则由政府、市场和社会共同组建项目团队。

项目组织的边界是开放性的，主要体现在这些项目团队的组建上，政府将根据需要，组织政府内部甚至非政府工作人员加入项目团队，项目团队的规模也随其任务而不同，当该任务完成后，项目团队成员又将返回原工作岗位。

上述组织结构中的项目团队设置是根据独特性任务的需要而设的。而独特性任务来源范围较广，可能来源于社会组织与公民，也可能来源于政府自身，政府将根据独特性任务的特点建立完成该独特性任务的项目团队。

项目团队设置的基本出发点是更好地完成该项独特性任务，因此总体设计思路是从独特性任务的需要出发，对现有政府的组织结构进行调整。中国传统的行政管理模式是由当事人根据需要到不同的政府工作部门办理相关事宜，在这种组织结构下，政府所体现出的主要是管制的职能，但由于政府与行政当事人之间的地位不平等，导致了许多协调不力、互相推诿的现象发生，为了减少乃至避免这样的情况发生，根本的办法是从组织结构调整入手，改变政府的组织结构，依靠新型组织建设，将政府组织间协调的任务与职能转移到政府组织之中。

3. 日常运营组织与项目组织之间的关系

日常运营组织是地方政府项目导向型组织政府的常设性组织，而项目组织则根据独特性任务的要求而组建，是临时性的，并在该独特性任务完成后解散的。下面我们将从不同的角度加以分析。

从组织成员的来源来看，项目组织的成员均来源于日常运营组织，根据独特性任务的需要，从日常运营组织中抽调组成项目组织，在一段时间内为项目服务，当项目结束后，项目团队成员还将回到原来的日常运营组织中去。

从数量与规模来看，日常运营组织的数量与规模相对固定，而项目组织的数量则是根据独特性任务的数量而定。在地方政府项目导向型组织中，项目组织的数量非常多，但却不是固定的。项目组织的规模也是不固定的，有的项目组织可能只有几个人，有的则可能包括多个政府部门，其人员的数量可能达到数千人甚至上万人。

地方政府项目导向型组织主要关注点在横向的协调问题，也就是解决的是政府日常运营组织与项目组织之间的协调问题。在地方政府项目导向型组织的组织结构设计过程中，始终考虑的是项目组织与政府日常行政管理组织的协同，以及政府组织与社会组织之间的协同。地方政府所面临的各种独特性任务需要在不同项目间建立组织结构的接口机制，在政府多样化的组织结构中形成协调机制。这种协调机制包括如何组织各政府部门中的人员与资源组成项目团队，如何协调政府日常行政组织与项目组织之间的关系，以及如何在项目团队之间形成协调关系等成为重要的考量。

案例：M 市钢板房支援项目①

"5·12"汶川地震灾害发生后，M 市承担了支援四川地震灾区 3000 套钢板房的生产、运输、建设任务。接到此项任务后，M 市政府迅速召开支援四川地震灾区生产钢板房专题会议，研究实施方案，成立了板房建设领导小组，由副市长（总经理）具体分管，市城建局主要负责人任领导小组组长（副总经理），成立了以下项目小组、确定了项目组成员并明确了各项目小组的任务和责任。

（1）项目专家组：由质量技术监督局、城乡建设局、民政局、发展和改革局、广电局、卫生局、公安局、交通局、供电公司、自来水公司、

---

① 根据相关资料整理。资料来源：马培东："M 市援川板房建设项目团队建设与管理研究"，青岛：中国海洋大学，硕士学位论文，2009。

通信公司、生产厂家、建设公司等部门的业务骨干和技术专家组成。主要职责为：按照省、市统一编制的帮助灾区重建规划和配套建设计划，组织支援灾区住房开发、市政建设等工作；负责研究落实上级制定的灾区对口支援、经济协作等方面的政策意见；对本市对口支援灾区项目进行考察论证，并组织实施等；负责协调、组织救灾物资生产和调运，保障救灾物资的运输畅通。

（2）后勤保障组：由质量技术监督局、城乡建设局、民政局、发展和改革局、广电局、卫生局、公安局、交通局、供电公司、自来水公司、通信公司等调配人员组成。主要职责为：负责抗震救灾工作情况汇总和上报工作；负责各项目组之间的联络和协调工作；负责信息整理和上报工作；协调、安排新闻宣传工作。

（3）板房生产组：由 M 市 A 钢结构有限公司、B 钢结构有限公司组成，实施板房的生产任务；按照进度规划，板房将分批生产，保证 6 月上旬生产完工。质监局负责质量检验工作，财政局保障资金供应，供电公司负责用电保障工作。

（4）板房运输组：由 C 公司承担板房运输任务；由交通局、公安局负责道路交通及交通安全保障工作，确保运输车辆顺利、准时到达目的地。

（5）板房建设组：由 D 公司承担板房建设任务。按照上级统一编制的重建规划和配套建设计划，实施板房的建设工作，自来水公司、供电公司、通信公司分别保障水电的供应和通信畅通工作。

该项目从 2008 年 5 月 31 日起，至 2008 年 7 月 15 日结束，所建成的 3000 套板房要求在项目结束日前全部通过质量合格验收。

你觉得该项目的组织结构有什么优缺点？在运行的过程中又会遇到什么样的问题？

三　项目团队的建设及运行过程

从性质上来看，项目团队组建的目的是完成地方政府某一项独特性任务，因此项目团队是临时性的，而非常设性机构。虽然有的独特性任务非常庞杂，需要十年甚至几十年的时间方可完成，但从其性质上来看仍然是临时性组织，可以明确地界定出组织的起始与结束时间。通过项目管理领域的学者曾对项目团队的组建过程的深入分析，在此基础上提出了如下的组织项目管理能力的评价模型，如图 8 – 2 所示。

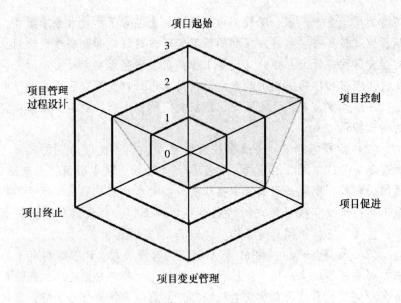

坐标轴含义：0-未界定 1-部分界定 2-完全界定 3-标准化

图 8 - 2   组织项目管理能力的蛛网图①

从图 8 - 2 可以看出，项目团队的组建过程始于对项目管理过程的设计，在此基础上方可正式付诸实施。项目管理团队建设的过程总体可以分为三个阶段，即项目起始阶段、项目实施阶段和项目终止阶段，加上前期的项目管理过程设计，就构成了一个完整的项目团队的建设与运行过程。

（一）项目管理过程设计

什么是项目管理过程设计的主要内容呢？当地方政府面临一项独特性任务时，首先需要对这一任务进行分析，并对执行任务的过程、组织进行规划，这就是项目管理过程设计的主要内容。通常此时项目团队尚未正式建立，因此这是地方政府项目团队组建的前期阶段。负责对项目管理过程进行设计的主体往往是提出这一独特性任务的部门，或者拥有该独特性任务所需核心能力的部门，对于涉及部门较多的项目也可以由项目管理办公室负责项目管理过程设计。此时组织所指派的负责对项目管理过程进行设计的人就成为未来项目团队的潜在成员，甚至是项目经理。这个阶段通常参与其中的人员数量十分有限，

---

① Roland Gareis and Martina Huemann, *Project Management Competences in the Project - oriented Organisation*. JR Turner and SJ Simister（ed.）, *The Gower Handbook of Project Management*. Aldershot：Gower, 2000. 709 - 721.

主要工作内容是对该项目进行各种评估，对项目的资源需求进行规划设计，并对项目实施的全过程以及过程中的管理措施与方法进行前期分析，以支持项目决策。

（二）项目起始

当地方政府决定开展项目时，一个正式的项目启动过程则是必不可少的，从而宣告项目团队的正式形成，以及项目相关工作的正式开始，既是项目团队在地方政府组织中"合法化"的过程，同时也是项目信息正式在地方政府各部门发布的过程。此时的项目团队构成并不需要十分完备，其成员往往是前期对项目管理过程进行设计时，认为该项目可能涉及的地方政府部门中抽调的人员，而项目经理则由具备完成该任务所需核心能力的"专家"担任。因为项目团队的工作方式是基于合作的开放性的，因此，在项目实施过程中可以随时根据项目需要进行调整，最主要任务是明确项目目标，就是使项目团队成员对这一共同目标形成认同，并共同为项目的实施与管理过程进行计划与设计，从而指导项目后期工作的开展。这一阶段项目团队对各类资源的需求可以保持在较低水平，但必须已经对未来项目实施过程中的资源需求做出了规划，根据资源需求可以确定还需要哪些地方政府部门抽调人员和提供资源共同参与项目实施。

（三）项目实施

项目实施过程也是项目产出物的生成过程。罗兰·格里斯从管理能力评价的角度又将其细分成了三种能力，即项目控制、项目促进与项目变更管理。在项目实施的过程中，项目团队的规模达到最大，项目的资源使用也最为集中，同时项目的各种不确定性也逐渐显露出来，从而不断给项目带来各种变更。在这个阶段，项目团队的管理工作最为繁重，首要任务就是确保项目各项工作不断向前推进，对项目的成本、工期、质量等进行监控，收集项目偏差信息等。其次是项目促进，从狭义和广义两方面阐释：狭义上讲，主要指的是确保项目团队成员的主观能动性充分被调动和发挥出来，由于项目团队的工作方式不是基于分工的，而是基于合作的，因此确保其各自发挥主观能动性，从而通过相互支持与合作的方式推进项目各项工作的开展十分重要；广义上讲，项目促进不是一个单独的个体，而是需要有效地协同与项目相关的各类相关利益主体，包括项目涉及的地方政府各个部门、市场及社会主体等，共同为项目的顺利实施服务，西方国家在项目管理过程中甚至聘请专门的"项目促进人"，以协调各方关系。最后是项目变更管理，由于项目的独特性，项目在实施过程中发生变更在所难免，因此项目团队在项目实施过程中还需要对各种项目变更采取相应的应对措施，从而保证项目目标的顺利实现。

(四) 项目终止

终止该项目是项目团队在地方政府组织中合法依规推出的过程，在项目目标达成后，或者项目已无存在必要时，需要按照规则终止该项目。为什么必须终止项目呢？我们要从两个方面来考虑其原因：一方面是从独特性任务的角度进行分析，在任务完成或者任务已无完成的必要时，需要对该任务终结做出正式的界定，地方政府即可对项目产出物进行验收、评价并在此基础上对未来工作进行规划设计；另一方面是从组织的角度进行分析，项目终止就意味着项目团队的正式撤销，这是组织权力义务的正式移转过程，并可以在项目团队与后续运营团队之间明确各自的责任，避免出了问题无人负责的尴尬局面。

从中国当前地方政府项目管理的大量实践来看，工作最为薄弱的环节就是项目终止阶段的相关工作。项目团队"建立易，撤销难"一直是困扰地方政府的难题之一，很多项目团队的名存实亡，导致了地方政府的机构臃肿，其主要原因在于项目团队成员无法得到妥善安置而产生了对项目团队的"高度依赖性"，这也就是政府项目管理项目终止阶段相关工作必要性的直接体现。

第二节　地方政府项目导向型组织模式的要素特征

通过以上基本模型的分析，我们可以看出地方政府项目导向型组织模式是二元组织的有机融合模式。相关研究认为组织模式主要包括以下四要素，即组织主体、组织规模、组织结构与工作流程要素，本节将对图 8 - 1 所展示的地方政府项目导向型组织模式的四要素进行具体分析。

一　地方政府项目导向型组织的主体

在地方政府项目导向型组织模式模型中包含了常规性组织和项目组织两种不同类型的主体，如图 8 - 1 所示，白色框表示的是各类常规性组织，灰色框所表示的则是各种项目组织，分别适应两种不同的任务类型，即常规性任务和独特性任务。

(一) 常规性组织

地方政府项目导向型组织模式由地方政府、市场主体和社会主体三大类常规性组织组成。常规性组织的判断标准主要是主观标准，而非客观标准，也就是说，组织设立时未对其终止设定期限，而是以"永续"为目标和理想状态，所以我们认为最主要特征为其"永续性"。这类组织的存在相对稳定，并且总体上的存续时间更为持久，虽然从客观实际来看，"永续"是组织追求的目标，但现实中企业破产倒闭，社会组织注销以及政府政权更迭等时有发生，但这并不影响其主观上对永续性的追求。

第一类常规性组织是地方政府及其政府部门。从小类上分，又可以分为两类，其一是地方政府整体，例如某省、市政府，虽然其内部组织结构构成在地方政府项目导向型组织模式中是二元化的，即地方政府的组织构成包括常规性组织与项目组织两类，但作为地方政府整体而言，是具有永续性特征的，因此抛开其内部组织结构而着眼于地方政府整体的话，那么就可以将其视为常规性组织。其二是地方政府的各个政府部门，尽管当前中国地方政府的部门设置仍在持续改革中，但从各个部门设立的初衷来看，都是"永续性"的，因为在政府部门设立时并未对本部门的撤销时间进行限定。同时，政府部门内部的组织结构同样可以是二元化的，在某部门实施某一项目时，该部门内部就会包含项目组织，但从部门的整体来看，仍可以将其视为常规性组织。

第二类常规性组织是市场主体，各类企业是其中最为主要的主体。从内部结构分析，企业的内部结构差异性更大，并且还在随着经济社会的不断复杂化而日益扩大，但只要我们将企业视为一个整体，不论企业的经营领域、内部组织结构有多大差异，其"永续经营"的特征就会显现出来。

第三类常规性组织是社会主体。近年来，地方政府不断加大对社会组织的扶持力量，与之相适应的参与社会治理的能力也在不断加强。然而现阶段社会组织的发展还存在小、散、弱的问题，从各级地方政府大力扶持的社区社会组织来看，因为其存在的基础是社区，本身就制约了其发展的规模，同时资源、人才以及服务对象等的局限性都制约了其发展的空间。现阶段，我们应当从发展的角度着力培养具有较强服务能力和发展空间的社会组织，虽然说社区社会组织对于当前解决中国社区服务问题具有突出重要的作用，但我们不能只依赖于社区社会组织。另外，还有一个特殊的类型值得关注，即事业单位，事业单位的职责是为国民经济和社会各方面提供服务，包括改善社会生产条件，增进社会福利，满足广大人民群众的物质文化生活需要等。随着事业单位改革的推进，事业单位进一步回归"公益性"，事业单位的重要性不断凸显，这一主体在服务型地方政府建设及组织变革中是不可或缺的重要力量。

（二）项目组织

项目组织是与常规性组织相对应的，其特点就是非永续，即"临时性"。在设立之初就可预见到未来"撤销"的时间的项目组织，即使无法精确确定在某个具体时点撤销，但可以确定的是在项目组织所承担的独特性任务完成之时，项目组织即将宣告解散，因此其设立是为了完成某一独特性任务。由于项目组织设立的目的是临时性的，因此其具体构成在地方政府组织中呈现出多样化、差异化和动态化的特点，因此大部分项目组织在当前中国地方政府的组织结构图中并未有所体现。项目组织的"临时性"特征决定了其人员配备、资源使用以及任务的存续时间等都具有"临时性"的特征。

二　地方政府项目导向型组织的规模与边界

由图 8 – 1 我们可以看出在项目导向型组织模式中，为了使地方政府的组织变得更为柔性化，并具有更强的适应能力，地方政府通过各种项目与市场和社会主体发生联系，共同组成项目团队。项目组织的两大特征决定了其必要性。

（一）项目组织规模具有高度不确定性

政府组织需要有清晰的边界并且组织规模相对固定，是由其行政管理职责决定的。地方政府在完成独特性任务的过程中需要调动所需人员与资源，组织规模固定就为其设置了组织障碍，而地方政府项目导向型组织模式则通过建设项目团队的方式使组织规模具有开放性的特征，在完成独特性任务的过程中可以实现政府部门间横向的人员与资源整合，更可以实现政府组织与社会组织，包括企事业单位、NGO 等的人员与资源的整合，项目团队可以根据项目的需要临时聘用、调用、增加或缩减团队成员，并在项目结束时宣告解散，这种开放性又使得地方政府在应对独特性任务的过程中能够更为积极与灵活。

随着不同时间地方政府面临的项目数量、类型与规模等的不断变化，需要的人员数量、能力结构等也将随之不断变化，从总体上看就使地方政府的组织规模发生了变化。在这种情况下，就需要地方政府探索新的人事与编制管理办法，而传统的地方政府编制管理的办法将无法与不断变化的需求相适应，政府需要以更加灵活的方式，例如聘任制、协同治理等来应对组织规模不确定性的要求。

（二）项目组织具有非常强的边界突破性

项目团队的组建具有鲜明的逻辑，其过程表现为：首先根据项目的需要分析项目的人员需求，包括需要哪些不同类型的人才，以及具体数量与工作时间，之后根据项目对人才的需求，在地方政府以及市场、社会主体中寻找相应的人才共同组成项目团队，最后在完成其在项目中应承担的任务后退出项目团队。由此可见，在人才获取方面具有非常强的边界突破能力项目团队必不可少的，这一点我们从图 8 – 1 中也可以十分明显地看出来。在五种类型的项目团队中，有三种项目团队都是跨越地方政府组织边界而建立的，通过这种项目团队的建设，增加了地方政府间、政府部门间以及政府与市场和社会组织之间的联系和交流的渠道，对于地方政府的信息获取和协同治理等的实现具有突出意义。

三 地方政府项目导向型组织的结构

地方政府项目导向型组织中，常设性政府部门负责完成日常行政管理任务，项目团队负责完成独特性任务，其根据独特性任务的要求而组建，并在该独特性任务完成后解散，常设部门与项目团队相辅相成。当项目团队解散或团队成员根据项目需要退出项目团队时，这些人员将重新回到各自所在的机构与部门之中，可以有效避免为完成临时性的独特任务而开展人员招聘所带来的政府机构膨胀与人员浪费。这样为保障项目顺利实施，在项目实施过程中，应给予项目团队人员配备、资源配置、决策等方面的优先权，以保障项目的实施，我们称之为以项目导向为特征的二元化的组织结构。以框图形式表现的地方政府项目导向型组织结构如图 8 - 3 所示。

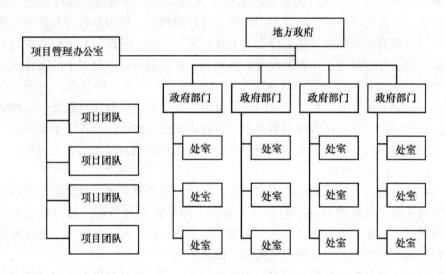

图 8 - 3 地方政府项目导向型组织结构图

由图 8 - 3 可以我们可以很清晰地看出地方政府组织的二元化特征，其中左侧是由项目团队构成的临时性组织，而右侧是政府部门构成的常规性组织。两种类型的组织分别完成地方政府两类不同的任务，共同为地区发展服务。

（一）项目管理办公室

项目管理办公室是地方政府的常设部门，也是负责项目管理的唯一常设性组织，主要负责对本地区政府的所有项目进行协调安排。其组织结构特征有以下两方面。

（1）行政级别"高半格"。行政级别高配的目的在于解决各类"协调"问题。各类不同项目在实施的过程中需要各政府部门给予人员和资源等的支持，以及中国地方政府长期以来的权力分配机制都是基于行政级别的，决定了项目管理办公室需要在行政级别上特殊对待，才能具有更强的跨部门资源调动能力和协调能力。

(2) 部门设置精简、扁平。在部门内部机构设置方面，首先应当明确该办公室的职能是为各类项目服务，同时对项目的实施过程履行监督管理职能，因此在其内部机构设置中，可以根据任务的分工进行分组。其中项目前期组与提出项目提案与建议的部门一起，负责在项目正式实施前的规划设计、方案制定以及项目预算编制等；项目促进组主要负责协助项目管理团队，对项目相关利益主体间的关系进行协调，包括协调地方政府各部门以及各类市场和社会主体；项目控制与变更管理组负责为项目进展过程中的各种变更进行审批以及配置相关资源；项目监管组则负责对项目实施的全生命周期进行跟踪评估与监管，从而在各类项目的实施过程中积累各种经验教训。但项目管理办公室的组别设置与政府各部门在具体工作方式上存在显著差异。各部门的工作方式是基于分工的，部门间的工作相互没有太多交叉；而项目管理办公室中的工作方式是"项目化"的，即项目负责制，针对某一项目或者某一项目集，由不同组别分别抽调人员组成项目组，共同对项目的实施过程进行管理与监督。这种运作方式与会计师事务所或律师事务所的运行方式更为接近。而各个小组内部的活动以经验交流和学习为主，从而不断提升各组别为项目服务的能力与水平。

(二) 项目团队

在地方政府项目导向型组织结构中，项目团队负责具体项目实施工作的组织构成，由于具有典型的"临时性"特征，团队依据项目对人员与能力的需求而建立，并在任务结束之日宣告解散。从图 8-1 中可以看出，在地方政府项目导向型组织中共有五种类型的项目团队。

第一种是部门内部项目组织。地方政府某一部门的两个以上不同处室共同完成的独特性任务，则由部门内部的相关人员组成临时性的项目团队负责，共同完成该任务。以政府机构内部改革项目为例，由于部门内部成员之间相互熟悉，工作的交叉较多，且同一部门的共同工作经验使他们更容易组成项目团队，协调开展工作，这种项目团队的组建相对较为容易。但该类项目组织并不包含在图 8-3 所给出的项目导向型组织结构之中，而是保留在地方政府部门内部，主要原因在于该类项目的人员需求、资源需求以及职能范围都限于地方政府部门内部，由该部门直接管理更为有效，因此该类项目的管理与控制并不由项目管理办公室负责。

第二种是跨部门项目组织。地方政府两个以上不同部门的成员共同完成的

独特性任务，则由这些部门的相关人员组成临时的项目团队负责。例如开发区
建设项目。

第三种是单一部门、跨边界项目组织。某一地方政府部门与企业或社会组
织共同完成的独特性任务，则由不同性质的组织共同抽调人员组成的项目团队
负责。采用政府部门主办、企业或社会组织，承办地区性的活动项目的方式就
是这种项目组织的典型例子。

第四种是跨部门、跨边界项目组织。当独特性任务规模和影响较大，需要
地方政府不同部门共同与企业和社会组织联合实施时，就需要组成这种类型的
项目组织负责。以奥运会为例，奥组委的构成就是典型的跨部门、跨边界项目
组织。

第五种是跨区域项目组织。不同地方政府共同完成的独特性任务，则由跨
地方政府组成相应的项目组织负责，但这种项目组织的管理与协调应由上一级
政府的项目管理办公室负责。以长株潭国家自主创新示范区建设为例，该项目
涉及三个地级市，因此在长株潭国家自主创新示范区建设工作领导小组的构成
上，包括了省政府的各个工作部门以及三市的市长。

（三）地方政府部门

为了适应政府工作的发展，地方政府项目导向型组织结构完整地保留了地
方政府的部门结构与政府部门内部的项目管理职能，只是将涉及跨部门、跨地
方政府的项目独立出来。因此，地方政府部门的总体组织结构并未发生改变，
而是由该部门工作任务中常规性任务与独特性任务之间的结构关系，对其内部
的组织结构和任务履行方式进行一定程度上的变革。当该部门的独特性任务数
量与占比较多时，也可参照项目导向型组织建设的思路，在政府部门内部开展
项目导向型组织的变革，使本部门具备管理常规任务与独特性任务的双重
能力。

（四）组织结构特征分析

地方政府项目导向型组织结构的特征主要可以归纳为如下几个方面。

1. 团队化与部门化并存

在地方政府的项目导向型组织结构中，团队化与部门化的特征是并存的。
部门化的组织结构使部门内部员工的差异化程度低，而部门间差异程度高；不
同部门组织结构的同构性强，部门之间的差异性弱，而团队化的组织结构中团
队成员之间的差异程度高，不同团队间的差异程度也因组成团队的人员要求不
同相对较高。因此，从总体上来看，地方政府项目导向型组织组织结构的横向
差异性高于传统科层制政府组织结构。

2. 扁平化

地方政府项目导向型组织中各种项目团队的存在，使政府组织结构的纵向差异程度降低，体现出更多的扁平化的特征。各种项目团队在地方政府项目导向型组织中的中某一层级内，甚至是不同层级之间所构成一种横向组织，这种横向组织出现的重要性在于，虽然没有直接改变组织的层级，但由于组织间的协调与合作意识的增强，将对管理层级减少起到积极的作用。并且项目团队的组织结构层级少，是一种非常扁平化的组织，因此总体上来看，地方政府项目导向型组织与传统政府组织结构相比，其纵向差异性小，呈现明显扁平化趋势。

3. 网络化

地方政府项目导向型组织结构在空间差异性方面的体现即为网络化，空间差异性可以看作横向和纵向差异性的一个扩展和延伸维度。组织的发展以及任务和管理权力在地理上的可分性，为组织结构形成空间的扩展和分布提供了可行性。这种分布包括距离的远近和数量的多少。由于地方政府项目导向型组织具有横向型组织的特点，大量分布于不同地点，使地方政府组织由传统的部门集中化向分散化的方向拉伸。与此同时，项目团队与地方政府部门间又具有横向的沟通与联系，因此，总体上就使地方政府组织呈现出网络化的特征。

案例：湖北省地方政府项目管理模式①

湖北省地方政府项目的管理模式经历了单一国家投资主体、项目法人模式和代建制等管理模式，但始终没有突破性进展。在项目建设效益和质量、人民群众的满意度方面还存在着较大距离。其主要原因是地方政府没有建立有效的管理模式，"越位""缺位"问题严重。为此，有学者提出要构建"1+4+N"的管理模式。

"1"是成立湖北省地方政府项目管理委员会。湖北省人民政府可以抽调有关厅局的同志（比例50%）和公民、专家（比例50%）组成该机构。其主要职能是制定湖北省地方政府项目发展规划和融资、招投标、风险管理、质量标准等政策与法规，对重大项目进行论证、选择和招标，对融资方案进行评估，营造地方政府项目市场运作的良好环境，对各控股公司进行全面监控和管理。

"4"是成立省基础设施投资开发公司、省新农村建设开发公司、省

---

① 根据相关资料整理。资料来源：李闻一："湖北省地方政府项目管理模式研究"，《武汉科技学院学报》，No. 11，2009。

产业发展公司、省风险投资公司。这四大公司可以由委员会全资控股或部分控股，也可以成立上市公司，通过资本市场融资。分别负责水电设施、高速公路等项目，沼气建设、农田水利等项目，文教卫等项目，高新园区科技孵化、创业等项目。

"N"是成立和发展一批高质量的第三方代建公司、咨询公司、造价公司和评标公司等。这将有利于确立"投、建、管、用"四方主体，统一政府管理职责，降低项目风险等。

在具体运作上，湖北省地方政府项目管理委员会根据中部崛起、经济刺激方案和湖北省人民政府的安排等提出具体项目建设目标、功能构成和资金计划等；四大公司分别根据相关项目，提出融资方案，并通过招投标选择设计公司、咨询公司、代建公司、供应商、施工公司（应选择多个公司）等，代建公司负责对供应商提供的产品、供货周期和施工公司的施工工艺、工期等实行全程监控；如果是大型经营性政府项目，应成立项目法人，由项目法人对项目实行全过程负责，并向股东汇报；项目建成后，由代建公司提供监理报告、验收报告和质量结论，报送相关公司，相关公司依据项目建设目标、具体功能和质量标准组织专家进行验收并签署意见；如果是特大项目，那么委员会要进行周期性检查，防止设计变更和资金挪用等，并由委员会进行最终验收；验收后项目才可以移交使用单位。

该学者的构想是否成熟？请分析这种管理模式的结构特征。

四 地方政府项目导向型组织的工作流程

为了更好地与地方政府所要完成的各种独特性任务相适应，地方政府项目导向型组织打破了传统的以规范化流程建设为单一目标的政府工作流程管理模式，在保持政府各部门开展常规性活动时采用规范化流程的同时，在项目团队中基于团队管理与项目管理的理念与方法使用柔性化的工作流程。任务的独特性决定了常规工作流程的借鉴价值的有限性，完成独特性任务需要独特的工作流程，因此通过项目团队的设置，可以基于独特性任务的要求选择与设定合理有效的工作流程，有效避免规范性工作流程的制约。本部分并不希望对某个项目的具体工作流程进行描述，而是希望从整体上对于地方政府项目导向型组织的工作流程加以分析。

（一）项目与常规任务之间的关系

从总体的角度来看，地方政府独特性任务与常规性任务之间在很多情况下是有着密切的关联，而并非完全割裂的，如图8-4所示。

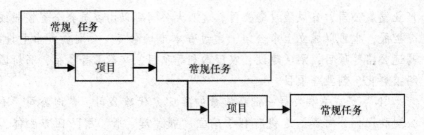

图8－4 组织常规任务与项目之间的关系示意图

如今在中国各级政府层面已经达成共识的是，在当今日益变化和复杂化的社会环境中，永续发展靠以不变应万变的方式是无法实现的，地方政府总体上追求永续的发展必须依靠持续的改革创新。因此在常规性任务的履行过程中，地方政府将不断以变革的眼光发现新的变革需求、发现新的增长点，这样就产生了各类项目，如图8－4所示。项目结束后，其产出物在大部分情况下将持续发挥作用，其中最为典型的就是基础设施建设项目，产出物在项目完成后，将作为新的内容加入政府常规任务中，由政府部门进行管理，并且从总体上提升了地方政府部门常规性任务管理的能力，在此基础上又会产生更多的新项目。例如开发区建设项目，在开发建设项目完成后，对该区域的管理与服务则成为地方政府常规性任务，加入地方政府的组织运营管理范围中，随着开发区不断发展，又将产生新的区域开发或提升改造项目。由此可见，在地方政府项目导向型组织中，项目从常规任务执行过程中产生，并将通过其实施提升地方政府常规任务的管理与服务能力，项目与常规任务之间是存在相辅相成关系的。

（二）对项目开展全生命周期管理

从项目的实施与管理流程角度来看，每个项目自身的独特性导致其具体的实施与管理过程也将具有其独有的特征。通过对若干项目实施与管理过程的总结，我们可以归纳出地方政府项目实施与管理的一般性流程，并对其中的各个阶段以及过程管理的理念等进行进一步的分析与描述。

在此，我们提出项目"全生命周期"与"全过程"管理两个不同的概念加以区分。全过程管理指的是项目从起始到结束的整个过程；全生命周期则是从项目起始直至项目产出物的使用周期结束的整个过程。如图8－5所示。

人们通常将项目的实施与管理过程理解为图8－5中上半部分所描述的过程，即由项目定义与决策、计划与设计、实施与控制和完工与交付四个阶段构成的项目全过程，这就导致了在项目管理的过程中缺乏整体观和大局观的问题，最突出的表现就是单纯重视项目期的成本最低而带来了运营成本提升，如

图 8 - 6 所示。

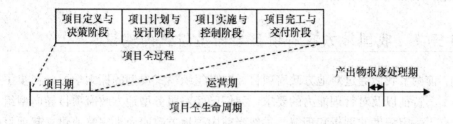

项目定义与 决策阶段	项目计划与 设计阶段	项目实施与 控制阶段	项目完工与 交付阶段

图 8 - 5　项目全过程与项目全生命周期之间的关系

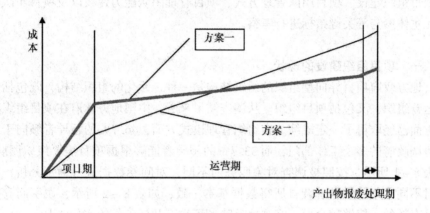

图 8 - 6　两种方案的项目全生命周期成本比较

　　由图 8 - 6 可以看出，方案一虽然项目期的成本较高，但运营期则可以低成本运行；而方案二虽然项目期的成本较低，但运营期成本迅速提升。从项目全生命周期的角度分析，显然方案一优于方案二。图 8 - 6 所探讨的还是在两个方案寿命期相同的情况下，而现实中采用方案二，往往会导致运营时间的缩短，从而需要提前报废处理并重新建设，这种情况下成本的提升将更为突出。以"拉链工程"为例，这是民间对政府道路修建项目的形象化描述，为了追求项目期成本降低而使用了质量标准较低的管网，或者在未对地下管网进行改造的情况下完成路面铺设项目，在道路投入运营不久便出现地下管网破损或需要更新换代等问题，需要破路维护，最终使道路建设与运营的总体费用大幅提升。另外，单纯重视项目期的工期管理还有可能导致运营过程中质量受损，例如一些市政设施建设项目，为了追求工期的提前而造成了工程质量的隐患，带来了一系列运营维护问题等。因此，地方政府在开展项目管理的过程中，应当采用"全生命周期"管理的理念，对项目期、运营期乃至产出物的报废处理期进行系统化综合管理。

第三节 我国地方政府项目导向型组织的建设

前两节我们通过对地方政府项目导向型组织模式模型的探索学习，初步了解了其特征以及对管理能力的要求，我们已经对服务型地方政府项目导向型组织有了一定程度的剖析和理解。虽然当前中国地方政府尚未完整地建立起项目导向型的组织模式，但是已经初步具有项目导向型组织的某些特征。本节将选取项目组织建设、项目团队管理方式、项目管理团队能力建设以及项目团队的多元主体参与等关键指标进行考察。

一 项目组织建设的现状

地方政府项目导向型组织的组织结构是一种二元化的组织结构，既包括日常运营组织，又包括项目组织。从调查结果来看，中国地方政府在项目组织建设方面已经取得了一定成绩。在组织管理模式方面，46.7%的领导者倾向于亲自协调政府的多个工作部门，而33.7%的领导者能够根据项目需要组织团队，如表8－1所示。按照被调查对象职务的不同，对问卷数据进行判别分析，发现对不同层级的领导者调查所得数据基本一致，如表8－2所示，说明问卷数据是有效的，能够较全面、客观地反映各级政府开展工作的实际状况。

表 8－1 各种组织管理模式所占比例表

	组织管理模式	频数	百分比	有效百分比	累计百分比
有效	交给某个政府工作部门	63	16.6	17.3	17.3
	亲自协调政府的多个工作部门	170	44.7	46.6	63.9
	根据项目需要组织团队	123	32.4	33.7	97.6
	其他	9	2.4	2.5	100.0
	合计	365	96.1	100.0	
缺失		15	3.9		
合计		380	100.0		

表8－1显示，目前中国地方政府的各级领导仍较多地倾向于亲自协调政府的多个工作部门，仅有1/3的领导者能够根据项目的需要组织团队，这一比

例远远达不到建设地方政府项目导向型组织的要求。由表 8 - 2 可以看出问卷数据的效度和信度还是比较高的。

表 8 - 2　组统计量

调研对象的类型		均值	标准差	有效的 N（列表状态）	
				未加权的	已加权的
市司局管理人员	组织管理模式	2.12	0.711	97	97.000
市司局领导	组织管理模式	2.31	0.874	45	45.000
区县政府管理人员	组织管理模式	2.23	0.721	165	165.000
区县政府领导	组织管理模式	2.22	0.832	51	51.000
合计	组织管理模式	2.21	0.755	358	358.000

　　由于项目组织具有临时性，因此设立政府项目管理办公室负责对本地区政府的所有项目进行协调安排是极其重要的。项目管理办公室对政府的各类项目行使综合管理职能，避免部门间对同类项目的重复立项；同时项目管理办公室又可以为政府各类项目建立一个信息平台，使各级政府之间的信息能够做到互通。

　　案例：深圳市龙岗区建筑工务局代建项目集成管理组织模式①

　　深圳市龙岗区建筑工务局作为龙岗区政府投资项目建设管理方，将职能范围内的政府投资项目通过政府部门内部委托的方式承接，实现了全过程项目管理。其组织机构的设置如图 8-7 所示。

　　深圳市龙岗区建筑工务局项目管理组织的设置采取的集成化管理是基于系统工程原理，全面考虑工程项目实施建设全过程，建立完整的组织体系，在项目的前期阶段就考虑全寿命周期，利用创新的信息技术手段，形成科学的管理系统。

　　1. 建筑工务局职能科室的项目管理职能集成

　　深圳市龙岗区建筑工务局在职能科室设置上将项目过程、科室管理职能进行了有机的集成。如图 8-8 所示。

---

　　① 根据相关资料整理。资料来源：丁正红："项目群视角下的政府投资项目集中管理模式效率改善研究"，天津：天津大学，博士学位论文，2011。

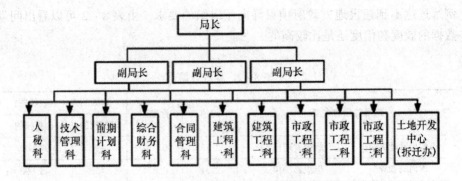

图 8-7 深圳市龙岗区建筑工务局职能部门设置

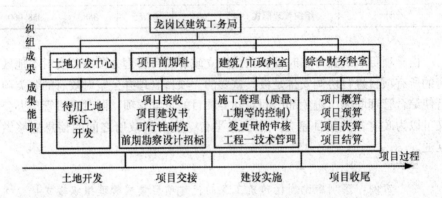

图 8-8 深圳市龙岗区建筑工务局的项目管理职能集成

2. 项目协调小组动态集成

项目协调小组是龙岗区建筑工务局针对具体项目而从各科室抽调人员组成的协调机构，并赋予其一定的权力，通过组织开会等形式，实现信息沟通，协作配合，统一管理，提高管理效率。

（1）项目管理过程的集成。协调小组由职能科室人员组成，各科室是其后盾，本质上发挥各职能的专业作用，达到项目管理过程集成提效的目的。

（2）项目管理技术的集成。项目协调小组中成员根据各职能的专业管理技术管理项目，从而达到项目管理技术集成的目的。

（3）信息传递网状结构的项目信息小组。项目协调小组从组织信息传递架构上分析，属于网状的组织结构，如图 8-9 所示。

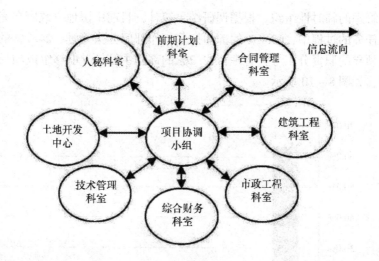

图 8 - 9　网状项目协调小组信息传递模式

　　龙岗区建筑工务局针对所承接项目的特点，将现场管理市政管理和房间管理科室，在各科室内又根据项目特点，分为医院类项目、住宅类项目、市政类项目等项目群，再根据不同项目特点和实施时点需要，由具体的项目协调小组负责完成。项目协调小组由各个职能部门的专业人员组成，主要作用是实现信息沟通，协作配合，统一管理，提高管理效率。小组的领导权由各阶段的科室参与人员负责，全面管理小组的运作，按局规定对小组授予的权限内开展项目管理工作。项目协调小组管理组织随着项目阶段的延伸，项目管理中各个阶段的负责人是动态变化的。基于全过程的项目协调小组管理阶段划分，分为前期计划阶段、施工阶段、结算阶段。项目协调小组组长各阶段分别由前期计划科、施工管理科、合同管理科责任人担任，负责各阶段管理工作的开展和协调。

　　深圳市龙岗区建筑工务局代建项目的集成管理组织模式对我国地方政府投资项目管理效率的提高有什么借鉴意义？

二　项目团队管理方式的现状

　　在地方政府项目导向型组织中，政府通过各种项目团队来完成各项独特性的任务。因此，项目团队的设置是根据独特性任务的需要而设的，这种独特性任务来源广泛，可能来源于社会组织与公民，也可能来源于政府本身，政府根据独特性任务的特点建立为完成该独特性任务的项目团队。项目团队应当由地方政府根据项目需要抽调人员组成，是独立于地方政府各部门的，并由项目经理统一管理的临时性组织。根据调研结果统计，目前中国地方政府在完成各项独特性任务的过程中，63.4%的部门按照工作部门分头管理，24.7%的部门按照区县领导的职责分工分头管理，12.2%的部门主管领导能够组成项目团队进行管理，如图8-10所示。

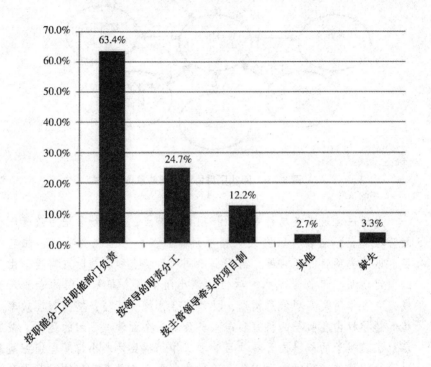

图 8 – 10　中国地方政府完成独特性任务使用的组织体制图

　　项目经理对于项目团队的作用至关重要，在某种程度上，项目经理的素质与能力决定了项目团队的整体素质和能力。因此，项目经理必须具有很强的项目管理意识，能够按照不同项目自身的独特性开展有针对性的管理工作。问卷调查的结果显示，61.2%的项目经理认为自己是项目的组织协调者，这种角色是符合项目团队的需要的。但与此同时，仍有 26.2%的项目经理认为自己是项目的直接指挥者，15.7%的项目经理认为自己是上级领导者，如表8 – 3 所示。这说明，中国地方政府大部分的领导者都已经具有一定的项目管理意识，但仍需要不断加强。

表 8 - 3　项目经理在项目中担任角色情况　　　　　　单位:%

项目经理在项目中担任角色		频数	百分比
有效	上级领导者	60	15.7
	组织协调者	233	61.2
	直接指挥者	100	26.2
	其他	9	2.4
缺失		1	0.3
总数		381	9

三　项目团队的能力建设现状

如何对独特性任务和参与团队工作的能力进行管理？我们的关注点在于项目实施过程中团队成员掌握项目管理的相关能力。中国地方政府公务员普遍在完成常规性任务中具有较高的专业能力和管理能力，但是调查显示，其在项目管理方面则欠缺专业知识与技能，如图 8 - 11 所示。

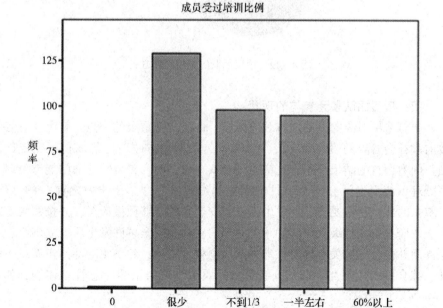

图 8 - 11　项目团队成员接受项目管理培训的情况

　　项目具体实施过程中，很多情况下需要开展跨部门横向协调，在地方政府项目导向型组织模式中，跨部门协调是地方政府通过制度化的方式赋予项目团队的权力。理想的跨部门横向协调可以通过三个层面展开：其一是项目团队成员主动与政府工作部门协调；其二是项目经理与相关工作部门进行协调；其三是由项目管理办公室进行协调。根据项目导向型组织的要求，相关工作部门应当予以支持。但从调研的结果来看，目前中国地方政府尚未建立起制度化的项目团队与政府工作部门间的协调关系，主要还是依靠临时性、非制度化的会议或领导协调等方式实现的，如图 8 – 12 所示。

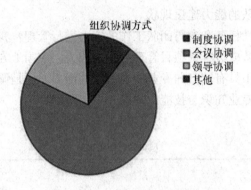

图 8 – 12　项目团队的组织协调方式

四　项目团队多元参与的现状

　　要打造项目导向型的地方政府组织，还有非常重要的一点，就是注重各级政府和社会各界的多元参与。在此方面，中国地方政府已经取得了一定的成绩。问卷调查的结果显示，在应对社会安全事件时，42.7% 的部门能够及时调节处理可能引发社会安全事件的矛盾纠纷，做好"禁于未发之前"的工作，23.7% 的部门对将要或已经发生的社会安全事件能够积极应对，并按照规定向上级政府报告或越级报告，20.8% 的部门在社会安全事件发生后能立即组织有关部门并由公安机关有针对性地采取应急处置措施，43.3% 的部门具有统一领导、综合协调、分类管理、分级负责、属地管理为主的应急管理体制，如表 8 – 4 所示。

表 8 - 4　应对社会安全事件时的组织体制

组织体制	频数	有效百分比
及时处理可能的矛盾纠纷，禁于未发之前	162	42.7
及时应对并向上级政府或越级报告	90	23.7
事件发生后立即组织有针对性地处理	79	20.8
统一领导、综合协调、分类管理、分级负责、属地管理	164	43.3

由表 8 - 4 可以看出，在应对社会安全事件时，中国地方政府40%以上的部门能够及时处理可能的矛盾纠纷，将安全事件禁于未发之前，并且40%以上的部门能够综合协调、分类管理、分级负责，这些数据都表明，中国地方政府在一定程度上已经做到多元参与，但参与程度还未达到地方政府项目导向型组织建设的要求。

思考题：

1. 地方政府项目导向型组织模式的设计应遵循什么原则？其模型与任务的匹配关系应如何进行分析？

2. 项目团队的建设与运行过程包括哪些阶段？

3. 地方政府项目导向型组织的主体有哪些？组织的结构是什么样的？有哪些特征？

4. 项目组合管理、项目集管理、项目管理各有什么作用？

5. 请分别阐释项目组合管理、项目集管理、项目管理的任务内容。

第九章 项目导向型组织的
运行机制

　　运行机制是组织模式动态化的过程，探讨的主要是在某种组织模式之下，以何种方式实现组织高效运转的问题。现代政府要优质高效地提供公共产品和公共服务，必须不断改革和完善政府运行机制，包括科学化、民主化和法治化的决策机制，规范有序、公开透明、便民高效的执行机制，科学合理、客观公正、及时准确的评价机制，以及标准明确、监督有力的约束机制等。[①]为确保第八章所建立起的地方政府项目导向型组织模式得以顺利运行，本章将对该组织模式的资源配置、绩效评价以及决策机制进行重点分析和讨论。

第一节　基于项目的资源配置机制

　　资源配置效率是组织运行效率与效果的表现形式，组织变革就是为了能够更为高效地实现组织的资源配置。在研究政府资源配置的时候，资源的范围是较为广泛的，包括人力资源、物力资源、财力资源等。在地方政府项目导向型组织中，这些资源将首先根据项目的需要列出清单，并由政府保障在其拥有的资源范围内优先保障项目所需资源的配置。通过这样的资源配置方式，可以有效地提高资源配置的效率，并减少各种资源在不同地区与政府部门中的重复购置等问题，且这种资源配置方式是最适合知识经济发展需要的。尤其是在公共危机应对项目或国家、地区的大

---

　　① 薄贵利："服务型政府建设战略：目标与重点"，《人民论坛》，No. 5，2012。

型工程项目中，这种基于项目的资源配置方式明显优于其他的资源配置方式。

地方政府项目导向型组织模式在组织结构上对地方政府的常规性组织与项目组织做了"二元化"的处理。与之相适应，在组织运行机制设计中也应当基于二元化的组织结构进行相应的调整。也就是说，应当对当前的项目运行机制进行变革，使之适应项目管理与项目运行对资源的需求。

一 基于项目需求的人力资源配置机制

在地方政府项目导向型组织模式中，对于人力资源的需求分为两种类型，一类是处理常规性任务的专业型人才，另一类是管理和为项目服务的项目管理人才。两类人才的配置机制从逻辑上来看具有较大的差异性，并且由于现有的地方政府人力资源配置机制无法很好地适应项目团队建设的需要，因此，需要地方政府对项目型组织的人力资源配置机制进行适应性改革，并建立起基于项目需求的人力资源配置机制。

（一）根据项目需求制订人力资源需求计划

由于地方政府各部门的人力资源需求是具有较强稳定性的，而项目组织对人力资源的需求则是不断变化的，在总量上如图 9 - 1 所示。

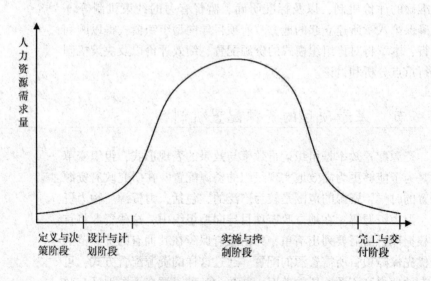

图 9 - 1   项目各阶段人力资源需求情况

由图 9 - 1 可见，项目在不同阶段对人力资源的需求具有动态性特征，其中人力资源需求量最大的是项目的实施与控制阶段，其他各个阶段的人力资源需求量则较少。

　　除了数量具有动态性特征外，项目对人力资源的类型及其能力要求也具有动态性特点。在项目定义与决策阶段，对于战略分析人才及项目评估人才的需求较为突出；在设计与计划阶段，对于规划与设计相关人才的需求较为突出；运营阶段则根据项目自身的特点，需要不同类型的人才加入。因此在项目团队组建之初，就需要项目经理组织编制项目的人力资源需求计划，包括对人员能力的要求、数量的要求以及为项目服务的时间要求等，并在项目实施过程中，根据人力资源需求计划开展人力资源的配备与管理工作。

（二）根据人力资源需求计划为项目配置相应人才

　　如何根据项目的人力资源需求为其配备相应的人才是项目导向型组织在人力资源配置过程中面临的核心问题。按照政府部门的晋升机制为项目配备人才的方式显然无法满足项目对人力资源的需要。因此，应当打破传统的行政级别、晋升竞争机制等的限制，真正以"专长"为标准，为项目配备所需专业人才。

　　人才的来源有三种类型：一是在地方政府部门中工作的公务员；二是企业、社会组织中工作的人员；三是为完成任务而临时聘用的人员。这就需要解决一个核心问题，即如何吸引这些专业人才为项目服务的问题。应当从薪酬水平、晋升机制、激励机制等多个角度对这些专业人才为项目工作期间设计系统的制度安排。关于这一问题将在后续探讨绩效评价机制时详细展开。

　　项目组织中吸收企业及社会组织人才加入项目团队的，应视不同情况采取不同的管理措施。对于采用多元主体治理方式组建项目团队的，即由政府联合企业或社会组织共同组建项目团队的，可根据协商从各组织抽调合适的人员构成项目团队，并由各组织共同协商人力资源成本负担问题；对于地方政府独立承担的项目，则可采取从现有部门抽调或聘用等方式配备项目团队成员，也可采用外包的方式，将项目部分工作交由外包的其他组织承担，从而减少项目对地方政府的人力资源需求。

（三）在地方政府建立项目管理人才库

　　当前许多地方政府面临的任务结构都发生了巨大的变革，地方政府对项目管理人才的需求也大幅度提升。因此，有必要在地方政府组织中建设一支"职业项目经理人"队伍，这支队伍的管理由项目管理办公室具体负责，同时应建立项目管理人才库，对于地方政府部门中具有项目管理能力和经验，或者在项目实施过程中取得过突出成绩的人才信息进行汇总，从而能够更为快捷地完成队伍组建过程。

（四）建立常规任务组织与项目组织间的双向流动机制

　　基于项目团队工作的临时性特点，项目团队成员在项目结束后的去向问题也是当前所面对的瓶颈问题之一。这就有可能遇到包括：从地方政府部门抽调人员，导致该部门的某个工作岗位空缺，不得不另聘新人，这就导致项目团队成员完成项目工作后无法回到原部门的问题；由于地方政府部门的绩效评价机制与项目团队的绩效评价机制不同，因此即使能够回到原部门，其为项目工作期间所做出的成绩无法得到原部门的认可等障碍。

所以为了解决在常规任务组织与项目组织之间存在的组织障碍，就需要建立起双向流动机制，以及绩效考核的转换机制，使临时性为项目工作的公务员能够顺畅地调出和调入，并且其在项目团队工作的业绩能够在未来晋升中起到支持作用。

(五) 完善"聘任制"

为了更好地满足项目需求的人力资源配置，还需要对"聘任制"进行完善。聘任制本身的操作十分灵活，因此对于解决项目组织动态性的人力资源需求问题具有突出的意义。公务员聘任制呈现出以下四个鲜明的特点：一是契约化合同制管理，聘任制公务员的权责利以及考核、任职期限等都通过合同明确，并且用人机关依据合同对其进行管理；二是协议工资制，聘任制公务员参照市场薪酬水平，兼顾政府机关的实际情况，通过双方平等协商确定，大多薪酬稍高于同级公务员；三是不存在晋升压力，聘任制公务员不执行公务员职务任免规定，没有传统职务晋升途径，而是根据岗位目标任务，确定责权；四是任期有限，聘任制公务员聘期一般为 1~3 年，任期结束后续聘或解聘。

可以借鉴国际相关经验，完善中国地方政府公务员的聘任制。以美国为例，近年来美国公务员中临时性的、季节性的以及兼职的雇员数量显著增加，这就使公共部门人力资源结构发生了变化。这种契约式的雇用方式，使得一些部门在人力上的特别需求得到满足，专业技术型人才多通过这种方式得以引进。地方政府可根据本年度的项目需求以及财政的项目资金规模等确定年度聘任制公务员的规模，并对其实施"总量控制"。在以聘任制解决项目团队人力资源需求的同时，也缓解了项目给地方政府公务员带来的用人压力，为进一步精简当前地方政府各部门的公务员规模留出了空间。

二 项目资金统一动态管理机制

由于地方政府项目导向型组织模式的要求，对项目的资金配置应当采用与常规任务不同的方式，建立项目资金统一动态管理机制。一方面充分发挥财政资金的作用，另一方面也能以更加灵活的方式广泛吸纳各类资金以满足项目的实际需要，更好地发挥其整体性效益，并适应各类项目在执行过程中的资金需求变化，应当在项目导向型组织中对财政资金配置采取二元化的方式，即对于常规性任务，保持原有地方政府行政部门的基于层级和部门的预算体系，对于独特性任务，采用项目资金统一动态管理机制。

（一）对地方政府项目资金实行统一管理

地方政府项目类资金不再采用传统的"分蛋糕"方式分配给各个部门，而是由本地区的项目管理办公室与财政部门配合，进行统一管理。从前文分析的当前中国地方政府项目资金配置的四种类型可以看出，中国地方政府项目类财政支出的占比占财政支出总额的30%～40%，但管理的分散化造成了对重点项目资助不足，部门间协调困难以致出现多头申报，以及对项目进展中出现的资金需求变更无法有效应对等问题。因此建议将财政预算中的项目类资金单列科目，统一管理，由项目管理办公室统一负责资金拨付，并且改变项目资金一次性拨付的方式，建立阶段性拨付机制，以确保项目资金"按需"使用。

在编制地方政府项目预算时，可由项目牵头单位提交预算方案，并由项目管理办公室审核汇总，会同财政部门共同对预算进行调整，并最终报请地方人大批准。基于项目的不确定性，在制作年度项目预算时，可在申报项目总体预算的基础上预留5%的不可预见费，同时还应在本地区总体项目预算中预留适当比例（例如5%～10%）用于突发性项目的资助，该预算额度本年度未完全使用的可结转至下一年度。

（二）建立完备的项目申报制度

建立项目资金统一动态管理机制还需要建立完备的项目申报制度。可以参照当前地方政府专项资金项目以及PPP项目的申报与管理的机制，建立起地方政府的项目申报、评价与审批制度，从地区发展的角度对项目进行整体性评价，优中选优。

1. 建立年度及突发性项目的申报机制

以年度项目为主体，在有特殊需要的时候，可申请突发性项目资助。年度项目申报可分为两个大类：一类是本地区整体性战略发展项目，该类项目由地方政府或人大提出，项目管理办公室负责编制项目申请材料；另一类是部门性项目，包括部门内部项目和跨部门项目，由牵头部门提出项目申请材料。在项目申请中，除了对项目进行常规性论证外，应明确标注项目的预算总额、阶段性预算金额，并对项目融资方案进行专项论证，鼓励项目使用非财政资金。年度项目申请工作应与部门预算编制工作同步进行，并统一报送地方政府项目管理办公室。对于突发性项目，例如事故灾难应对项目，则采取特事特办原则，简化申报程序，及时拨付资金，并加强事中与事后监管工作。

2. 建立项目库与专家评审机制

通过建立项目库的方式对所有申请材料进行汇总与信息发布，在项目申请材料汇总完成后，项目管理办公室应组织设立本地区的项目评审专家组织，专家构成应以多元主体协同为原则，充分重视评审过程中的公众参与机制建设，共同对项目进行评价与筛选，评审通过的项目可进入备选项目库。

3. 建立财政承受能力论证制度

对于本年度通过专家评审的项目，由项目管理办公室与地方财政部门进行财政承受能力论证，根据项目融资方案中对财政资金的需求，结合区域发展战略与本年度项目类资金的总量进行评估与筛选，最终确定本年度中标的项目。

（三）建立全过程动态监管机制

获得批准的地方政府项目还需要建立全过程的动态监管机制。从地方财政部门向项目承担单位拨付第一阶段的项目经费到项目终止或者完成，项目管理办公室负责对项目实施的全过程进行监管。

监管过程可参考世界银行及亚洲银行等机构的项目跟踪评估过程，根据项目申请中提出的阶段性目标及项目实施过程中的质量、工期、成本等指标对项目的进展情况进行评估，评估结果作为下一阶段经费拨付的依据。对于未通过阶段性评估的项目，可要求项目实施组织进行整改，达到要求后再拨付下一阶段经费。对于确实无法达到阶段性目标要求或不具备进一步开展工作条件的项目，项目管理办公室应出具项目中止的意见，并停止项目经费拨付。

在实施过程中由于各种原因造成项目预算变更的，可由项目实施单位向项目管理办公室提出申请，并由项目管理办公室根据变更的数额采取不同的评审方式，数额较小的可由项目管理办公室直接审核，数额较大的则应组织专家组并会同地方财政部门进行审核，变更申请审核批准的，可按照变更后的经费金额拨付。对于变更未能通过的，可要求项目实施组织进行整改，如果项目目标确实无法实现，可由项目管理办公室做出项目中止决定，并停止拨付项目经费。对于在项目实施过程中存在故意或重大过失导致项目中止的，应追究相关人员责任。

（四）建立项目预算的动态调整机制

与地方政府常规性任务的预算管理机制相比，地方政府项目预算应具有更强的动态性和灵活性，因为项目在实施过程中将不断面临变更甚至中止的情况，因此基于项目的动态监管机制，应同步对项目预算进行动态调整，在保持项目预算总量的相对稳定的情况下，对项目预算构成的结构进行调整。同时在本地区面临重大突发性项目时，应基于项目的资源需求，对本地区各类项目的资源需求进行总体性的协调，从而使项目类资金能够更好地满足各类项目的需要，更好地为地区发展提供支持。

案例：淄博市淄川区"财政大评审"①

淄博市淄川区财政局的"财政大评审"，是指通过财政评审，使财政支持的项目符合区域发展规划，避免资金重复安排，减少资金分配的"盲目性"，符合政府投资组合科学化的管理要求。

（1）由"基建工程"向"广覆盖"转变。"财政大评审"是将原来单一的建设项目评审，发展到对所有财政项目性资金的评审，实现对财政项目性资金评估的"广覆盖"。在每笔财政项目性资金的安排上，增加财政评审环节，评审范围由原来的基建工程类，逐步扩展到工程修缮类、购置、民生政策、大型会议、大型活动等众多类别，同时将财政评审链条由原来"预算评审→过程跟踪→决（结）算审查"拉长到"项目论证→预算评审→过程跟踪→决（结）算审查→绩效评价"，突破了只对工程概、预、决（结）算进行审核的范畴，注重财政评审由"事后"为主，向"事前""事中"为主转变。

（2）由"资金节约"向"提升效益"转变。财政项目性资金主要用于民生公益和财源扶持项目。"财政大评审"打破了过去只注重"资金节约"的被动做法，注重从群众公共利益和区域发展的长远利益考虑，统筹安排财政项目性支出，实现了由"资金节约"向"提升效益"的重大转变。如淄川区南部 10 千伏供电工程项目，原项目计划采取地上架设的方案，但该项目纳入"财政大评审"后，通过现场勘查、走访群众、征求相关部门意见，以及综合考虑城市的长远发展与群众意见，决定追加财政资金 1000 万元，将该供电项目由地上架设线路改为高压线路落地。虽然该项工程增加了资金支出，但却为城市的长远发展创造了条件。

（3）由"条块管理"向"内部控制"转变。"财政大评审"通过建立以"财政投资评审委员会"为领导机构，以"财政投资评审中心"为核心，以财政部门内设资金管理职能科室为支撑，以社会中介机构为辅助的资金评审体系，打破了财政部门内部主管科室单方面分配项目资金的"条块管理"模式，严格按照"内部控制"管理原则，重新调整财政内部科室资金监管职责，对项目性资金分配实行"内控"和"牵制"。如某一公开招标的工程项目，按照"财政大评审"内部控制的原则，该工程项目性资金投入较大，财政需要对标底价格行先评估，因为政府采购中标价

① 根据相关资料整理。资料来源：杨宏伟、马通之："地方政府投资项目管理模式创新与成效分析——以淄博市淄川区'财政大评审'为例"，《山东社会科学》，No. 11，2011。

格不得高于或低于工程标底价格的 15%，否则视作废标，这是其一。其二，国库要根据评估机构审定的工程进度、工程造价增减变动情况拨付工程款。在这个过程中，财政相关职能部门必须紧密配合，按照"财政大评审"的工作流程，环环相扣、责任明晰。通过"齐参与""互牵制"的工作机制，可以从源头上确保项目性资金的使用效益。

淄博市淄川区的"财政大评审"对我国地方政府投资项目管理模式创新有什么启示？

三　统筹协调的项目物资配备机制

物资配置与资金配置之间具有密切的相互联系，因为物资配备涉及的是"钱怎么花"的问题，与资金相区别之处在于物资有其物质形态，并且需要空间作为载体，因此其储存与使用需要相应的运输、场地等的支撑。

我们知道项目的物资配备具有临时性的特征，现有部门分割机制无法高效地实现项目资源的协调配置，那么如何更为有效地为项目配置相应的资源呢？另外一个问题是，除一部分物资被转化为项目产出物外，还存在未完全使用的物资，这些物资如何实现有效管理呢？根据交易成本理论，资源配置效率的高低取决于在资源配置过程中交易成本的多少，交易成本越高则证明其资源配置效率越低，反之则资源配置效率高。政府中传统的资源配置模式是以地区和部门为主导的资源配置方式，资源在各地区与各部门中是相对独立的，不便于统一协调管理，使项目的跨部门的资源配置变得困难。地方政府项目导向型组织采用的以项目为基础的资源配置模式则可以使资源具有较强的流动性。

（一）建立项目物资"公物仓"

我们知道目前不少地方政府已经建立"公物仓"，地方政府举办大型会议或活动时采购的电脑、桌椅、音响等设施在活动结束后便收归"公物仓"统一管理，待再举行大型会议或活动时继续使用。可见"公物仓"本身就是项目物资管理的产物，只是目前适用的范围相对较窄，大多用于对活动或会议的物资管理方面。可进一步将"公物仓"的做法推广至地方政府所有项目物资的管理上，凡是为地方政府范围内所实施的项目购置物资的，均由地方政府项目管理办公室统一管理，项目未完全使用的物资在项目结束后统一纳入"公物仓"管理，在其他项目需要物资支持时，首先可从"公物仓"中调取使用，当现有资源无法满足项目需求时，再行采购。这种做法一方面避免了地方政府项目资源的重复购置，另一方面也能够充分发挥相应物资的价值，物尽其用。

（二）建立地方政府物资"数据库"

统筹协调项目物资配备机制还可以建立地方政府物资"数据库"。该项措施将不仅针对项目物资，还针对地方政府所有物资。通过建立统一的数据库，从而使地方政府真正摸清"家底"，从而在项目实施过程中，尤其是在情势紧急的情况下，可以迅速从数据库中了解地方政府各部门是否有项目所需物资，并实现快速调配，以满足项目需求。该数据库建设的理想方式是各级地方政府采用相同的架构，从而实现数据的共享，这样，地方政府在项目实施过程中，还可就近调动周边地区政府的资源，以解燃眉之急。在建立健全地方政府物资数据库的基础上，应将该数据库收集信息的范围进一步扩大，对地区范围内的战略性物资信息进行汇总统计，尤其是应急类物资，从而使地方政府在项目实施过程中，可以在更为广泛的范围内为项目配置所需资源。

（三）建立基于项目的横向型物资配置机制

项目与常规性行政管理任务不同，项目的资源需求不仅具有时间短、强度高的特点，更具有种类多、不确定性强的特点，有些项目的物资需求还有非常强的时效性要求。所以就有必要实现快速的资源配置，这就需要建立基于项目的横向型物资配置机制。

传统的基于条块分割的资源配置方式不仅协调能力不足，同时还无法满足项目物资需求的时效性要求，因此项目的物资配置应采用完全不同的"逻辑"，即基于项目的横向型物资配置机制。这种逻辑之下，项目的各类物资配置应当在地方政府物资配置体系中享有更高的优先级别，即地方政府应在其可以调配的资源范围内，优先确保项目的资源配置，并且资源配置的方式是横向型的，即可以打破政府部门的界限优先为项目配置资源。在这种情况下，拥有资源的相应部门应当予以配合。与此同时，这种横向型的物资配置机制还有更为广义的含义，即打破政府组织边界为项目配置资源，地方政府可以从市场和社会主体中为项目配置所需资源。但这种资源配置的基础是遵循市场经济的规律，而非无偿的征用。这种方式的具体操作方法有两种：一是地方政府可以通过租赁等方式为项目配置资源，即在项目实施过程中拥有物资的"使用权"，而非"所有权"；二是通过外包的方式购买项目所需服务，由拥有项目所需物资的组织为项目提供专业服务。这些方式无疑开阔了地方政府资源配置的思路。当然这些方式都不排除市场主体和社会主体的捐助，在其自愿无偿或低价为项目提供物资时，可以进一步减轻地方政府为项目配置相应物资的压力。

第二节　双轨制的绩效评价机制

从目前中国地方政府的绩效评价体系与激励机制的现状来看，基于传统日常行政管理职能的考核与评价体系已相对健全，与之相适应的各种激励机制与晋升机制也相对完善。然而对于独特性任务，往往仅在任务完成后由地方政府对整个项目的成败进行简单的定性评价，存在评价主体多元、评价指标体系设置与任务类型不匹配以及评价重结果轻过程等问题。尚未形成完整的体系。即使是绩效管理工作较为先进的地区，也仍然对该体系不断地进行调整与完善，以期与当前的区域发展相适应。因此，在地方政府项目导向型组织中，应当根据组织模式的变革，对组织的绩效评价体系进行整体性与系统性的梳理与整合，实行双轨制的评价机制，使之与组织模式之间建立起良好的匹配关系。

一　整合各类绩效评价建立双轨制绩效评价体系

首先对当前地方政府的各种绩效评价进行梳理，包括指标体系、评价主体、评价过程等，在此基础上，基于二元化的组织结构建立双轨制的绩效评价体系，划分标准主要依据任务类型。

对于常规性任务，即对各工作部门的绩效评价可沿用当前地方政府绩效评价的方法、指标等，但需要对各类绩效评价指标进行整合，建立统一的绩效评价信息系统，由各部门按照绩效评价规定的时间节点登录系统并上传相关信息。各考核部门只需登录系统并根据需要调取相关数据即可完成，避免当前存在绩效评价多头管理的问题。

对于独特性任务，即项目团队的绩效评价则采用基于目标分解的考核方法，由地方政府项目管理办公室统一负责。同样也需要建立相应的信息平台，该信息平台不应当是为了绩效评价而单独建立的，而应当是本地区项目管理的统一信息平台，各项目团队基于这一信息平台开展项目管理的各项工作。与此同时，项目管理办公室可以实时掌握项目进展情况的相关信息，对本地区各个项目的实施进行统筹协调，并依据项目进展的实时数据，结合项目目标的完成情况，对项目团队的工作绩效进行评价。在这种情况下，地方政府对下一级地方政府的绩效评估也应当是双轨制的，即分别对下级地方政府的常规性任务和独特性任务进行绩效评价，并根据两类任务的比重关系确定各自在总体评价中所占的比重，从而形成综合性的评价结果。

二　面向项目的绩效评价指标生成机制

由于项目具有非常强的独特性，因此，对项目的评价指标体系应当是基于其独特性而设置的，每个项目具有不同的指标体系，而非一套以不变应万变的指标体系。因此应当建立起项目绩效评价指标的生成机制，而不是建立地方政府项目评价的指标体系。这一生成机制可以参照现有的财政支出绩效评价管理的指标生成机制，具体分为两个阶段，第一阶段首先根据项目的目标分解确定

项目目标的要素构成，在此基础上，第二阶段根据项目绩效目标的要素构成，
进一步分解确定个性指标，如表 9 − 1 所示。

表 9 − 1 某项目绩效评价个性指标①

一级指标	二级指标	三级指标	指标说明（评分标准）
产出与结果绩效	保障性就业绩效	享受社保补贴人数完成程度	完成程度 = 评价期实际享受人数/灵活就业人员参保人数 ×100% 完成程度≥15%：4 分；10%≤完成程度<15%：2 分；完成程度<10%：0 分
		享受社保人数增长率	增长率 = （本年度享受社保人数/上年度享受社保人数 −1）×100% 增长率≥10%：2 分；5%≤增长率<10%：1 分；增长率<5%：0 分
	市场性就业绩效	培训率	培训率 = 评价期实际培训人数/城镇新增就业人数×100% 培训率≥40%：4 分；30%≤培训率<40%：1.5 分；培训率<30%：0 分
		培训合格率	培训合格率 = 评价期培训后取得职业资格证书的人数/培训总人数 合格率≥30%：4 分；10%≤合格率<30%：2 分；合格率<10%：0 分
		培训就业率	培训就业率 = 评价期培训后实现就业人数/培训总人数。培训就业率≥60%：4 分；40%≤培训就业率<60%：2 分；培训就业率<40%：0 分
		介绍就业率	介绍率 = 评价期实际介绍人数/城镇新增就业人数 介绍率≥40%：4 分；30%≤介绍率<40%：2 分；介绍率<30%：0 分
		介绍成功率	介绍就业率 = 介绍后就业人数/享受免费职业介绍人数。介绍就业率≥90%：4 分；70%≤介绍就业率<90%：2 分；介绍就业率<30%：0 分
		高级职业资格等级占鉴定人数比例	高级职业资格等级占鉴定人数比例 = （高级技师 + 技师）/鉴定人数 比例≥12%：4 分；10%≤比例<12%：2 分；比例<10%：0 分

① 福建省财政厅：《福建省财政支出绩效评价操作指南》，2013 年 10 月。

续表

一级指标	二级指标	三级指标	指标说明（评分标准）
产出与结果绩效	战略性就业绩效	小额担保贷款当年新增发放额增长率	增长率 =（当年新增发放额/上年新增发放额 −1）×100% 增长率≥40%：4 分；20%≤增长率＜40%：2 分；增长率＜20%：0 分
		小额担保贷款按期还款率	还款率 = 当年按期偿还小额贷款总额/当年应偿还贷款总额 还款率≥95%：3 分；90%≤还款率＜95%：2 分；还款率＜90%：0 分
		个人小额担保贷款占比	比重 = 当年个人获得小额贷款总额/当年小额发放贷款总额 比重≥70%：3 分；50%≤比重＜70%：2 分；比重＜50%：0 分
可持续发展绩效	经济社会效益	每投入万元增加就业人数	评价期城镇新增就业人数/实际就业支出总额 具体评分标准根据全省汇总情况酌定
		专项资金投入经济效益	评价期通过就业补助政策实现就业人数 ×（评价期国家对失业人员和低保人员发放的人均社会保障资金）/投入的就业专项资金。具体评分标准根据全省汇总情况酌定
		创业带动就业倍数	倍数 = 创业企业雇用人数/创业者人数 −1 倍数≥5：3 分；3≤倍数＜5：1 分；倍数＜3：0 分
	劳动力发展	收入增长率	增长率 =（评价期本年度劳动力收入 − 评价期上年度劳动力收入）/评价期上年度劳动力收入。增长率≥5%：3 分；0≤增长率＜5%：1 分；增长率＜0：0 分
		新增就业人数参保比率	比率 = 基本养老保险当年新增参保人数/城镇新增就业人员 比率≥30%：2 分；10%≤比率＜30%：1 分；比率＜10%：0 分
	目标群体满意度	单位	根据调查问卷测算
		个人	根据调查问卷测算

表 9 - 1 中的指标分为三级，第一级是"产出与结果绩效"和"可持续发展绩效"指标。还有其他一级指标，如"预算执行情况"等，是根据专项资金管理办法等规章制度确定，一级指标一般不宜过多。二级指标是对具体评价项目进行的分类，应避免二级指标过多，体现一定的层次性，也是为今后归类

分析评价结果创造条件，在表 9 – 1 中，二级指标其实是按评价指标包含的子项进行分类，"社保补贴"子项属于基本保障类的，归入"保障性就业绩效"指标中，"技能培训""职业介绍"和"职业技能鉴定"子项属于市场发展类的，归入"市场性就业绩效"指标中，"小额担保贷款"子项属于长期战略发展类，归入"战略性就业绩效"指标中。三级指标是基于二级指标进行的细分，针对每一个子项，选出最具代表性，最能衡量项目绩效的指标。指标说明则是对三级指标的解释，也是具体的评价标准。

三　建立全过程绩效评价体系

为了克服当前地方政府绩效评价重结果轻过程的问题，我们可以从评价指标和评价方法两个方面建立全过程绩效评价体系。对于常规性任务来说，应当建立数据的定期报告制度，由各部门通过绩效评价信息系统定期上传本部门的绩效数据。在频率设定上，既要考虑到动态性评估对数据连续性的要求，同时又要避免数据上传过于频繁而增加各部门工作压力。由于在项目导向型组织中，各地方政府的工作内容以常规性工作为主，工作的连续性较强，因此绩效评价的信息收集可定为月报制。对于定性的评估指标，可通过不定期检查与评估的方式，而非每年或每月集中检查的方式进行相关数据收集。

由于项目的独特性和不确定性较强，项目实施过程中的变更发生的频率高，因此对于项目信息的收集应当更加及时。可以由地方政府项目办公室委托开发地区项目管理信息系统，项目日常管理工作均在这一系统上统一开展，从而以相对规范化的方式获取项目实施的实时信息。这样一方面避免了项目团队为了绩效评价而额外增加收集和整理数据的工作量，另一方面也避免了人为因素对项目实施效果评价的影响。有关项目绩效评价的具体方法和实践可参见第十章的相关内容。

　　案例：南方某省防洪除涝治理项目的绩效评价[①]

　　本项目总投资 16 亿元人民币，项目从 2011 年开始实施，计划 5 年完成投资。项目投资内容包括堤防工程、河道整治工程、建筑物工程，包括泵站、穿堤建筑、水闸和桥梁等、农民水利协会、运行维护管理、机构能力加强等多个方面，共由 7 个项目执行单位负责实施，同时在省一级设置省项目管理办公室，负责项目总体协调。按照本项目的实施计划，项目共

---

　　① 根据相关资料整理。资料来源：王海涛："大型水利工程项目的绩效评价研究"，北京：中国科学院大学，硕士学位论文，2014。

包括54个独立实施的子项目，每个子项目通过招标选定承包商进行施工。本项目的发展目标是，提高流域内特别是较贫困的农村地区的防洪排涝能力，提高农业生产能力，减少洪涝灾害损失。项目的绩效评价指标设置如下（见表9-2）。

表9-2　南方某省防洪除涝治理项目的绩效评价指标设置

准则层	绩效评价指标	单位	目标	权重
项目效益影响指标	1.1 防洪除涝治理面积	平方公里	1631.9	0.102
	1.2 减少的洪灾经济损失	百万元	267.20	0.058
	1.3 提高的农民人均农业收入	元/年	304	0.074
项目成果指标	2.1 新建堤防长度	公里	90.86	0.022
	2.2 河道疏浚长度	公里	212.47	0.031
	2.3 新建涵闸数量	座	308	0.017
	2.4 新建泵站数量	个	16	0.014
	2.5 新建桥梁	座	8	0.042
	2.6 新建农民排灌协会数量	个	16	0.054
项目建设进度指标	3.1 项目总投资完成进度	万元	163948	0.050
	3.2 财务支付进度	万元	163948	0.033
	3.3 土方工程	万立方米	—	0.125
	3.4 混凝土	立方米	—	0.130
	3.5 河道清淤	万立方米	—	0.111

在项目实施过程中，每年对项目绩效评价指标进行一次综合的调查和分析，并形成年度绩效评价报告，为项目办在制订下一年年度实施计划时提供依据。在本项目中，由于绩效评价体系的应用，为项目的实施提供了非常宝贵的信息，使项目能够始终围绕项目发展目标实施。

该项目的成功对我国地方政府大型水利项目的绩效评价有什么启发？

第三节　差异化的决策机制

决策理论一直是管理学讨论的重要问题，著名管理学家西蒙提出了"管理就是决策"的观点。因此决策机制对于组织的运行具有特殊重要的意义，是确定组织工作目标、工作内容、工作方式等的一项重要管理工作。政府决策在所有组织的决策中，其重要性更为突出，原因在于政府决策的对错、质量和效率如何，决定着一个国家的兴衰成败和人民大众的安危祸福。[①] 地方政府常规的决策机制是基于层级的，从一般概念上讲，就是上级决策、下级执行，这种决策机制的优点在于行动的统一性强，标准化程度高。因此，在开展地方政府常规性任务时具有其突出优势。但是由于项目具有高度不确定性和独特性的特点，因此就要求决策过程与该项目的独特性之间具有较强的匹配关系。因此，在地方政府项目导向型组织模式中，就需要构建起差异化的决策机制，针对不同类型的任务采用不同的决策方式。

一　地方政府决策的目标：社会总体利益最大化

政府行为的目标与企业不同，企业行为的唯一目标就是实现利润最大化，而政府的目标则并不唯一。对于地方政府决策的目标，学者们提出了包括效率、效果、公平等很多维度的目标体系，认为地方政府决策应以规范政府决策权力、提高政府决策质量与实现社会公共利益为目标。[②] 这一观点所强调的公共利益导向是受到广大学者普遍认可的。如何对公共利益进行描述，什么是公共利益最大化，如何进行量化和操作化却始终没有得到很好的解决。决策目标是对决策效果进行评价的基础，因此，对地方政府决策目标的分析也是研究和建立地方政府决策机制的基础。有学者从相关利益主体分析的视角提出了一条切实可行的分析路径，认为在地方政府决策过程中应当在对相关利益主体进行分析的基础上，建立相关利益主体参与机制，政府应当在决策过程中保持中立，并充分建立起存在利益冲突的相关利益主体的意见表达机制。[③] 政府决策机制就是政府决策主体之间、政府决策主体与外部决策主体以及决策参与主体之间形成的互动关系。[④] 沿着这一分析思路，可以将地方政府决策的目标定义为：社会总体利益最大化。

这种目标定义避免了地方政府的唯 GDP 论。以 GDP 论英雄的内在逻辑与市场经济追求利润具有相当程度的一致性，导致了地方政府过分追求效率，追求经济增长。近年来，从中央政府到地方政府一直在试图破除这种观念，在实践中不少地方政府提出了"满意"的目标，但这种目标设定具有较强的主观

---

① 许耀桐："改革和完善政府决策机制研究"，《理论探讨》，No. 3，2008。

② 罗依平："深化中国政府决策机制改革的若干思考"，《政治学研究》，No. 4，2011。

③ 竺乾威："地方政府决策与公众参与——以怒江大坝建设为例"，《江苏行政学院学报》，No. 4，2007。

④ 罗依平："深化中国政府决策机制改革的若干思考"，《政治学研究》，No. 4，2011。

性，并且不具有对冲突性目标进行平衡与协调的能力。因此，本书认为地方政府的各项决策应以"社会总体利益最大化"为目标。其中相关利益主体主要指的是与决策过程、结果等具有相关利益关系的组织及个人，而利益最大化不仅包括经济利益，更包括社会利益、环境利益等，因此"利益"是定性与定量的结合，有些利益是可以通过量化的方式衡量的，而有些利益则是通过定性的方式判断的。

二　差异化决策机制的构建

政府决策机制是从决策问题产生到做出决策的过程，是一个"复数概念"，包括察觉机制、沟通机制、公众参与机制、专家参与机制、制约机制与协调机制。[①] 根据决策理论，决策的方式有很多种类型，而究竟采取何种方式进行决策取决于决策问题自身的特点。根据卡内基模型，可以通过决策问题是否明确以及解决问题的方法是否明确将待决策事项分为四种不同的类型，并应用不同的决策方法。基于对地方政府决策目标，以及地方政府项目导向型组织模式所面对的任务结构特征分析可知，在地方政府中，常规性决策与项目决策所面对的情景是不同的，其问题的明确程度、解决问题的方法以及信息的完备程度均有较大差异。因此在地方政府项目导向型组织中，应当根据两种不同任务对决策的要求采用差异化的决策机制。

中国地方政府的常规性决策能力较强，而对项目的决策能力较弱。统计数据显示，自新中国成立起至 1999 年，在大约 2 万多亿元的总投资中，因决策失误造成的浪费至少有 1 万亿元。[②] 因此，本节的讨论重点将放在如何建立项目决策机制上。

（一）决策方式的分类

在具体构建决策机制之前，首先应当对决策的方式进行梳理。对决策方式进行分类有很多不同的标准。

1. 决策的集权与分权

有学者将经济建设型政府背景下的行政决策定义为"政府决策"，是政府单方主导的"单向不对称互动"，将服务型政府的决策定义为"公共决策"，是向民众参与开放的"开门决策"。[③] 这两种方式划分的标准是决策理论探讨的一个根本问题，即决策的集权性问题，如表 9–3 所示。

---

① 王满船："政府决策机制的内涵及其完善"，《国家行政学院学报》，No. 6，2003。

② 刘根生：" '反对' 意见的价值"，《瞭望新闻周刊》，No. 1，1999。

③ 刘小康："从政府决策到公共决策：中国行政决策模式的转换"，《新视野》，No. 6，2014。

表 9 - 3　组织决策的集权性特征分析框架

集权性	决策团体层次	差异化
		集中化
	决策团体组成	多样化
		单一化

集权性是对组织决策方式的集中考察，集权性是指做出决策的正式权力集中在个体、单元或层次的程度。集权性仅与组织中的正式组织结构相关。集权指的是最后的决策权，大量限制下属决策的政策实质上提高了集权的程度；集权可以指一个个人、单元或层次，但一般指集中在组织的最高管理层次。从组织决策过程来看，当决策者控制决策过程中所有的步骤时，决策是最集权的，当决策者只负责提出备选方案时，组织内的分权程度就很高。有学者认为分权的原因在于决策者个人的有限理性和信息负荷量的限制，也就是说，当收集信息和处理信息的负荷量超出管理者的能力极限时才会分权。另外，有人认为分权还可以带来以下好处：提高反应速度；为决策者提供更详细而准确的信息输入；通过允许职工参与决策达到激励员工的效果；使高层管理者摆脱繁杂的日常事务性工作，把精力集中在战略问题上；为低层的管理者提供良好的培训机会等。

一般而言，集权性和复杂性是负相关的，高复杂性总是与分权相随。但集权性和规范性则没有明显的相关关系。

2. 程序化与非程序化决策

根据决策过程的标准化程度，可以将决策分为程序化与非程序化决策，如表 9 - 4 所示。

表 9 - 4　程序化与非程序化决策的比较

决策类型	问题性质	组织层次	决策方法
程序化决策	常规性问题	基层	1. 运筹学结构分析模型 2. 计算机模拟 3. 管理信息系统
非程序化决策	例外性问题	高层	1. 培训决策者 2. 编制人工智能程序

由表9－4可以看出，程序化决策是在常规性问题不断重复发生的过程中，根据经验总结的结果而制定出的规范化的决策过程，甚至可以根据这一规范化的过程进行计算机模拟或通过管理信息系统进行决策。而对于例外问题，或者独特性的问题，由于没有以往的经验可循，因此固定的流程也就无从得出，这时就需要根据决策问题的特征创造性地开展决策过程，需要决策者具有较高的决策能力和专业能力。

3. 确定与不确定性决策

在西蒙所提出的管理决策理论中，有一个重要的假设前提，即有限理性决策，[①] 所强调的就是决策时的信息完备程度。信息越完备则决策的理性程度越高，而信息不完备则可能带来更多的"非理性"结果。根据决策时所拥有信息的完备程度，可以将决策分为三种类型，即确定型决策、风险型决策和不确定型决策。

确定型决策指决策的结果唯一且可以被清楚预测时的决策过程。在这种情况下，信息的完备程度最高，可以对决策的结果进行完全的预测。当决策者无法确切地知道决策结果时，决策就会面临一定的风险。也就是说，决策可能带来多种结果，而不是唯一结果。如果决策所面对的不同结果的发生概率可以预测，例如可以确定某项决策会导致结果 A 的概率为20%，导致结果 B 的概率为80%，则这种决策的类型被称为风险型决策，可以用决策树等方法对决策及其结果进行测算。如果只能知道决策将带来的不同结果，但无法对各种结果的发生概率进行估计，或者连决策可能带来的结果都无法估计时，则这种决策被称为不确定型决策。

显然从决策的难度上来看，不确定型决策的难度最大，风险型决策次之，确定型决策最小。

4. 个体决策与群体决策

以决策者的数量为标准对决策进行分类，可以将决策分为个体决策与群体决策两类。其中个体决策也是一种集权式的决策，决策者独自承担决策任务，而组织其他成员只负责决策执行。而群体决策则是一种参与式决策，这种决策方式也是近年来对政府决策进行研究时所推崇的决策方式，普遍的观点认为行政决策是一种集体决策，这一决策是由很多人参加的复杂程序的结果。[②] 因此，近年来的很多研究成果都是围绕如何促进多元主体的决策参与而展开的。

---

① ［美］赫伯特·西蒙:《管理决策新科学》，北京：中国社会科学出版社，1982年，第1～7页。
② ［法］夏尔·德巴什:《行政科学》，上海：上海译文出版社，2000年，第65页。

(二) 基于权变的差异化决策机制

决策团体的构成与组织结构之间的关系十分密切，传统的地方政府决策团体构成是基于层级与职能的，人员相对固定的。这种结构化的决策团体构成与行政管理、行政审批等常规性工作的匹配度较高。但对于各类项目而言，由于任务本身不属于地方政府结构化框架范围之内，因此其决策往往无法与组织结构的现有框架相匹配。这就迫使很多决策必须提请组织高层做出，决策时间被迫拉长，这与许多独特性任务的时间紧迫性产生了强烈的冲突。

在地方政府项目导向型组织中，项目的决策将由项目团队完成，并且决策团体的构成与层级、职能之间不具有必然联系。在项目决策的过程中，可以根据决策事项的需要，基于"专家技能"选择由项目团队中的不同成员独立或共同决策，以满足项目的时间以及独特性的要求。① 决策团体层次的差异化和构成的多样化可以提高组织的快速响应能力，通过不同层级决策者对本专业领域的了解来提高资源整合能力和科学决策能力，并通过组织成员更多地参与组织决策以加强团队成员的合作能力。

在地方政府项目导向型组织中，其决策和计划过程中所强调的是权变的思想，这种基于权变的项目导向型决策和计划是符合各种项目的决策与计划的要求的。主要原因在于，在常规性的日常行政管理过程中，所开展的活动为重复性的，因此其信息是相对完备的，也就有可能做出相对准确的计划和决策。而项目是一次性和独特性的，在项目起始阶段，其信息缺口较大，因此很难在项目起始阶段制订出完整和科学的计划或做出科学的决策。随着项目不断进行，信息逐步完备，在拥有了更多信息之后，必须对原始的计划与决策进行修正，使其更加科学，如图 9 – 2 所示。

随着知识经济的发展，地方政府面对的各种项目不断增加，由于这些项目的信息完备程度是随着项目实施过程逐渐增加的，因此传统的日常行政管理的决策方式在用于项目决策时由于缺乏权变性而无法与项目的实施过程相适应。地方政府项目导向型组织的组织模式所使用的则是基于权变的项目导向型决策与计划方法，这种方法能够更好地与政府项目的实施过程相适应，从而在项目实施过程中不断对以往的计划与决策进行修正，最终完成该项目。

所谓基于权变的差异化决策与计划方法所强调的是项目计划与决策过程中的分权性，这种分权可以使政府根据项目发展的需要，相对灵活地制订计划与作出决策，并在过程中对这些计划与决策进行调整。分权避免了在集权决策中由于权力的集中化所带来的决策僵化的问题，使各种计划与决策的过程更加灵

---

① 翟磊："项目带动战略下的地方政府组织变革研究"，《中国行政管理》，No. 10，2013。

活且具有可调整性。同时这种权变的决策方式也要求决策随项目的进展而不断调整。在项目实施过程中，随着信息的完备性增加，起初的计划与决策可能变成谬误，若不使用权变的方法则可能由于坚持错误而最终导致项目失败。

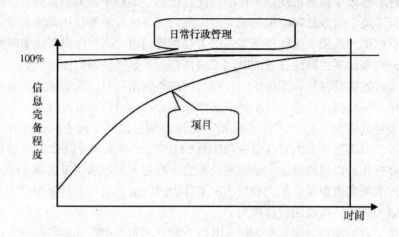

图9-2 政府不同任务的信息完备程度

由此可见，地方政府项目导向型组织的基于权变的差异化决策与计划方法与传统的行政管理决策方法存在着较大的差异，更有利于政府各种项目的开展。

三 项目决策机制的情景分析

"情景分析"（Scenario）最早出现于1967年赫曼·卡恩（Herman Kahn）和安东尼·维纳（Anthony J. Wiener）合著的《2000年》一书。他们认为未来是多样的，几种潜在结果都有可能在未来实现；通向这种或那种未来结果的途径也不是唯一的，对可能出现的未来以及实现这种未来的途径的描述构成一个情景。"情景"就是对未来情形以及能使事态由初始向未来状态发展的一系列事实的描述。

借助情景分析的思路，对项目决策过程中可能的情景进行分析，可以进一步提出具体的差异化决策的方法与路径。通过对地方政府决策的影响因素进行分析，可以从两个维度构建地方政府项目决策的情景分析框架，如图9-3所示。

从图9-3四种情景可以看出，不同类型的决策事项需要以不同的方式进行决策。虽然目前学术研究领域普遍认为多元主体参与决策是地方政府决策方

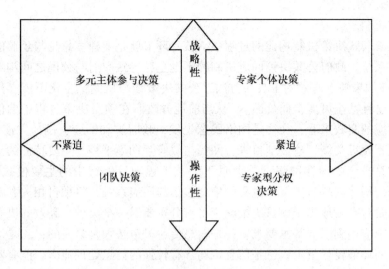

图 9 – 3　地方政府项目决策的情景分析

式变革的必然路径，相关研究多集中于为地方政府构建决策过程的民众参与机制，但这些研究都未曾对地方政府决策参与机制的适用范围做出界定。从实践角度来看，并非所有决策都需要或者都适合应用公众参与决策的方式，因此，对不同情景下的决策机制进行研究将对于实践领域进一步厘清政府决策过程的参与机制具有指导意义。

（一）战略性——不紧迫：公众参与决策

该类项目是从地方发展战略规划中分解而来的，对地区发展具有战略意义的项目，例如特定区域的开发项目或者特定产业发展项目以及重大基础设施建设项目等。该类项目的战略意义不言而喻，并且从决策的时间要求来看，并不像突发事件应急等项目一样紧迫，而是需要通过周密的安排、精心的筹备和合理的规划来确保项目目标的实现。

由于决策事项关系到地区发展全局，并且在时间上也具备社会公众广泛参与决策的空间，因此在这种情况下，应充分征求各方主体意见，以提高决策的质量和支持度。杭州市政府在这方面已经进行了一系列积极的实践，以开放式决策为例，杭州市政府坚持让民意领跑政府，扩大公民有序政治参与，增强决策民主化、科学化的有益探索，也是地方政府改革创新的有益实践。① 杭州市开放式决策是在议程设立、方案规划、方案决策与政策合法化四个环节构建公

① 顾金喜："地方政府决策创新的实践和启示——杭州市开放式决策的调研分析"，《理论探索》，No. 1，2011。

民参与机制。①

在参与式决策机制构建的过程中，核心环节就是要建立意见与建议的收集与回应系统。政府公共决策回应机制的不健全，导致政府与公民之间沟通渠道不畅。② 如果缺乏有效的工具与方法，公共决策参与机制民主化不能必然带来决策科学性甚至可能走向反面。③ 从当前地方政府在项目决策过程中的信息收集与回应的实践来看，往往是网络民意先发，政府被动回应，例如大连 PX 化工、杭州垃圾焚烧厂建设项目等，网民与政府互动不平衡为主要特征的被动回应模式是当代中国在网络参与背景下公共工程项目领域中的主要模式。④ 因此，如何构建起政府决策全过程的信息收集与回应系统，将项目相关利益主体的信息及时有效地用于项目决策就变得十分重要。一个灵敏、高效的决策信息支持系统应达到以下基本要求：一是信息传递渠道必须是多元的；二是信息传递的中间环节要尽量少；三是信息机构具有较强的信息处理能力，能有效避免信息被遗漏或截留，提高信息交流的效率和质量。⑤ 应充分应用当前信息网络与大数据分析等技术，构建起政府与项目相关利益主体的信息沟通与交流平台。

（二）操作性——不紧迫：团队决策

操作性的决策主要指的是在项目具体实施过程中所面临的事务性决策，例如工期变更的决策、原材料采购决策等。虽然项目实施过程具有信息不完备的特征，但项目管理的系统方法以及当前项目管理信息系统等的应用目的就是在这种信息不完备的情况下使项目处于可控状态。因此在有经验的项目管理团队内部，大部分操作性决策是有计划进行的，并不属于紧迫性的。

此类决策由于不具有战略决策的重要意义，并且专业性较强，其所决策的事项是在战略性决策之下的具体实施问题，因此不具备多元主体参与决策的必要性。为了进一步提升该类决策的质量，可以采取项目管理团队决策的方式，在项目管理团队或者实施团队内部广泛征求意见，以群体决策的方式提升决策质量。当决策事项对项目具有决定性意义时，还可进一步扩大意见征询的范围，请项目的直接相关利益主体共同参与决策。

---

① 王雁红："公共政策制定中的公民参与——基于杭州开放式政府决策的经验研究"，《公共管理学报》，No. 3，2011。

② 罗依平、覃事顺："民意表达与政府回应的决策机制构建——厦门 PX 事件引发的思考"，《科学决策》，No. 7，2009。

③ 王雅琴："公众参与背景下的政府决策能力建设"，《中国行政管理》，No. 9，2014。

④ 翁士洪："参与—回应模型：网络参与下政府决策回应的一个分析模型——以公共工程项目为例"，《公共行政评论》，No. 5，2014。

⑤ 许耀桐："改革和完善政府决策机制研究"，《理论探讨》，No. 3，2008。

(三) 战略性——紧迫：专家个体决策

这类决策在四种决策情景中难度最大。因为决策事项对区域发展具有战略意义，与此同时，决策的时间十分有限，这就要求决策者必须在短时间内做出正确的决策，突发事件应对项目的决策就是这种决策情景的典型案例。在这种情况下，决策事项的紧迫性挤压了公众参与决策的时间，而战略上的重要性又对决策提出了很高的要求，因此这种决策对决策者将构成巨大的挑战。

由于决策事项的紧迫性与群体决策对时间的要求发生冲突，因此在这种情景下只能使用个体决策或小规模决策团体决策的方式。这就要求决策者必须具有很强的决策能力，对决策事项有着丰富的决策经验，因此决策者的选择非常关键。地方政府常规的决策权配置是基于层级的，即上级决策、下级执行的方式，但项目的决策权配置应当是基于"专家技能"的。这里所指的专家技能的判断标准是决策事项本身的特征和对决策者的能力要求，而非依据决策者的行政级别。

专家个体决策并不意味着不需要收集意见和信息，反而是对信息收集有更高的要求。专家的决策能力是由决策环境评估能力、决策信息获取与处理能力、决策资源动员整合能力、决策制定能力以及决策评估与自我修正能力等一系列能力构成的。[①] 其中"专长权"意味着决策者掌握该决策领域的一系列历史信息，在当前的决策过程中，尚需进一步收集当前决策所需的各种信息，并以这些历史及现状信息为基础提升决策质量。

(四) 操作性——紧迫：专家型分权决策

这种情景仍然是在实践紧迫的情况下，只是决策层级并非全局性、战略性的，而是具体操作层面的。在项目实施过程中，不同的环节、不同的领域需要不断对操作事项做出决策，这种决策既不具备参与式决策的必要性，也不具备参与式决策的时间。由于该类决策事项千头万绪，涉及领域众多，如果采用集权型决策方式，将延误项目实施的时间。在这种情况下，适合的决策方式是分权型的，即由负责该领域项目实施的管理者对该操作事项进行决策。正所谓"将在外，军令有所不受"，项目管理者应当具备根据项目进展状况做出操作性决策的能力。而这种能力的保障仍然是专家技能与信息，也就要求项目团队在人员配备上要确保为每个岗位配备具有相应专家技能的人才。

---

① 黄健荣、胡建刚："公共危机治理中政府决策能力的反思与前瞻"，《南京社会科学》，No. 2, 2012。

四　决策监督与学习机制构建

除了决策过程本身外，地方政府还应当建立起决策的监督机制，以及决策的学习机制，从而通过看他人吃堑，让所有人长智。在这方面，世界银行有相当成熟的经验可以借鉴。为了使世界银行的项目管理人员能从其他项目中吸取经验教训，世行每年都组织专业人员编写项目的后评估报告，并按国别、项目类型分类编辑出版，同时还定期召开研讨会与经验交流会等，在不同的项目团队之间构建相互学习的机制。

（一）构建学习型决策监督机制

在此首先要探讨的是监督的目的究竟是什么的问题。很多人认为监督的目的就是追究责任，这种理解是十分片面的，并且这种追究责任的思想也制约了地方政府对决策进行监督的行动，使地方政府"不敢"也"不愿"对决策进行监督，为的是避免承担责任。这也是地方政府项目后评估等工作开展效果始终不佳的原因所在。如果是常规性决策，出现决策失误往往是因为决策者的主观故意或者过失所造成的，追究责任无可厚非。但对于项目决策而言，由于项目自身的不确定性带来了大量的决策风险，而这种风险并不是通过"审慎"就可以避免的。因此对于项目决策中出现的问题，企业界往往采取更为宽容的态度，例如霍尼韦尔公司在每个项目结束后，要求项目经理填写"经验教训卡"，对项目实施过程中的各种经验教训进行总结；而戴尔公司则"鼓励员工犯错误"，因为他们认为犯的错误越多，学得就越快。因此对于项目决策的监督，主要目的应当是学习，而不是追究责任。当然这并不意味着决策失误就可以不负责任，而应当对决策失误的原因进行分析来确定是否应当承担责任，其中关键的判断标准应当是决策者在决策过程中是否存在主观的故意或过失而导致决策失误。此外，还应当根据决策失误的严重程度、该项决策做出时的决策权大小及在决策中的态度等做出不同的处理。[①] 对于既非故意，又非过失，而是由于环境变化等不可抗力因素导致的决策失误，应当对决策者予以保护。

（二）构建多元主体参与的决策监督机制

多元主体参与决策对于提高决策质量的作用是十分突出的，因此在非紧急情况下应当鼓励地方政府采用这种决策方式。在决策监督过程中，也应当采取多元主体参与的方式，尤其是请参与决策的各类主体进一步承担起决策监督的任务，对决策事项的执行过程及效果进行监督与评价。参与政府决策监督的主

---

① 钱振明："促进政府决策机制优化的制度安排"，《江苏社会科学》，No. 6，2007。

体包括权力机关、执政党、人民群众、各民主党派、舆论以及政府自身，① 监督主体的作用包括信息提供、方案拟定、咨询、决断、执行等，② 参与的方式仍可借助地方政府决策信息收集平台来开展。

此外，舆论监督也是地方政府决策监督主体的重要组成部分，应允许新闻媒体对重大决策过程、效果及时报道，尤其要允许新闻媒体对重大决策的失误及损失进行及时、如实曝光。③ 此外，网络舆情监督是近年来迅速发展的领域，在政府决策中发挥着日益重要的作用，④ 应给予高度关注。2014 年中国互联网络信息中心发布的《第 33 次中国互联网络发展状况统计报告》显示，截至 2013 年 12 月，中国网民规模达 6.18 亿，全年共计新增网民 5358 万人，互联网普及率为 45.8%，较 2013 年增长了 3.7 个百分点。⑤

（三）构建全过程的决策监督机制

当前地方政府对决策的监督往往是问题出现以后，或等问题成堆才进行监督，很少有事前和事中监督。⑥ 同时也缺少对行政决策实施后造成的结果和社会影响的评估。⑦ 由此可见，当前的决策监督体系尚不健全，是一种"问题导向"的监督机制，而非系统化、全过程的决策监督机制。应当对决策监督机制进行系统化设计，形成贯穿于整个政府项目决策过程的监督机制，包括对政府项目决策方案的制定、执行和评估方面的监督等。⑧

全过程的决策监督机制与多元主体的决策监督机制相配合，便可形成对地方政府项目决策监督的系统性架构，从而及时发现问题、解决问题，并充分建立起决策过程的学习机制，不断提升地方政府各类决策的水平。

案例：长沙某新区政府投资项目决策监管体系⑨

---

① 罗依平："深化中国政府决策机制改革的若干思考"，《政治学研究》，No. 4，2011。

② 罗依平："深化中国政府决策机制改革的若干思考"，《政治学研究》，No. 4，2011。

③ 张旭东："关于新形势下完善中国政府决策监督机制的思考"，《中共中央党校学报》，No. 2，2011。

④ 邓福成、尹武松、陆和建："近 10 年中国基于网络舆情分析的政府决策机制研究综述"，《图书馆学研究》，No. 16，2014。

⑤ 中国互联网络信息中心：《第 33 次中国互联网络发展状况统计报告》，2014 年 1 月。

⑥ 罗依平："深化中国政府决策机制改革的若干思考"，《政治学研究》，No. 4，2011。

⑦ 曾庆双、周家明："行政决策事后监督制度及其体系"，《山西师大学报》（社会科学版），No. 2，2005。

⑧ 杨勇、张再生："过程监督对公共决策的作用机理研究"，《天津大学学报》（社会科学版），No. 6，2009。

⑨ 根据相关资料整理。资料来源：黎新乐："我国政府投资项目前期决策监管体系研究"，长沙：中南大学，硕士学位论文，2013。

2008年，长沙某新区管理委员会在麓谷正式挂牌成立。新区在加强政府投资项目资金控制，强化决策监管措施上采取了一定的方法，主要有以下几个方面。

（1）项目投资与立项

在项目投资方面，新区制定了《长沙新区管理委员会关于公共设施项目财政投资回报的暂行办法》，规范了财政投资回报形式、程序等，加强了项目投资监管，提高了投资效益；制定了《长沙新区管理委员会关于加强政府性投资项目审计的暂行规定》，对政府投资项目全过程资金审计做出了规定，包括投资估算、工程量清单计价标底、工程合同签订、工程变更审批现场跟踪审计、工程竣工结算和财务决算、审计中介机构管理和财政回购等方面，严格规定了对项目投资控制的手段。

在政府投资项目立项方面，新区为坚持和健全民主集中制，充分发挥党工委、管委会的集体领导作用，提高民主决策和科学决策水平，制定了《新区党工委、管委会议事规则（试行)》。该议事规则详细规定了新区党工委、管委会会议的主要任务、议事范围和会议制度，为健全决策权、执行权、监督权既相互制约又相互协调的权力结构和运行机制提供了制度保障。

（2）建立了"多方参与"的决策机制

一是建立民主决策制度，对新区重大决策实行集体领导和个人负责相结合的方法，确保决策的正确性与决策责权制约。二是实行科学的决策程序，对重大决策事项广泛征询有关部门领导、专家和群众的意见。三是充分发挥决策咨询的作用，对重大规划方案，通过委托社会化的中介机构或行业领域的专家进行咨询、评审，确保了新区规划的高起点、高标准和高质量。

（3）初步建立了权力制衡机制

一是市委、市政府成立了新区区建设领导小组，统筹决策新区重大事项。二是新区会在建设管理上实行大部制，承担新区体制改革、产业发展和重大项目建设任务。三是将技术化事务实行社会化，充分利用全社会优质资源实现专业化管理，强化社会监督。初步形成了"决策权、执行权、监督权"相分离的权力制衡机制。

（4）加强纪检监察机构自身建设

新区加强纪检监察机构自身建设，充分重视纪工委工作和纪工委干部培养，加大对纪工委工作的支持力度，严格执行部门党风廉政建设责任制，开展丰富多彩的廉政教育活动，进一步加强民主集中制建设，不断提升干部队伍素质。

　　长沙某新区政府投资项目决策监管体系在实际运行中可能会遇上什么挑战？对我国地方政府决策监督与学习机制的构建有什么值得借鉴的地方？

第四节　地方政府项目导向型组织运行机制建设的实证分析

　　与项目导向型组织模式建设一样，当前中国地方政府尚未建立起完备的项目导向型组织运行机制，这也是导致当前中国地方政府各类项目的实际效果不佳的原因。所以本节则针对地方政府项目导向型组织运行机制建设进行实证分析。

一　项目导向型资源配置机制建设情况

　　对于资源配置机制的考察选择的是项目团队的协调机制这一指标。地方政府应根据项目需求建立项目组织，这种跨部门的项目组织建设就需要在政府组织机构间建立横向协调机制。经调查发现，中国地方政府各机构之间的横向协调机制还不是特别完善和成熟。55.1%的部门能够通过"上下情达"和"上下合作"等方法去实现整个地区的纵向和谐与协调，20.9%的部门能够通过"左右情达"和"左右合作"等方法去实现整个地区社会的横向和谐与协调，39.4%的部门能够通过"内外情达"和"内外合作"等方法实现整个区域的多向和谐与协调，如表 9 – 5 所示。

表 9 – 5　地方政府协调机制建设情况

协调机制	频数	有效百分比（%）
"上下情达"和"上下合作"的纵向和谐与协调	206	55.1
"左右情达"和"左右合作"的横向和谐与协调	78	20.9
"内外情达"和"内外合作"的多向和谐与协调	147	39.4
其他	6	1.6
缺失	8	2.1

　　由表 9 – 5 可以看出，目前中国地方政府各级部门之间的纵向协调较为畅通，但各机构之间的横向协调与沟通则存在较大的障碍。

二　二元化绩效评价与晋升机制建设现状

根据本章第二节的分析，地方政府工作部门与项目团队的绩效评估与晋升机制应当是差异化的，而这一点在中国地方政府的实践中尚未发现典型案例。也就是说，当前中国地方政府并未建立起针对项目组织的绩效评价与晋升机制。因此，在调研中选择了对创新的态度和对失误的态度来反映当前绩效评价的价值核心。对常规性任务进行绩效评价的价值核心首先应当保证的是以合规、高效的方式完成组织分配的任务，在此基础上鼓励创新。而对独特性任务进行绩效评价的价值核心则是鼓励以创新的方式完成任务，并对失误采取更为包容的态度。

调研显示，25.0%的被调查者选择"勇于创新并且不怕出错"，54.6%的被调查者选择"鼓励创新但最好不要出错"，13.7%的被调查者选择"可以创新但不能出错"，6.5%的被调查者选择"强调忠于职守而不是创新"，如图9-4所示。

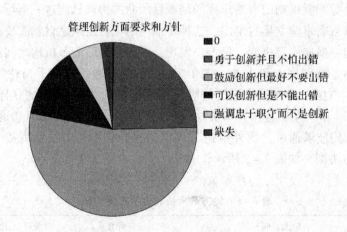

图9-4　对创新与失误的态度

由图9-4可见，中国地方政府在对待创新和失误的态度上仍相对保守。这将影响到项目的绩效评价与晋升机制建设。

三　二元化决策机制建设的现状

中国地方的发展需要通过各种日常运营活动和项目活动实现，这就需要改变传统的职务授权方式，将工作授权引入政府的权力体系中，构成工作授权和职务授权并重的权力体系。在对"项目中具体负责实施的项目经理所承担角色特征"的调查中，有28.6%的人会服从命令听指挥，65.4%的人会先请示后决策，6.5%的人会先决策后汇报，如图9-5所示。由此可见，目前中国地方政府在各种工作活动中，能够做到一定的工作授权，但仍是以职务授权为主。

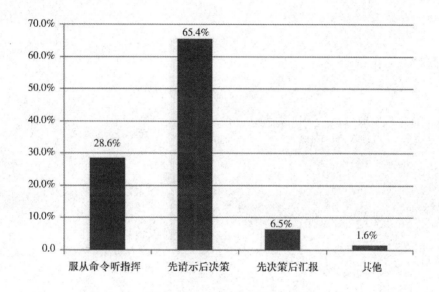

图9-5　项目经理承担角色特征统计图

由图9-5可见，项目经理在项目实施过程中的自主决策权并不大，65%以上的项目经理都会先请示上级之后才会做出决策，这种做法不符合地方政府项目导向型组织的建设要求。

思考题：

1. 如何建立基于项目需求的人力资源配置机制？如何建立项目资金统一动态管理机制？

2. 建立统筹协调的项目物资配备机制的要求有哪些？

3. 什么是双轨制的绩效评价机制？

4. 决策方式有哪些类型？如何建立基于权变的差异化决策机制？

5. 请对地方政府项目决策进行情景分析。

6. 构建决策监督与学习机制应从哪些角度出发？

第十章　公共项目绩效管理与后评价

公共项目绩效水平是衡量公共项目管理者能力的重要标准，也是实现项目战略目标的有力保障。21世纪以来，我国大力引入政府绩效管理理论，特别是在公共项目绩效评价领域进行了探索性实践，取得了初步成果。从2008年起，华南理工大学政府绩效评价中心开始推出《中国地方政府绩效评价红皮书》系列，每年会以报告的形式发布中国政府绩效评价结果。其中，对公共项目的绩效管理也做出了相应的规定。结合其评估报告及目前的地方政府绩效评价机制，可以发现，我国的公共项目绩效评估工作还处于起步阶段，重前期立项、轻后期评估的状况较为突出。

本章将在界定相关概念的基础上，分析目前我国公共项目绩效管理存在的问题和可借鉴的经验，并对公共项目后评价的步骤和方法等进行简要介绍，以期对提高我国公共项目绩效水平有所裨益。

第一节　公共项目绩效管理

当前，适应社会公共需求变化，创新多元治理模式，提升公共项目绩效水平，是我国政府管理体制改革的发展趋势，也是实现经济社会协调可持续发展、构建社会主义和谐社会的必经之路。本节将在阐释公共项目绩效管理的基本含义、流程和内容的基础上，着重介绍公共项目绩效评价，希望以此为中心帮助读者更好地了解公共项目绩效管理。

一 公共项目绩效管理概述

公共项目绩效评价一方面是提升政府财政资金使用效果的要求，2018年，中共中央、国务院正式印发《关于全面实施预算绩效管理的意见》（以下简称《意见》），部署加快建立全方位、全过程、全覆盖的预算绩效管理体系，并明确"花钱必问效、无效必问责"；另一方面也是公共项目管理能力持续提升的要求，通过绩效管理"吃堑长智"，实现公共项目管理的持续改进。

（一）公共项目绩效管理的含义

绩效，是效率（efficiency）和效能（effectiveness）的总和，其中效率是指投入与产出的比率，效能则是将实际成果与原定的预期成果进行比较。前者适用于能够将投入和产出值量化的场合，后者则可用于那些收益无法用货币来计量的场合。公共项目的绩效就是公共项目实施后的成绩和效果的总称。

公共项目的绩效管理是公共项目管理者和项目组成员就目标及如何实现目标达成共识，并辅导和发展项目组成员绩效的过程。公共项目的绩效管理，是在公共项目综合管理理论的基础上，按照绩效预算的基本原理，对公共项目实施的一项全过程管理模式。它是公共部门以业主的身份，为提高公共项目实施公共目标的程度、提高公共资源使用的绩效，而进行的公共项目综合管理。

（二）公共项目绩效管理特征

不同于普通项目的绩效管理，公共项目的绩效管理由于价值取向的不同具有自己独有的特征，主要表现在以下几个方面。

第一，公共项目绩效管理的目的在于遏制我国政府公共项目投资的盲目低效、利益错位及其对自然环境与人文生态破坏，通过奖惩机制强调公民为本的公仆意识，提高公共产品与服务提供的效率，塑造公民满意的高效政府。

第二，公共项目的绩效管理更加强调外部评价、公民参与，这是由其目标的公共性决定的，在运作过程中，其更加注重倾听公民呼声、回应公民需求、加强公民参与，以公众的满意度为最终衡量的标准。显然，没有立足于公民的项目绩效测定，往往容易导致信任危机。

第三，在绩效指标设计上，不仅仅强调项目目标的完成和盈利水平的提高，更加注重满足社会和公民多方面的需求，并以此为基础设计符合绝大多数人利益的绩效考核指标体系，促进项目经济、政治、社会、生态效益的全面发展。

第四，强调目标分解，且项目管理者在绩效管理中注重从开始阶段、实施阶段到反馈阶段全过程的辅导。不同于普通项目的"结果导向"，公共项目绩效管理更注重对过程有效性的监控。

第五，公共项目绩效管理要兼顾组织和个人绩效的双重要求，特别是在政府部门主导的项目上，要将政府部门间权责利关系、运转机制、信息系统等与实施者的行为表现和努力程度相结合，起到提高项目整体服务质量和效率的效果。

二 公共项目绩效管理的流程和内容
(一) 公共项目绩效管理的流程

公共项目绩效管理是一个动态的持续交流过程，该过程是由项目团队以及与利益相关者之间达成的心理契约来保证完成的。如果没有合理的绩效计划、充分的绩效沟通，绩效评价就会导致经理难办、项目参与者不满的状况。因此，设计合理使用的绩效管理流程至为关键。公共项目绩效管理的流程概括来说，一般可分为绩效计划、绩效的实现、绩效评价和绩效反馈和改进四个部分，如图 10–1 所示。其中，绩效评价是整个公共项目绩效管理的重点内容和关键环节。

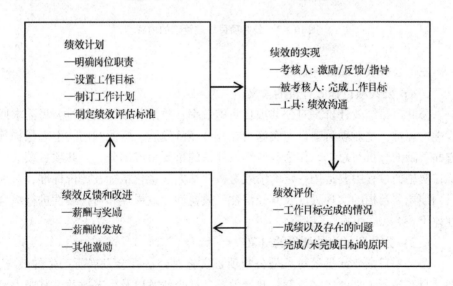

图 10–1 公共项目绩效管理的流程

(二) 公共项目绩效管理的内容

绩效指行为和结果，行为由从事工作的人表现出来，将工作任务付诸实践，行为不仅是结果的工具，行为本身也是结果。绩效管理是事前计划、事中管理、事后考核。当对个体绩效进行管理时，既要考虑投入 (行为)，也要考

虑产出（结果）。绩效应该包括"做什么"和"如何做"两个方面，公共项目
绩效管理的内容包括绩效计划、绩效沟通、收集数据并分析问题、绩效考核与
评价、薪酬管理、人事决策与调整等，[1] 如图 10 - 2 所示。

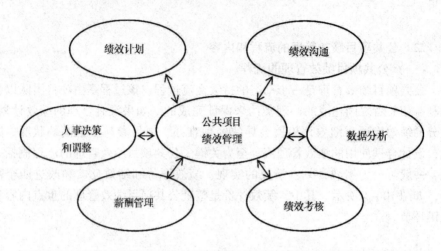

图 10 - 2　公共项目绩效管理的内容

三　公共项目绩效评价

（一）公共项目绩效评价的含义

公共项目绩效评价是对公共项目实施效率、效果、效益及其对公民需求回
应性的评价，是对项目建设与实施后在社会经济发展、资源利用、生态保护等
方面贡献的分析与总结。作为政府绩效评估的重要组成部分，公共项目绩效评
价在实施的过程中要运用一定的绩效考核评估方法量化指标及评价标准，对项
目预期计划目标的实现程度及其经济性、效益性、效果性和可持续性进行综合
性评价。[2]

（二）公共项目绩效评价的对象

公共项目绩效评价的对象是公共项目实施对经济社会发展所产生的效应，
即项目实施所带来的经济效益、政治效益、社会效益以及生态效益。其中，经
济效益包括对地区生产总值、劳动生产率等要素的影响；政治效益包括对政府
公信力、政府权威等要素的影响；社会效益包括对社会人口、劳动形式、劳动
组织、社会就业、社会政治、文化艺术等要素的影响；生态效益则包括对自然

---

① 何清华：《项目管理》，上海：同济大学出版社，2011 年，第 79 页。

② 孔志峰：《公共项目绩效管理》，北京：经济科学出版社，2006 年，第 2 ~ 6 页。

生态资源、污染治理等要素的影响。

（三）公共项目绩效评价指标体系

1. 公共项目绩效评价指标的分类

公共项目的评价指标是根据管理目标和工作标准制定的，它是检测和评判项目目标与标准达成度的标尺。根据评估内容和设置要求，可分为基本指标和具体指标。基本指标是对评价内容的概括性指标，具体指标是基本指标的进一步细化与分设。

基本指标分为业务指标和财务指标。业务指标主要关注的是项目的目标设定情况、目标完成度、组织管理水平、经济效益、社会效益、生态效益和可持续性影响等方面。而财务指标主要关注的是资金的落实情况、实际支出情况、会计信息质量、财务管理状况以及资产配置与使用等方面。

具体指标是在评估对象确定后，根据评估对象的不同特点，对基本指标内容细化、分设的评价指标，可分为定量指标和定性指标。定量指标是指可以直接通过数据计算分析评价内容、反映评估结果的指标。主要的测量指标是经济效益指标，其设置可以根据"成本—收益"的理论进行，实际操作则可根据相关的统计数据和财务数据直接计算。定性指标是指无法直接通过数据计算的分析评价内容，需对评估对象进行客观描述和分析来反映评价结果的指标。

2. 确定评估指标的方法

当评估对象确定后，应从具体指标中选取若干指标，构成评价对象的一套完整指标。在具体方法上，可以采取排序法、层次分析法、专家直观判断法来确定各评价指标的权重。三种方法可以单独运用。

指标排序法，是按照设计的评价指标体系层次，分级制定评价指标排序表，由专家根据主观判断对指标影响程度进行由大到小的排序，再根据设计的指标排序分值，分级进行统计和归一化处理，最终计算出各级次指标的比重。

层次分析法，是指先确定衡量指标重要程度差别的定量标度，再按设计的评价指标体系层次，分级确定进行指标重要性两两对比判断的矩阵，请专家在矩阵中填写指标对比判断后的标度值，经过归一化处理和统计计算，最终得出指标的权重。

专家直观判断法，是请专家根据自己的经验和知识，对绩效评估指标体系的各层次指标，按其重要性程度直接给出权重分值，再采用数学平均法处理专家分值，对分值进行归一化处理，即得指标的权重。[1]

---

① 桑助来：《中国政府绩效评估报告》，北京：中共中央党校出版社，2009年，第208~209页。

3. 绩效评价指标的实际应用

为加强财政专项资金管理，强化支出责任，建立科学、合理的财政专项资金绩效评价管理体系，提高财政专项资金使用效益，根据《中华人民共和国预算法》等有关法律法规，财政部印发了《财政部关于印发〈财政支出绩效评价管理暂行办法〉的通知》。通知中提供了详细的项目评价指标框架、绩效评价指标、绩效评价指标体系，可为做好相关的绩效评价工作提供借鉴。（详见附录）

（四）公共项目绩效评价的程序

公共项目的绩效评价是一种有计划、按步骤进行的活动，程序是否规范直接影响绩效评价的质量。美国国家公共生产力研究中心主任马克·霍哲教授认为，一个良好的绩效评价程序应该包括 8 个步骤：鉴别要评价的项目、陈述目的并界定所期望的结果、选择衡量标准或指标、设置业绩和结果（完成目标）的标准、监督结果、业绩报告、使用结果和业绩信息。结合我国的实际情况，并借鉴国外相关研究成果，对公共项目进行绩效评估可以按图 10 - 3 的过程来组织。

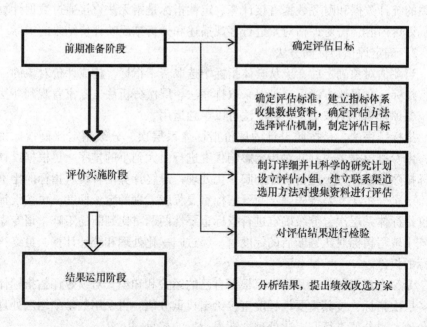

图 10 - 3   公共项目绩效评价程序

从具体项目的评估流程来看，公共项目绩效评估主要有以下程序。

第一，确定公共项目。公共项目的来源主要有：政府机关下达的任务；各公共组织内部自行确定；接受委托确定。

第二，拟定评估标准。要根据不同公共项目的特点和要求，建立相应的评估指标体系，制定评估标准，确定评估目标。

第三，组织评估队伍。评估队伍一般包括财会人员、管理人员、信息技术人员等。

第四，收集审核被评价单位数据资料，进行定量与定性评价。

第五，归纳、分析，撰写评价报告。

2011 年 4 月 2 日，财政部印发了《财政支出绩效评价管理暂行办法》，该办法从财政的角度为我们提供了公共项目绩效评价的流程。如图 10 - 4 所示，地方各级财政部门应会同同级主管部门对照协议或实施方案开展绩效评价，并将评价及时通知相关部门，制定评价方案，进行绩效评价，形成绩效评价报告，逐级报送；如工作需要，可组织开展再评价，形成再评价报告。

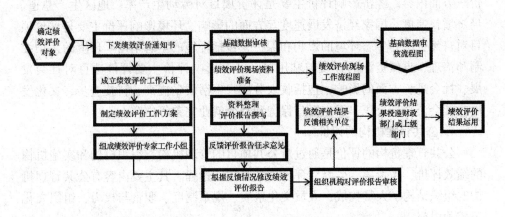

图 10 - 4　公共项目绩效评价流程

（五）公共项目绩效评价的内容

公共项目评价内容的范围非常广泛，涉及项目运行的各个环节和各个阶段。本书将公共项目的评价内容分为四个方面：一是公共项目本身的评价；二是公共项目的经济效益评价；三是公共项目的影响评价；四是公共管理机构的评价。

1. 公共项目本身的评价

对公共项目本身的评价是对其他方面进行评价的基础。公共项目本身的评价包括的内容非常丰富，主要包括项目方案的设计、项目的组织情况、项目的实施状况、项目的完成情况、项目本身目标的实现、项目产生了哪些直接效果、实施结果与公共项目的目标是否一致、一致的程度有多大以及不一致的原因等一系列内容。

2. 公共项目的经济效益评价

公共项目的经济效益主要包括公共项目的财务分析和国民经济评价。财务分析是从公共项目自身的角度出发，分析公共项目实施所需要的投入及其投入方式；同时分析公共项目的产出能力，即公共项目为社会提供了多少物质财富或服务。一般借用投资项目财务分析方法，以公共项目实施的实际数据为基础，分析公共项目的盈利和成本。国民经济评价是以资源的合理配置为前提，从国家整体角度考察公共项目的效益和费用，分析公共项目对国民经济发展的贡献。它主要采用费用效益的方法来对公共项目做出经济分析。

3. 公共项目的影响评价

公共项目的影响评价主要包括经济影响评价、环境影响评价和社会影响评价三方面内容。经济影响评价主要是评价项目对劳动生产率、地区生产总值、经济增长速度、国家经济发展速度等方面的影响。环境影响评价主要是评价项目对自然资源和生态环境的影响和保护，包括环境的生态平衡、环境的污染控制和治理、自然资源的开发与利用等。社会影响评价主要评价项目对社会发展、社会进步方面的影响，包括收入分配、生活质量提高、科技进步、文化发展、社会公平与公正、卫生医疗保健和社会就业完善等内容。

4. 公共管理机构的评价

公共管理机构的评价是通过对公共项目的管理机构、组织机构和实施机构的绩效评价，来考核、监督、评价公共管理的过程。其主要内容有公共管理机构的组织结构、人员构成、人员文化素质、规章制度、职责与权力、组织文化等相关内容。[①]

案例：山西省沁县水利项目的绩效管理[②]

2009 年，《山西省小型农田水利重点县建设资金绩效考评实施细则》出台，该县根据省市精神，成立沁县水利项目绩效管理小组，在县政府及相关职能部门的支持下，出台了《沁县水利项目资金绩效考评暂行办法》，并从 2011 年开始，把全县 50 万元以上的水利项目全部纳入绩效考评范围，全部实行绩效管理。沁县水利项目绩效管理具体步骤和方法如下

---

① 王延超、张登国、戚汝庆：《当代公共管理理论》，济南：济南出版社，2004 年。
② 根据相关资料整理。资料来源：杨菊莲："沁县水利项目绩效管理工作实践与探索"，《山西水利》，No. 5，2014。

所示。

（1）确定水利项目绩效管理流程。按照绩效管理要求，对水利项目管理和资金管理进行流程再造。把绩效管理的前期设定、中期跟踪、后期评价应用到项目管理流程，实现项目流程化、环节化、科学化绩效目标。

（2）设定绩效目标。项目实施前绩效目标设定是后期评价的重要依据。在目标设定上根据经济性、效率性、效益性、公平性原则，按水利项目管理流程中的立项、实施、产出、效果等环节，分别编制绩效目标。

（3）定期绩效跟踪。实行"政府监督、建设单位负责、监理单位控制、施工单位保障、绩效全程监控"的工程建设和质量管理体系，项目严格执行项目责任主体负责制、合同制、建设监理制、资金报账制等管理机制。检查组定期到工程一线进行工程检查及绩效跟踪，财政部门根据工程进度和检查情况，通过报账制的办法，按比例拨付资金，保证项目顺利进行。

（4）实施绩效评价。项目实施完成后，经水利工程质监部门竣工验收，审计部门工程决算审计后，项目单位根据项目实施情况，分项目统一填写《沁县水利项目绩效评价量化指标表》，包括项目组织、项目管理、资金管理、实施效果、群众满意程度 5 个方面 23 项指标，指标满分 100 分。根据考评总分，将考评结果划分为优秀、良好、合格、不合格 4 个等级，在此基础上项目实施单位撰写项目绩效自评报告，报县绩效管理小组。该县绩效管理小组根据实际情况，委托财政部门牵头，联合多部门对 25% 左右的水利重点项目进行复评。复评后检查组撰写综合评价报告上报。在项目评估中加大受益群众满意度测评的得分，让群众直接参与到水利项目的建设管理中来，监督项目、支持项目、受益项目。

（5）应用评价结果。调整偏差，实行项目完善整改，特别是绩效得分较低的方面加强完善；绩效评价结果向县政府、县人大专题汇报并长期存档，作为来年项目安排、申报、实施单位选择的依据。

通过实施水利项目绩效管理，该县水利项目的实施取得了一定成效。一方面，加强了水利工程项目的规范管理，投资评审率先从"零"增加到 45%，县级资金安排重点项目评审率达到 100%；达标准的项目公开招标率从 70% 提高到 100%；工程监理制从 60% 提高到 98%；项目当年竣工验收率从 45% 提高到 75%；项目当年工程审计决算率从 30% 提高到 78%；另一方面，提高了专项资金使用效益，资金全部实现报账制和国库集中支付制度，根据项目实施进度，及时拨付资金，实行"干多少活、给多少钱"的办法，同时项目资金通过国库集中支付平台直接打到工程承包商和供应商的账户，专项资金安全、快捷、高效，形成了"水利管项目不管钱、财政管钱不管事、项目单位干活不愁钱"的分权制衡机制。

山西省沁县水利项目的绩效管理流程的科学性体现在哪些方面？

第二节　我国公共项目绩效管理的实践

结合我国目前公共项目管理实践来看，促进公共项目绩效水平提高的工作仍然任重而道远。本节通过分析当前我国公共项目绩效管理中存在的问题，结合国内外成功项目的范例借鉴，提出了具有参考性的经验总结。

一　当前我国公共项目绩效管理的现状与问题

（一）公共项目绩效管理以事后评价模式为主导

目前，我国公共项目的绩效管理大多集中于绩效评价上，缺乏对整个项目全过程的管理。中共中央、国务院于 2018 年 9 月 1 日发布了《关于全面实施预算绩效管理的意见》（以下简称《意见》），延伸了预算绩效管理链条。将绩效理念和方法深度融入预算编制、执行、监督全过程，构建事前、事中、事后绩效管理闭环系统。尤其是在事前绩效评估方面，《意见》将绩效管理关口前移，提出建立重大政策和项目事前绩效评估机制。各部门各单位要对新出台重大政策、项目开展事前绩效评估，投资主管部门要加强基建投资绩效评估，评估结果作为申请预算的前置条件。但具体操作尚处于探索阶段。

（二）绩效评价指标可操作性不强

我国公共项目绩效评估状况不尽如人意，表现在以下两个方面。一是公共项目绩效评估的管理体系不健全，在公共立项、实施和评估的诸环节中，评估环节最为薄弱，也没有建立一套相对统一的、科学的公共项目绩效评估指标体系，项目的绩效评估标准和方法研究还不深入。二是公共项目绩效评估的制度体系也不健全，评估的主体不明确，评估的责任机制不完善，相应的奖罚制度还没有建立。

目前我国已经从预算绩效评价的角度进行了一些实践方面的探索，2017年提交第十二届全国人大五次会议审议的 2017 年中央部门预算（草案）中，增加了教育部、文化部、卫计委、水利部、交通部、科技部、环保部、国家统计局、国家林业局等 10 个部门的 10 个重点项目的内容，涉及金额超过 1500 亿元。[①] 从提交的项目内容看，既详细载明了项目概述、立项依据、实施主

---

① 齐小乎："预算管理更上层楼"，《中国财经报》，2017 年 7 月 4 日。

体、实施方案、实施周期、三年支出计划和年度预算安排，更重要的是，还包括了项目的绩效目标和指标等①。绩效目标细化量化了预算资金全年的使用方向，为年度过程中的督查和年度终了的绩效评价提供了重要依据，对于确保各项工作任务落到实处，收到实效具有重要意义。

（三）公共项目信息化程度不高且缺乏社会化监督

公共项目的特殊性决定了其绩效管理的过程中不能脱离公众满意度的考量，但目前我国公共项目绩效管理网络化及信息化程度还不高，缺乏社会化监督，且部分绩效评价中缺乏对公众满意度的测评。除此之外，我国一些地区缺少公共项目专业评价人员，测评人员的业务水平、专业知识等都达不到绩效评价的要求，绩效管理很难起到相应的作用。目前公共项目信息公开程度较高的是 PPP 项目，其他类型公共项目的信息化程度则总体参差不齐。

（四）公共项目投资绩效评价结果运用不足

评价结果不仅体现了公共项目投资的效益，也反映了公共项目管理过程中存在的问题，更是来年项目安排、申报、实施单位选择的重要依据。但目前，一些部门认为项目已经顺利完成，解决这些问题还需要投入更多的资金和精力，因而忽视了绩效评价的结果运用，使绩效评价体系形同虚设，违背了绩效管理的初衷。

该领域目前实践中比较有亮点的是 PPP 项目的按绩效付费，2017 年财政部办公厅《关于规范政府和社会资本合作（PPP）综合信息平台项目库管理的通知》（财办金〔2017〕92 号）规定："项目建设成本不参与绩效考核，或实际与绩效考核结果挂钩部分占比不足 30%，固化政府支出责任的"则不符合 PPP 项目入库标准。这是我国首次以政策文件的形式，明确规定了财政支付与绩效考核挂钩，并明确挂钩比例。但具体到操作层面，如何针对不同类型项目开展绩效评价仍需进一步探索。

　　案例：犯人发配的难题②

　　18 世纪末期，英国政府决定把犯了罪的英国人统统发配到澳洲去。一些私人船主承包从英国往澳洲大规模地运送犯人的工作。英国政府实行的办法是以上船的犯人数支付船主费用。当时那些运送犯人的船只大多是一些很破旧的货船改装的，船上设备简陋，没有什么医疗药品，更没有医

---

① 齐小平："中央部门预算草案首次反映到项目，10 部门提交重点项目绩效'责任状'"，《中国财经报》，2017 年 3 月 7 日。

② 根据相关资料整理。资料来源：许晟："制度与选择"，《文史博览》，No. 9，2005。

生，船主为了牟取暴利，尽可能地多装人，致使船上条件十分恶劣。一旦船只离开了岸，船主按人数拿到了政府的钱，对于这些人能否远涉重洋活着到达澳洲就不管不问了。有些船主为了降低费用，甚至故意断水断食。3 年以后，英国政府发现：运往澳洲的犯人在船上的死亡率达 12%，其中最严重的一艘船上 424 个犯人死了 158 个，死亡率高达 37%。英国政府费了大笔资金，却没能达到大批移民的目的。英国政府想了很多办法。每一艘船上都派一名政府官员监督，再派一名医生负责犯人和医疗卫生，同时对犯人在船上的生活标准做了硬性的规定。但是，死亡率不仅没有降下来，有的船上的监督官员和医生竟然也不明不白地死了。原来一些船主为了贪图暴利，贿赂官员，如果官员不同流合污就被扔到大海里喂鱼。政府支出了监督费用，却照常死人。政府又采取新办法，把船主都召集起来进行教育培训，教育他们要珍惜生命，要理解去澳洲去开发是为了英国的长远大计，不要把金钱看得比生命还重要。但是情况依然没有好转，死亡率一直居高不下。一位英国议员认为是那些私人船主钻了制度的空子。而制度的缺陷在于政府给予船主报酬是以上船人数来计算的。他提出从改变制度开始：政府以到澳洲上岸的人数为准计算报酬，不论你在英国上船装多少人，到了澳洲上岸的时候再清点人数支付报酬。问题迎刃而解。船主主动请医生跟船，在船上准备药品，改善生活，尽可能地让每一个上船的人都健康地到达澳洲。一个人就意味着一份收入。自从实行上岸计数的办法以后，船上的死亡率降到了 1% 以下。有些运载几百人的船只经过几个月的航行竟然没有一个人死亡。

如果把犯人的发配作为一个项目，英国政府的绩效评价存在什么问题？

（五）实施单位的项目管理和内部控制没有跟上绩效管理的步伐

目前我国公共项目实施单位的项目管理基础薄弱，存在着项目申报缺乏科学合理的立项审查决策机制、项目执行与立项脱节严重、项目不能按项目目标和内容完成、不注重对项目经费使用过程的控制等问题。此外，项目实施单位财政支出绩效管理的内部控制制度普遍缺失及执行不到位，存在诸多需要解决的问题。长期以来，具体的财政支出项目及支出重点是由财政部门来决定的，管理的重点也只是保证每年的预算拨款能维持原有的水平或每年有一定的增长，对建立相应的内部管理制度来衡量并控制财政支出效率的主动意识不强。

二　我国公共项目绩效管理的改进

（一）强化绩效管理全过程的监督管理

要通过制度创新来提升公共项目管理绩效，将大量的研究与实践围绕公共项目的制度设计展开，为绩效部门提供更多可操作化的经验借鉴。各部门公共项目管理绩效考评坚持以公民满意为目标，坚持主要围绕经济、效率和效益展开，兼顾本部门公共项目的运作过程特点和工作结果特点，制定本部门公共项目管理绩效考评细则和技术考核要求，建立各种《部门公共项目管理绩效考评具体规范》，明确界定本部门各种公共项目管理绩效考评具体目标、具体指标体系和考评具体方法、考评过程及考评结果的披露及应用，使我国公共财政支出项目绩效考核更具有可操作性。[①]

（二）建立各级政府部门公共项目管理绩效数据库

制定相关数据的采集标准和方法，建立政府公共支出绩效评价工作信息库，建立完备的绩效管理信息系统、绩效考评基础资料数据库和项目监测系统，强化对项目预算支出的分析。[②] 逐步实现各数据库网络化和信息化，实现公共项目管理绩效在不同部门间和同一部门的不同项目间的比较，增加绩效工作的透明度，实现专业化和社会化监督及公共项目集、公共项目组合优化研究和实践的基础资料收集，为绩效评价提供完整的数据资料。

（三）完善公共项目绩效评价指标体系

根据 KPI 指标设置法，结合 5E 原则（Economic、Efficiency、Effectiveness、Equity、Ecology）和当地自身发展的实际情况，并借鉴绩效管理先进地市的经验，建议共性指标参照财政部建立的共性指标库设置，个性指标设计针对部门和行业特点确定的、适用于不同部门的绩效考评指标设计，具体设计根据项目具体情况确定。

（四）保障公民的广泛参与

公共项目管理绩效考评应坚持公民需求导向，积极采纳公民的意见诉求。公民广泛参与公共财政支出项目管理绩效考评，可以强化对民生财政的民主监督，将有助于强化公共项目目标的确立和实现，有助于强化推动政府及政府各部门"责任追踪"和"问效"机制。提高公共项目管理绩效考评力度与客观性。建立我国《公共项目管理绩效考评基本规范》，明确我国公共项目基本分

[①] 王宏昌："浅析我国公共项目管理绩效考评的改进路径"，《西部财会》，No. 1，2010。

[②] 周平、侯海燕："加强水利项目实施单位绩效管理的思考"，《中共银川市委党校学报》，No. 8，2013。

类，公共项目管理绩效考评战略远景目标、基本方法、基本程序、相关行为主体的权利和责任进行划分以及绩效考评结果应用，注重多元目标的平衡，实现对政府具体部门公共项目绩效考评体系建立的良好指导性。[1]

（五）注重绩效评价信息和结果的应用

为增强政府公共支出的透明度，要将项目绩效评价信息在一定范围内公布，满足广大纳税人对公共资金运用情况的知情权和监督权，促进部门预算资金的有效合理使用。同时绩效评价结果和项目实施单位、管理单位挂钩，以促进项目管理水平的提高。[2]

（六）建立健全的组织机构，保证政府公共项目绩效体系的实施

政府公共项目绩效评价工作政策性强，专业性突出，必须要有机构和人员做保证。为保证绩效评价体系的执行质量，有必要成立专门绩效评价职能部门，专司绩效评价工作。另外，政府公共项目的绩效评价要大力加强对部门、单位绩效自评工作的指导和检查，使其树立项目的"效益"和"责任"观念，保证绩效评价体系的真正落实。同时，可以选取有相关领域优势的研究所进行第三方评价，规范实施评价行为，保证公共项目绩效评价质量。[3]

> 案例：打造全过程问效的"闭环"[4]
>
> 近年来，常州市坚持"花钱必问效、无效必问责"的绩效管理理念，推动预算单位资金管理水平较快提升，真正做到把钱用在"刀刃"上。
>
> 一是精编绩效目标，控制预算源头。绩效目标是绩效管理的基础。为此，常州市每年印发市级预算绩效管理实施意见，明确当年度绩效管理工作目标、实施范围、工作原则、工作流程和工作要求等。常州市财政局按照"谁申请资金，谁设定目标"的原则，指导预算部门科学规范编制绩效目标。在此基础上，选择社会关注度高、经济发展影响大、重大民生领域等项目进行专家评审。由机关、院校、行业、中介相关人员组成的专家组，从项目立项、预算计划、资金使用方向或支出方式、绩效指标和目标值、管理措施等 7 个方面进行评审并提出意见，作为后续绩效跟踪和绩效评价的依据。常州市财政局还通过引进上海闻政管理咨询有限公司开发的绩效管理信息系统，优化调整预算绩效管理目标申报、审核相关表式，召

---

① 赵显立："关于公共项目管理绩效改善的相关策略"，《商情》，No. 7，2012。

② 贾俊明、贾小燕："浅谈我国公共项目管理绩效的改善"，《山西财税》，No. 1，2013。

③ 贾春雨："做好政府公共项目绩效评价的组织管理"，《决策与信息》，No. 10，2012。

④ 根据相关报道整理。资料来源："打造全过程问效的'闭环'——江苏省常州市推进预算绩效管理工作纪实"，http：//www. pinlue. com/article/2018/12/1020/137810380844. html。

开布置业务培训、软件操作会议，进一步明确目标填报的内容、要求、方式等。另外，通过上门、电话、建立 QQ 群等方式进行指导答疑，提高部门绩效管理工作水平。

二是加强绩效跟踪，提升管理水平。为确保绩效目标的实现，常州市还注重进行绩效跟踪。2012 年，常州市研究制定了市级财政专项资金绩效跟踪管理暂行办法，要求第二、三季度末，采取项目跟踪、数据核查和汇总分析等方式，动态掌握项目绩效目标的实现程度、资金支出进度和项目实施进程，发现绩效运行目标与预期绩效目标发生偏离的情况，及时督促预算部门采取措施予以纠正。对因政策调整、不可抗力等因素造成项目确需调整绩效目标的，须在 9 月 30 日前报送目标调整报告，详细说明理由。

三是重视绩效评价，提高考核质量。常州市不断拓宽绩效评价范围，将绩效评价重点由项目支出拓展到部门整体支出和政策、制度、管理等方面。为此，常州市财政局努力做好编制评价方案、拟订评价计划、确定评价方法、设计评价指标等工作，对专项公正地进行对比分析，查找资金使用和项目管理中的薄弱环节，分析原因，提出意见建议。常州市极为注重点面结合推进绩效评价，将面上的满意度调查、自评价与点上的政策性强、社会影响大、具有较强代表性的民生项目和重点支出相结合，研究制定年度绩效评价工作方案。为了确保评价质量，常州市通过政府采购建立了第三方机构库，出台了规范管理规定。同时，制定了财政绩效评价操作规程，从项目确定、第三方机构选聘、前期准备、满意度问卷调查、评价方案设计、数据复核、评价报告撰写、评价报告反馈 8 个方面，明确了财政部门的组织责任、预算部门的配合要求、第三方机构的评价职责。

四是着力结果运用，不走评价"过场"。绩效评价的结果贵在应用。常州市近年来强化结果应用，除了向预算部门反馈评价结果，市财政局绩效管理处还及时与财政内部的相关业务处室对接，完善专项资金管理；对外与审计部门加强联系，建立结果互通机制，避免重复检查评价。此外，建立结果通报制度，将财政重点评价项目主要问题及建议报送市委、市政府、市人大、市政协等。

常州市推进公共项目预算绩效管理工作有哪些经验值得借鉴？

第三节 公共项目的后评价

为增强类似项目的投资决策水平、改进投资决策、提高投资效益，进行项目后评价已经成为当前公共项目管理的重要步骤之一。本节将在阐释公共项目后评价的相关概念的基础上，对后评价方法和步骤进行简要介绍，并结合世界银行后评价体系给予读者更直观的了解。需要注意的是，由于项目后评价的起始点不同，因此项目后评价的定义和时间界限产生了两种观点。一种观点认为，项目后评价应尽量向前延伸，即在项目立项或注入资金后的确定时间进行后评价，其将项目完工之后到项目竣工验收这一段也划为项目后评价的时间范围。另一种观点认为，按照项目周期的理论和项目建设的程序，项目后评价应在项目建成投产、竣工验收以后的一段时间，项目效益和影响逐步表现出来的时候进行。笔者认为后一种界定更为准确合理。

一　公共项目后评价的概念和必要性

（一）公共项目后评价的含义

项目后评价被世界银行和亚洲开发银行称为项目绩效审计报告（Project Performance Audit Report，PPAR），是指项目竣工后一段时间内对其目的、执行过程、效益、作用和影响所进行的系统的客观的分析，评价和总结过程中的经验教训，并及时进行信息反馈，为以后新项目的决策和管理提供借鉴的一种评价程序。根据公共项目的特殊性，我们在理解公共项目后评价时应注意以下三点：首先，从项目定义和分类角度看，公共项目类别主要包括基础设施类、社会基础设施类、人力资源开发类和社会公益类，其不包含完全的生产类项目；其次，从项目全过程视角看，公共项目后评价分为广义和狭义上的后评价，广义的后评价包括项目立项或注入资金后的各个时点上项目评价活动，而狭义的后评价仅包括项目完成后的项目评价；最后，从项目评估执行主体角度看，公共项目后评价可以由项目直接相关主体执行，也可以委托第三方实施。[①]

（二）公共项目后评价的特点

公共项目后评价主要执行对比任务，与项目前评估相比，尽管在工作原则和方法上没有根本差异，但由于评估时点和评估目的的完全不同，公共项目后评价有自己鲜明的特征。前评估处于项目起点，意在立项，主要应用预测技术来分析评价项目未来的效益，以确定项目是否值得投资与可行。公共项目后评价则是从项目已经完成的部分或整体出发，检查总结项目实践，全面考察项目的执行过程、效益、作用和影响的客观现状和发展趋势，回答项目目标是否达

---

① 齐中英、朱彬：《公共项目管理与评估》，北京：科学出版社，2004 年，第 373～403 页。

到，主要效益是否实现等问题。① 此外，后评价和前评估最主要的区别在于，前评估的重要判别标准是投资者要求获得收益率或基准收益率（社会折现率），而后评价的判别标准则重点是对比前期评估的结论。

与其他时段的评估相比，公共项目后评价具有如下特点。

（1）独立性：在公共项目后评价的过程中，严禁与该公共项目有切实利益关系的个人或机构进行自我评价，而应交由具有相应资质的中立单位进行。

（2）全面性：后评价需要对投资过程和经营过程进行全面分析，从经济效益、社会效益和环境影响等方面进行全面评价。

（3）公正性：在进行公共项目后评价时，评估者应持实事求是的态度，客观负责地对待评估工作，防止由于主观因素或其他外在因素导致评估出现避重就轻的情况。

（4）反馈性：公共项目后评价的结果需要反馈到决策部门，作为新项目立项和评估的基础以及调整投资计划和政策的依据，这是后评价的最终目标。

（三）公共项目后评价的必要性

项目后评价已构成一些国际机构和国家公共项目管理中不可缺少的环节。通过公共项目后评价工作，人们可以将项目工作中的许多"意会性知识"转换成"言传性知识"，促进项目工作中知识的"系统化"和"社会化"，从而促使公共项目本身发挥其自我完善和自我监督的作用，提高以后类似项目的决策水平和管理水平，为国家制定相关政策法规提供重要依据，完善国家的公共项目宏观管理。

需要注意的是，进行公共项目后评价纯粹是为了知识积累，为以后类似项目的实施提供借鉴，而不是去问责。公共项目后评价报告中对项目工作的评价意见，不会改变项目验收报告或其他文件中对项目成功程度的结论，只能作为今后工作的参考，而不能作为批评项目工作者的依据。公共项目后评价，必须对事不对人。

二　公共项目后评价的主要内容

项目后评价是以项目前期可行性研究所确定的预期目标和各种指标与项目实际结果之间的对比为基础的。目前，我国公共项目后评价主要是从目标后评价、实施过程后评价、效益后评价、影响后评价、持续性后评价等方面进行的。

---

① 齐中英、朱彬：《公共项目管理与评估》，北京：科学出版社，2004 年，第 373~403 页。

（一）公共项目目标后评价

公共项目的宏观目标是对地区、行业甚至整个国家经济、社会发展产生积极的影响和作用，特别是基础设施项目和公益性项目的直接目的是向社会提供充足的公共产品和公共服务。项目目标后评价主要是对照项目前评估中所确定的项目目标，通过分析找出它们与实际实现的项目目标之间的差距，进而分析出项目的成败及其原因。这种项目后评价的具体内容主要包括两方面：一是项目目标实现情况的评估；二是预定项目目标的正确性与合理性评估。

（二）公共项目实施过程后评价

公共项目过程后评价主要是对公共项目周期全过程各环节的评定，包括过程的合规性、管理水平及效率的评价，主要思路是将立项或可行性研究报告的预期与实际具体实现情况进行对比，找出偏差并分析原因。过程后评价一般分以下四个阶段。

（1）立项决策阶段的评估，主要内容包括：公共项目可行性研究、公共项目的审批或核准、公共项目评估或评审等。

（2）建设准备阶段的评估，主要内容包括：工程勘察设计、资金来源和融资方案、采购招投标（含工程设计、咨询服务、工程建设、设备采购）、合同条款和协议签订、开工准备等。

（3）建设实施阶段的评估，主要内容包括：公共项目合同的执行、重大设计变更、工程"三大控制"（进度、投资、质量）、资金支付和管理、公共项目管理等。

（4）生产运营阶段的评估，主要内容包括：工程竣工和验收、技术水平和设计能力达标、试生产运行、运营管理、经营和财务状况等。[1]

（三）公共项目效益后评价

公共项目效益后评价包括项目的财务评价和国民经济评价。

（1）财务评价：财务评价是在国家现行财税制度和价格体系的条件下，从公共项目投资者的角度，根据后评价时点以前各年实际发生的投入产出数据以及依据这些数据重新预测得出的公共项目计算期内未来各年将要发生的数据，综合考察项目实际的或更接近于实际的财务盈利能力状况。[2]

（2）国民经济评价：是从国家整体角度考察公共项目的费用和效益，通过编制全投资和国内投资经济效益和费用流量表、外汇流量表、国内资源流量

---

① 陈旭清：《公共项目管理》，北京：人民出版社，2010 年，第 343～350 页。
② 高春梅：《公共投资项目后评价理论与方法研究》，天津：天津大学出版社，2004 年。

表等计算出公共项目实际的国民经济成本与盈利指标，分析和评估公共项目的建设实际上对当地经济发展、所在行业和社会经济发展的影响和推动本地区、本行业技术进步的影响等。通过公共项目国民经济效果的后评价，我们可以分析出公共项目实际的国民经济成本效益情况和项目的可持续发展情况，从而判别出项目的经济合理性。

（四）公共项目影响后评价

基础设施类和社会公益类项目后评价的焦点应集中在影响后评价。影响后评价是评价项目对于其周围地区在经济、社会和环境三个方面所产生的作用和影响，内容包括经济影响、社会影响和环境影响。公共项目的影响后评价强调采用"有无对比"的方法，严格区分公共项目的影响与其他非公共项目因素的影响是影响后评价的关键与难点。

（1）经济影响评估：主要分析和评价公共项目对所在地区及国家等外部环境经济发展的作用和影响。主要内容包括：分配效果、技术进步、产业结构。经济影响评估要注意与公共项目效益后评价的经济分析区别开来，经济影响评估的部分因素由于难以量化，一般只能做定性分析，也可以将其列入社会影响后评价的范围。

（2）环境影响评估：是指对照前评估时批准的《环境影响报告书》，重新审查公共项目环境影响的实际结果，审查公共项目环境管理的决策、规定、规范、参数的可靠性和实际效果。各国对环境影响后评价内容的规定不尽相同，但一般都包括公共项目的污染控制、地区环境质量、自然资源利用和保护、区域生态平衡和环境管理等几个方面。

（3）社会影响评估：公共项目的社会影响评估是对公共项目在社会的经济、发展发面的有形和无形的效益和结果的一种分析，重点评估公共项目对国家或地方社会发展目标的贡献和影响。其主要内容包括就业影响、居民的生活条件和生活质量、参与情况、地区社区发展。[①]

（五）公共项目可持续性后评价

公共项目的持续性是指在公共项目的建设资金投入完成之后，项目的既定目标是否还能继续，项目是否可以持续地发展下去，接受投资的项目业主是否愿意并可能依靠自己的力量继续去实现既定目标，项目是否具有可重复性，即是否可在未来以同样的方式建设同类项目。[②] 可持续性在公共项目评估中的地位越来越重要，已逐渐成为公共项目成败的关键因素之一。公共项目持续性的

---

① 高春梅：《公共投资项目后评价理论与方法研究》，天津：天津大学出版社，2004 年。

② 齐中英、朱彬：《公共项目管理与评估》，北京：科学出版社，2004 年，第 373～403 页。

影响因素一般包括：本国政府的政策；管理、组织和地方参与；财务因素；技术因素；社会文化因素；环境和生态因素；外部因素等。

三 公共项目后评价的方法

研究评价方法是建立后评价工作体系的重要组成部分。一般而言，进行公共项目后评价的主要分析方法应该是定量分析和定性分析相结合的方法，这里主要介绍对比法、逻辑框架分析法、成功度评价法和层次分析法。

（一）对比法

对比法主要包括前后对比法和有无对比法，其目的是要找出变化和差距，为提出问题和分析原因找到重点。

1. 前后对比法

前后对比法是将公共项目实施前即公共项目可行性研究和评估时所预测的效益和作用与公共项目竣工投产运行后的实际结果相比较，找出变化和原因，确定公共项目的作用与效益的一种对比方法。这种对比是进行后评价的基础。这种对比可以帮助管理者判断公共项目的计划、决策和实施的质量，是公共项目过程评价应遵循的原则。

2. 有无对比法

有无对比法是将公共项目投产后实际发生的情况与没有运行投资公共项目可能发生的情况进行对比，以度量公共项目的真实效益、影响和作用。对比的重点主要是分清公共项目自身的作用和公共项目以外的作用。这种对比往往用于公共项目的效益评价和影响评价。[①]

（二）逻辑框架分析法

逻辑框架分析法（LFE）是美国国际开发署在 1970 年开发并使用的一种设计、计划和评估的工具，它是一种综合和系统地研究和分析问题的思维框架，其核心是事物的因果逻辑关系。逻辑框架法主要应用于项目的可行性研究、立项决策、项目实施管理及后评价等工作中，能够对重要因素与关键问题做出系统性、逻辑性分析。逻辑框架分析法着重分析项目目标及因果的垂直逻辑和水平逻辑。垂直逻辑是指项目的投入、产出、目标之间的相互关系，[②] 如图 10 – 5 所示。

---

① 曲晓丹：《项目后评价在公共项目中的应用》，北京：电子科技大学出版社，2008 年。
② 孙福全、刘彦："项目后评估及其实施"，《中国科技论坛》，No. 4, 1999（32 ~ 36）。

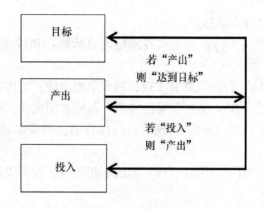

图 10 – 5　垂直逻辑因果关系

　　水平逻辑关系由原定目标、实际结果、原因分析、可持续条件构成，它与垂直逻辑关系一起构成项目后评价的逻辑框架，如表 10 – 1 所示。

表 10 – 1　项目后评价的逻辑框架

	原定目标	实际结果	原因分析	可持续条件
投入				
实施过程				
实施效果				
产生的影响				
项目目标				

　　逻辑框架分析法是一种概念化论述项目的方法，即用一张简单的框图来清晰地分析一个复杂项目的内涵和关系，使之更易理解。但由于逻辑框架分析法需要详尽的数据，而且因为过分对照原定目的和目标有可能忽视了实际可能发生的变化，因此在推广采用逻辑框架法时，可根据项目条件和评价要求，重在利用该方法的思想，而不在于追求其形式。①

（三）成功度评价法

　　成功度评价是以逻辑框架分析法分析的项目目标的实现程度和经济效益的评价结论为基础，以项目的目标和效益为核心，所进行的全面系统的评价。进行成功度分析时，首先确立项目绩效衡量指标，然后根据如下的评价体系将每

---

　　① 孙福全、刘彦："项目后评估及其实施"，《中国科技论坛》，No. 4，1999（32～36）。

个绩效衡量指标进行专家打分。

（1）非常成功（AA）：完全实现或超出目标的；和成本相比较，总体效益非常重大。

（2）成功（A）：目标大部分实现；和成本相比较，总体效益很大。

（3）部分成功（B）：某些目标已实现；和成本相比较，取得了某些效益。

（4）大部分不成功（C）：实现的目标很有限；和成本相比较，取得的效益并不重要。

（5）不成功（D）：未实现目标；和成本相比较，没有取得任何重大效益，项目放弃。

项目成功度表设置了评价项目的主要指标。在评定具体项目的成功度时，并不一定要测定所有的指标。评价人员首先需要根据具体项目的类型和特点，确定表中指标与项目相关的程度，把它们分为"重要""次重要""不重要"三类，对"不重要"的指标就不用测定。综合单项指标的成功度结论和指标重要性，便可得到整个项目的成功度评估结论。

表 10 - 2　国内典型的项目成功度评价表

评定项目指标	相关重要性	评定等级	备注
1. 宏观目标和产业政策			
2. 决策及其程序			
3. 布局与规划			
4. 项目目标及市场			
5. 设计与技术装备水平			
6. 资源和建设条件			
7. 资源来源和融资			
8. 项目进步及其控制			
9. 项目质量及其控制			
10. 项目投资及其控制			
11. 项目经营			
12. 机构和管理			
13. 项目财务效益			

续表

评定项目指标	相关重要性	评定等级	备注
14. 项目经济效益和影响			
15. 社会和环境影响			
16. 项目可持续性			
项目总评			

资料来源：王广浩、周坚："项目后评价方法探析"，《科技进步与对策》，Vol. 21，No. 1，2004 (97 ~ 99)。

（四）层次分析法

层次分析法（Analytic Hierarchy Process，AHP）是对一些较为复杂、较为模糊的问题做出决策的简易方法，它特别适用于那些难于完全定量分析的问题。它是美国运筹学家 T. L. Saaty 教授于 20 世纪 70 年代初提出的一种简便、灵活而又实用的多准则决策方法。①

这种方法在实施过程中与逻辑框架分析法近似，是将整个评价对象分解为一个一个抽象的因素，然后根据其对项目的重要程度、从属关系等来依次排序，形成类似于阶梯状的结构。在每一级的"阶梯"上，评价人员按照因素之间的相对重要性来进行定量的分析，同时层与层之间的各个参数都会根据数学方法定量地计算出其相对重要性。② 运用层次分析法建模，大体上可按下面四个步骤进行：递阶层次结构的建立、构造判断矩阵、层次单排序及一致性检验、层次总排序及一致性检验。

四　公共项目后评价的主要步骤

公共项目后评价是一个完整的过程，各个环节都需要精心设计和周密部署。选择评价主体、设立评价管理机构、确定评价对象、安排评价实施程序和落实评价结果运用是整个过程的组织和程序保障。

（一）评估对象的确定

公共项目后评价是履行责任的重要手段，原则上，对所有竣工的公共项目都要进行后评价，但考虑到成本费用和耗用的时间等客观条件，要求对所有公共项目进行评价并不现实，应该有选择地进行，以取得良好的成本效益。

---

① 曲晓丹：《项目后评价在公共项目中的应用》，北京：电子科技大学出版社，2008 年。
② 姚湘华：《高等职业教育建设项目后评价指标体系研究》，北京：清华大学出版社，2014 年。

有学者在波兹曼与玛希的观点上，进一步指出评价项目确定的五项宏观原则。

1. 法定评估项目

如果制度或法律规定某项项目应该进行评估，那就要将其确定为评估项目。如联合国开发计划署（UNDP）规定的强制性评估项目。

2. 问题较大的项目

一个项目推行如果出现较大的问题，那么应该及时评估，以尽快地修正或终结，避免更大的损失。

3. 效果显著的项目

如果一个项目效果显著，那么可以通过评估总结经验以推广和借鉴。

4. 应要求评估

如果社会各界普遍对某项项目提出评估的要求，那么不论其是出于积极的还是消极的目的，首先说明了一种需求和关注，同时也说明该项目存在着评估分析的必要性。

5. 长期项目的阶段评估

对于长期项目来说，虽然从总体上很难把握，但是通过对阶段目标的实现情况进行衡量和评判，可以达到对总体目标实现的保障作用。

（二）评估主体的选择

不同的评价主体会有不同的项目评价目的和要求，任何一个评价主体都有自身特定的评价角度，有不可替代的比较优势。公共项目的利益相关者众多，有政府、项目出资方、项目承包商、金融机构、公众等。在公共项目后评价中，这些主要的利益相关者都需要作为评价主体参与评价，组成多元评价主体。

（1）政府或主管部门：政府或主管部门往往是公共项目后评价的发起人和主办方，对于项目的后评价工作主要是从发展国民经济和保障全社会利益的角度出发，对项目的国民经济可行性和对社会与自然环境的影响进行全面评价。目前，政府或主管部门的项目后评价在很多时候还是一种审查批准性的评价。

（2）公共项目出资方：这类评价主体最关心的是项目能否盈利和项目风险是否在可接受范围之内。通常，项目出资方所做的评价是比较全面的，所以在多数时间它又被其他项目评价主体用作项目评价的基础或者是数据基本来源之一。

（3）公共项目实施者：公共项目实施者或承包商是承担整个项目工作的组织，他们开展项目后评价的根本目的是确认他们能否通过项目实施而获得最大的经济利益和规避相应的项目风险。

（4）贷款银行或融资者：这一类评价主体所做的项目评价主要是从自身利益的角度出发对项目的经济、技术、运行和风险等所做的全面性评价。他们是以项目的资金贷放和回收为中心，以现金流量分析和风险分析为主，对于贷款项目所进行的评价。

（5）公众或用户：公共项目的质量如何，社会公众有着最直接、最真切的感受，也最有发言权。公民作为评价主体，体现了公共项目后评价的核心准则，体现了顾客满意的服务取向，是新公共管理运动的一个基本特征。

（三）评价机构的设立

公共项目后评价的组织实施是一项程序复杂的工作。为了确保公共项目后评价组织实施的客观、公正，需要在评价实施之前建立一个评价机构，并赋予评价机构相应的权力，保障其独立性和权威性，这是公共项目后评价顺利进行的一个前提条件。评价机构的成员可以是评价主体的成员，但二者并不完全等同。

政府或主管部门实施的项目后评价工作通常分两种，一是自我评价，二是独立评价。本书认为，为了确保项目后评价组织实施工作的客观、公正性，项目后评价应该由独立的外部机构或是第三方顾问来主持，评价机构的人员构成应包括项目业主代表（主要是相关部门领导），监察、审计、统计和财政等综合部门领导，项目实施者，一定数量的评价方面的专家和技术人员，一定比例的公众或服务对象（用户）。

（四）评估程序的实施

1．制定后评价方案

制定评估方案时，应将评估对象、评估目的、评估标准、评估手段与评估方法这五个要素包括在内，以构成一个完整的项目评估系统。后评价方案由设立的后评价机构制定，通常是以任务书的形式给出，除了包括上述五个要素外，还要对评价的场所、时间、工作进度安排和评价经费的筹措及使用等方面做出说明。

2．调查收集资料

收集资料必须坚持材料的充分性和科学性两个原则，以公正地反映项目的实际绩效。全面的信息资料可以概括为两个方面：一方面为与项目相关的现实资料，可以包括项目目标、效能效率、执行过程以及项目执行的综合影响；另一方面为项目相关方对项目评估的认识观点、态度和要求。项目资料收集之后，需要对项目的基本情况、对社会环境的影响以及目标实现情况等进行现场调查，并对评价信息进行收集。

3. 综合分析论证

评价过程中，要对收集到的原始调查资料和数据的完整性、准确性进行检验，并依据核实后的资料数据进行整理、分类、统计和分析；计算各项能够定量的经济、技术、社会及环境评价指标；对难以定量的效益与影响，以及工程与所在地之间的多种社会因素进行定性分析。通过对项目各方面的检验衡量，判断项目对经济、社会发展目标与当地环境影响的程度。

（五）评估结论的形成

项目后评价报告是调查研究工作最终成果的体现，同时又是对评价信息进行反馈的重要表现形式。对评价结果进行汇总、分析处理得出项目后评价报告，能客观真实地反映项目情况，总结项目的经验教训，对未来进行的项目起到良好的借鉴作用。作为重要的文本报告，后评价报告主要包括摘要、项目概况、评价内容、评价方法说明、主要变化和问题、原因分析、经验教训、结论和建议等部分。报告中既要有对本项目功过得失的评价，更重要的是要有对项目进一步发展的建议和对未来投资决策和行政决策修改的建议。[①]（见图 10 - 6）

（六）评估结果的反馈

公共项目后评价成果的反馈是评价者和评价成果使用者之间的纽带，是后评价成果信息的传送通道。反馈机制的优化取决于成果信息的扩散和应用两个方面。目前我国公共项目后评价反馈机制存在反馈方式单一、信息不充分、流程不规范、成果利用率低等亟须解决的问题。[②] 因此，我们应从项目周期不同阶段利益方的反馈信息需求角度出发，建立"需求驱动型"的公共项目后评价反馈系统，使后评价成果充分扩散和推广，这对进一步提高我国后评价成果的应用具有重要意义。

  案例：世界银行的后评价体系[③]

  公共项目后评价体系中的一个关键性环节就是对评价结果的反馈和合理运用，是一个表达和传递评价信息的动态连续过程。在这方面，世界银行的反馈系统已经非常成熟，值得学习和借鉴。

  1970 年世界银行建立了相对独立的业务评价组织体系，评价工作受执行理事联合审计委员会监督。1973 年"业务评价局"（OED）成立，业务评价局独立于其他各部门，不受其他部门领导或影响，独立地对项目情况

---

 ① 李佩佳：《我国公共项目后评价问题研究》，西安：西北大学出版社，2012 年。

 ② 王立国："公共项目后评价反馈机制优化研究"，《学术交流》，No. 11，2012（104 ~ 108）。

 ③ 根据相关资料整理。资料来源：孙慧、石烨："世界银行项目后评价反馈系统对我国项目后评价工作的启示"，《国际经济合作》，No. 1，2009。

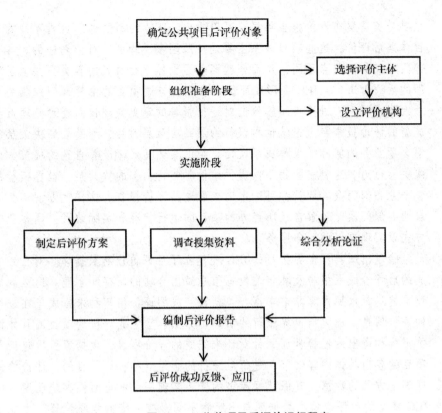

图 10 - 6　公共项目后评价运行程序

　　资料来源：李佩佳："我国公共项目后评价问题研究"，西安：西北大学，硕士学位论文，2012。

做出评价，只对执行董事和行长负责，将评价结果直接传达给世界银行的最高决策部门。随着近年来的发展，世界银行的后评价体系被称为独立评价组（Independent Evaluation Group，IEG）。它是一个独立的组织。组织主要包括三个部分：世界银行独立评价小组（IEG - World Bank）、国际金融公司评价小组（IEG - IFC）和多边投资担保机构独立评价小组（IEG - MIGA）。由它们来承担世界银行项目的后评价。

　　IEG 的后评价体系非常的高效简捷。IEG 每年会以各种出版物的形式实现对项目评价结果的外界反馈和世界银行系统内部的上报。出版物的种类有很多，基本上是按照 IEG 内部三部门所负责的不同方面进行分类的。IEG - World Bank 部门主要负责如行业或主题项目评价报告、全球和区域项目评价报告、国家援助项目评价报告等；IEG - IFC 部门主要负责如运行过程评价两年刊、国际金融公司发展评价成果等评价报告；IEG - MIGA

主要是负责发布评价报告年报。可以看出，IEG 的不同部门负责不同的项目体系后评价，这些项目体系主要是按照国家、地区、行业划分的。各个部门分工和侧重点不同，从而合理涵盖了世界银行负责的各类公共项目管理的后评价工作。IEG 在形成评价报告后会与该项目的主管部门或相关负责人取得联系，进一步了解他们对评价报告的意见或建议，经过整理后将成型的评价报告再上报给世界银行的最高决策层过目，帮助最高决策层了解各项业务的实际效果和成果反馈，帮助其调整或者改善自己的决策方向或决策行为。这种出版物不仅提供给世界银行内部的决策层，世界银行的各个业务部门及其职员都可以申请查看这些评价报告。这样也方便各个基层业务部门及时了解自己所经办的项目的运行状况和实际效果，调整业务方式以实现更好的业务服务。

除了出版物，世界银行的 IEG 还建立了后评价信息数据库。对已经完成的后评价成果报告及其相关数据信息做出合理的储存和管理。这里的后评价信息数据库内容非常丰富，包括已完成的评价信息和未完成正在进行的评价信息。还包括世界银行的后评价方法、已完成评价的项目的具体评价报告和得出的经验教训。针对还未完成的评价项目，数据库里也包括其项目的各项具体内容细节、进行后评价的小组名称、评价目的、评价的进度等全方位的数据。确保数据库里的资料实现高度的全面性和透明度。但 IEG 建立的后评价信息数据库与出版物不同，有一定的权限设置。主要是用于银行内部的查询和经验交流。此外，IEG 还通过开展各种形式的讨论会、研讨会和培训等力图实现后评价结果的充分运用和传播。

世界银行的后评价体系建立时间长，实践经验丰富，是各国建立后评价体系的范例。尤其是其后评价传递和推广体系十分健全，值得其他国家学习借鉴。从世界银行的后评价体系中，能得出什么样的启示为我国的公共项目后评价建设提供帮助？

思考题：

1. 什么是公共项目绩效管理？公共项目绩效管理的目标是什么？
2. 公共项目绩效评价的程序有哪些步骤？评价的内容有哪些？
3. 什么是公共项目后评价？其特点是什么？
4. 公共项目后评价主要包括哪些内容？开展公共项目后评价的步骤有哪些？
5. 简述世界银行后评价体系对我国公共项目后评价工作建设的启示。
6. 目前我国公共项目绩效管理存在什么问题？试分析应从哪些方面进行改善。

附　录

财政支出绩效评价指标评分表（参考样表）

一级指标	分值	二级指标	分值	三级指标	分值	得分
项目决策	20	项目目标	4	目标内容	4	
		决策过程	8	决策依据	3	
				决策程序	5	
		资金分配	8	分配办法	2	
				分配结果	6	
项目管理	25	资金到位	5	到位率	3	
				到位时效	2	
		资金管理	10	资金使用	7	
				财务管理	3	
		组织实施	10	组织机构	1	
				管理制度	9	

续表

一级指标	分值	二级指标	分值	三级指标	分值	得分
项目绩效	55	项目产出	15	产出数量	5	
				产出质量	4	
				产出时效	3	
				产出成本	3	
		项目效益	40	经济效益	8	
				社会效益	8	
				环境效益	8	
				可持续影响	8	
				服务对象满意度	8	
总分	100		100		100	

附录 10 - 2

财政支出绩效评价指标框架（参考）

一级指标	二级指标	三级指标	指标解释
项目决策	项目目标	目标内容	目标是否明确、细化、量化
	决策过程	决策依据	项目是否符合经济社会发展规划和部门年度工作计划；是否根据需要制定中长期实施规划
		决策程序	项目是否符合申报条件；申报、批复程序是否符合相关管理办法；项目调整是否履行相应手续
	资金分配	分配办法	是否根据需要制定相关资金管理办法，并在管理办法中明确资金分配办法；资金分配因素是否全面、合理
		分配结果	资金分配是否符合相关管理办法；分配结果是否合理

续表

一级指标	二级指标	三级指标	指标解释
项目管理	资金到位	到位率	实际到位/计划到位×100%
		到位时效	资金是否及时到位；若未及时到位，是否影响项目进度
	资金管理	资金使用	是否存在支出依据不合规、虚列项目支出的情况；是否存在截留、挤占、挪用项目资金情况；是否存在超标准开支情况
		财务管理	资金管理、费用支出等制度是否健全，是否严格执行；会计核算是否规范
	组织实施	组织机构	机构是否健全、分工是否明确
		管理制度	是否建立健全项目管理制度；是否严格执行相关项目管理制度
项目绩效	项目产出	产出数量	项目产出数量是否达到绩效目标
		产出质量	项目产出质量是否达到绩效目标
		产出时效	项目产出时效是否达到绩效目标
		产出成本	项目产出成本是否按绩效目标控制
	项目效益	经济效益	项目实施是否产生直接或间接经济效益
		社会效益	项目实施是否产生社会综合效益
		环境效益	项目实施是否对环境产生积极或消极影响
		可持续影响	项目实施对人、自然、资源是否带来可持续影响
		服务对象满意度	项目预期服务对象对项目实施的满意程度

附录 10 - 3

财政支出绩效评价指标体系（参考样表）

一级指标	分值	二级指标	分值	三级指标	分值	指标解释	评价标准
项目决策	20	项目目标	4	目标内容	4	目标是否明确、细化、量化	目标明确（1分），目标细化（1分），目标量化（2分）
		决策过程	8	决策依据	3	项目是否符合经济社会发展规划和部门年度工作计划；是否根据需要制定中长期实施规划	项目符合经济社会发展规划和部门年度工作计划（2分），根据需要制定中长期实施规划（1分）
				决策程序	5	项目是否符合申报条件；申报、批复程序是否符合相关管理办法；项目调整是否履行相应手续	项目符合申报条件（2分），申报、批复程序符合相关管理办法（2分），项目实施调整履行相应手续（1分）
		资金分配	8	分配办法	2	是否根据需要制定相关资金管理办法，并在管理办法中明确资金分配办法；资金分配因素是否全面、合理	办法健全、规范（1分），因素选择全面、合理（1分）
				分配结果	6	资金分配是否符合相关管理办法；分配结果是否合理	项目符合相关分配办法（2分），资金分配合理（4分）
项目管理	25	资金到位	5	到位率	3	实际到位/计划到位×100%	根据项目实际到位资金占计划的比重计算得分（3分）
				到位时效	2	资金是否及时到位；若未及时到位，是否影响项目进度	及时到位（2分），未及时到位但未影响项目进度（1.5分），未及时到位并影响项目进度（0~1分）。

续表

一级指标	分值	二级指标	分值	三级指标	分值	指标解释	评价标准
项目管理	25	资金管理	10	资金使用	7	是否存在支出依据不合规、虚列项目支出的情况；是否存在截留、挤占、挪用项目资金情况；是否存在超标准开支情况	虚列（套取）扣4~7分，支出依据不合规扣1分，截留、挤占、挪用扣3~6分，超标准开支扣2~5分
				财务管理	3	资金管理、费用支出等制度是否健全，是否严格执行；会计核算是否规范	财务制度健全（1分），严格执行制度（1分），会计核算规范（1分）
		组织实施	10	组织机构	1	机构是否健全、分工是否明确	机构健全、分工明确（1分）
				管理制度	9	是否建立健全项目管理制度；是否严格执行相关项目管理制度	建立健全项目管理制度（2分）；严格执行相关项目管理制度（7分）
项目绩效	55	项目产出	15	产出数量	5	项目产出数量是否达到绩效目标	对照绩效目标评价产出数量（5分）
				产出质量	4	项目产出质量是否达到绩效目标	对照绩效目标评价产出质量（4分）
				产出时效	3	项目产出时效是否达到绩效目标	对照绩效目标评价产出时效（3分）
				产出成本	3	项目产出成本是否按绩效目标控制	对照绩效目标评价产出成本（3分）
		项目效果	40	经济效益	8	项目实施是否产生直接或间接经济效益	对照绩效目标评价经济效益（8分）
				社会效益	8	项目实施是否产生社会综合效益	对照绩效目标评价社会效益（8分）

一级指标	分值	二级指标	分值	三级指标	分值	指标解释	评价标准
项目绩效	55	项目效果	40	环境效益	8	项目实施是否对环境产生积极或消极影响	对照绩效目标评价环境效益（8分）
				可持续影响	8	项目实施对人、自然、资源是否带来可持续影响	对照绩效目标评价可持续影响（8分）
				服务对象满意度	8	项目预期服务对象对项目实施的满意程度	对照绩效目标评价服务对象满意度（8分）
总分	100		100		100		